아산재단 연구총서 第354집

성년후견제도와 사회복지제도의 연계

신 권 철

집문당

머리말

2013. 7. 1. 성년후견제도가 시행되었다. '뒤를 봐 준다'는 한자 뜻을 가진 후견(後見)은 그러한 제도의 이름이 없더라도 사회 내에서 일상적으로 일어나는 일이다. 사회 내에서는 늘 누가 누군가를 돌본다. 가족 사이에서라면 부모는 자식을, 자식은 부모를 돌본다. 가족이 없다면 그 일을 친척이, 동네가, 그리고 마지막으로는 국가가 해 왔다.

사람관계에서 돌봄은 스스로 돌보지 못할 때 시작된다. 돌봄은 어떤 사람에게 특유한 것이 아니라 모든 사람이 생의 초기에는 겪어야 하는 일이다. 생의 초기에 겪는 자녀에 대한 부모의 돌봄은 친권(親權)이라는 형태로 제도화되어 있다. 미성년의 자녀를 부양하고, 돌보며, 양육을 위해 거소를 지정하고, 징계하며, 대리하는 이 모든 것을 친권이라 하는데, 거기에는 부모의 권리만이 아닌 부모의 의무도 내포하고 있다.

후견은 어찌 보면 친권의 변형물이다. 돌봄의 원형은 부모의 미성년자녀에 대한 돌봄이다. 그것을 본떠 만든 후견은 성년자녀의 노년부모에 대한 돌봄이 되기도 하고, 국가의 정신적으로 취약한 계층에 대한 돌봄이 되기도 한다. 후견은 또한 친권의 보충물이다. 역사적으로 후견은 친권이 없어질 때 친권을 대신해 나타난다. 후견을 미성년자에 대한 친권이 성년이 되어서도 연장되는 것이라 보는 시각은 후견과 친권의 대체성과 유사성을 드러내 준다.

후견은 돌봄에 있어 최상위의 결정을 하는 의사결정시스템이다. 장애인에 대해 장애인 활동보조인이 붙어 활동보조를 하는 것은 장애인의 눈, 귀, 팔, 다리를 대신하여 주는 것인 반면, 피후견인에게 후견인이 붙어 후견을 하는 것은 피후견인의 의사결정을 대신하는 것이다. 시각장애인은 시력이 없거나 부족하기 때문에 그 시력을 대신하는 활동보조인이 필요하지만, 피후견인은 의사결정능력이 없거나 부족하기 때문에 그 의사결정을 대신할 후견인이 필요하다. 그런데 의사결정이란 사람이 가진 핵심이자 근본이다. 결혼을 할지 말지, 수술을 받을지 말지, 어디에서 살지, 누구를 사귈지, 애를 낳을지 말지를 스스로 결정할 수 없는 사람이 된다는 것을 상상해 본다면 후견이 가진 본질이 무엇인지 쉽게 파악할 수 있을 것이다.

후견의 본질은 미셸 푸코가 이야기하였듯이 이성의 비이성에 대한 지배를 관철시키는 법적 장치로 이해할 수도 있고, 조르조 아감벤의 표현을 빌려 보면 예외적 상태에 있는 호모 사케르(성스러운 인간)에 대한 배제와 포섭의 법적 장치로 이해할 수도 있을 것이다. 후견의 상황에서 야기되는 갈등관계는 여기서 시작된다. 후견은 의사결정능력을 박탈하는 것이면서 동시에 그것은 의사결정능력을 대신하는 것이다. 우리가 도입한 새로운 성년후견제도는 의사결정능력을 지원하는 것이라 설명하여도 그것은 본질을 흐릴 뿐이다.

이 책은 후견의 본질에 대한 고민에서부터 출발한다. 그 본질을 역사적으로 거슬러 올라가 살펴보고, 우리 사회에서는 근대 이후 어떻게 제도화되었는지를, 현대사회에서 후견은 어떻게 변용되었는지를 차례로 고찰해 본다. 이 책이 계속 견지하고 있는 태도는 후견이 가진 위험성과의 긴장관계이다. 그 긴장관계 속에서 후견인에 대한 교육과 감독 등 통제수단을 확보하는 것, 비영리·공익 목적의 후견인을 국가적 시스템 내에서 양성하는 것이 후견의 위험을 막는 유용한 방법임을 제시하고자 한다.

다음으로, 후견이 스스로를 돌보지 못하는 사람에 대한 의사결정을 대신하는 방식의 돌봄이라면 그것은 사회복지제도와 연계되어야 함을 이 책은 강조한다. 후견심판절차에서부터 후견의 최종적 종료에 이르기까지 국가는 후견대상자의 정신적·경제적 취약성을 고려한 인적·물적 지원책을 제공해야 한다. 구체적으로 보면, 후견심판절차에서는 인적 서비스로서 절차보좌인과 국선대리인을 지원하는 것, 물적 서비스로서는 정신감정비용 등 절차비용을 지원하는 것이고, 후견개시 이후에는 후견인보수와 후견사무비용을 지원하고, 감독하는 것이다.

끝으로, 피후견인의 돌봄은 그 자체가 목적이 아니라 피후견인이 그러한 돌봄에서 벗어나 자립적 생활을 할 수 있도록 지원하는 것이어야 함을 이 책은 강조한다. 그것은 피후견인의 교육, 주거, 일자리, 의료 등에서 피후견인의 자율성과 독립성을 존중하는 가운데 후견인이 피후견인의 가족과 독립하여 적절한 지원을 할 수 있는 시스템을 마련하는 데서 시작한다.

이 책은 아산사회복지재단의 2011년 신진연구자 연구지원사업에 의해 연구된 결과물이다. 그리고 저자의 첫 단독 저서이다. 아빠 혼자 이름으로 된 딱딱한 표지의 책을 보고 싶다는 초등학생 아들이 바람은 오늘에야 실현되었다. 첫 저서여서 부끄러움에도 불구하고 이 책을 만드는 데 영감이나 도움을 주신 분들을 아래에 적으며 머리말을 마치기로 한다.

푸코와 아감벤, 우촌 전진한 선생, 사회보장법연구회(이흥재 선생님, 김복기 연구관, 박제성 박사, 김진 변호사, 후배들), 집문당(전정아 선생님), 학생들(홍남희, 구정모, 권영환, 오광균), 친구들(용혁, 석봉, 영성), 가족들(아버지, 어머니, 희정, 동헌, 동하, 선아).

2013년 7월

저자

| 차 례 |

제1장 서 론

제1절 연구의 배경과 목적 …… 13
Ⅰ. 연구의 배경 …… 13
Ⅱ. 연구의 목적 …… 16
제2절 연구의 범위 및 방법 …… 18

제2장 성년후견제도의 역사적 전개와 그 내용

제1절 성년후견제도의 역사 …… 23
Ⅰ. 고대 그리스와 로마법 …… 25
Ⅱ. 중세시대의 후견제도 …… 38
Ⅲ. 근대의 후견제도 …… 42
Ⅳ. 현대 성년후견의 이념 …… 49
Ⅴ. 성년후견제도의 역사적 전개가 주는 시사점 …… 64
제2절 주요국가의 현대적 성년후견제도 …… 66
Ⅰ. 영미법계 국가(영국과 미국) …… 67
Ⅱ. 대륙법계 국가(프랑스, 독일, 일본) …… 73
Ⅲ. 각국의 성년후견제도가 주는 시사점 …… 80
제3절 한국 후견제도의 근대적 전개 …… 85
Ⅰ. 일제시대 의용민법 …… 85
Ⅱ. 1958년 제정 민법 …… 89
Ⅲ. 금치산제도의 문제점 …… 90

Ⅳ. 성년후견제도의 도입 경과 ······ 97
제4절 개정민법상의 성년후견제도 ······ 103
Ⅰ. 성년후견제도의 도입으로 인한 변화 ······ 103
Ⅱ. 새로운 후견제도의 법원리 ······ 108

제3장 성년후견제도와 사회복지제도의 연계

제1절 성년후견제도와 사회복지제도의 연계가능성 ······ 121
Ⅰ. 제도의 기원 ······ 121
Ⅱ. 가족과 국가의 역할 변화 ······ 123
Ⅲ. 제도의 기능과 역할 변화 ······ 125
Ⅳ. 현실적 연계의 가능성 ······ 128
제2절 성년후견제도에서 사회복지서비스 수요 ······ 129
Ⅰ. 성년후견에 대한 사회복지적 수요욕구 ······ 129
Ⅱ. 성년후견제도의 활용가능성 ······ 132
제3절 성년후견제도의 사법복지제도화 ······ 142
Ⅰ. 성년후견제도의 사법복지제도로서의 성격 ······ 143
Ⅱ. 성년후견제도 활성화 방안 ······ 147
제4절 사회복지제도에서 후견인의 권한과 역할 ······ 161
Ⅰ. 사회보장기본법 등 ······ 162
Ⅱ. 개별 사회복지법 ······ 178
Ⅲ. 정신보건법 ······ 214
Ⅳ. 노인장기요양보험법 ······ 219
제5절 성년후견인의 양성과 감독 ······ 223
Ⅰ. 성년후견인 양성제도 ······ 223
Ⅱ. 성년후견인 감독제도 ······ 234

제4장 결 론

제1절 후견과 복지의 연계 ······ 241
Ⅰ. 후견과 복지의 접점 ······ 241
Ⅱ. 성년후견제도의 복지제도화 ······ 243
제2절 후견의 본질과 위험에 대한 인식 ······ 245
Ⅰ. 후견의 본질과 그 위험 ······ 245
Ⅱ. 후견심판 및 후견감독의 중요성 ······ 246
Ⅲ. 배제와 포섭의 법적 장치, 후견제도 ······ 249

참고문헌 ······ 251
찾아보기 ······ 257

| 표 차례 |

〈표 2-1〉 의사무능력자와 금치산자의 차이점 ······ 93
〈표 3-1〉 금치산·한정치산 청구 건수 ······ 133
〈표 3-2〉 후견인 유형별 특성 ······ 139
〈표 3-3〉 노인복지시설 수 및 생활자 현황 ······ 180
〈표 3-4〉 재가노인복지시설 총괄표 ······ 181
〈표 3-5〉 노인학대신고 신고자 유형 ······ 182
〈표 3-6〉 노인학대 가해자와 피해노인과의 관계 ······ 183
〈표 3-7〉 2011년 장애인생활시설 인권실태조사 최종결과 ······ 198
〈표 3-8〉 개정민법상 후견인 도입으로 인한 근로기준법 개정안 ······ 207
〈표 3-9〉 요양보호사 양성절차 ······ 228
〈표 3-10〉 활동보조인 양성절차 ······ 230
〈표 3-11〉 성년후견제도와 장애인활동보조제도, 노인장기요양보험 제도의 비교 ······ 232

제1장 서 론

제1절 연구의 배경과 목적
제2절 연구의 범위 및 방법

제1장 서 론

제1절 연구의 배경과 목적

Ⅰ. 연구의 배경

성년후견제도는 2011년 개정민법에 의해 도입되어 2013. 7. 1.부터 시행되었다. 성년후견제도는 기존의 금치산(한정치산)제도 및 친족회제도를 폐지하고, 취약계층인 장애인 및 치매고령자 등의 자기결정권과 인권을 보장하고, 피후견인의 신상과 관련된 복지서비스를 실현하기 위해 도입되었다. 성년후견제도가 기존의 금치산제도보다는 진일보한 제도라는 것이 일반적인 인식이지만 법제도가 가진 장점만으로 법현실의 변화가 일어나는 것은 아니어서 새로운 법제도가 기존의 현실의 문제점을 개선시키기 위해서 어떤 조건과 실천 아래에서 가능할지 탐구하는 것이 본 연구의 목적이다.

성년후견제도는 2000년대 초반 이후 민법학자들 중심으로 꾸준히 제도 도입을 시도해 왔으며, 2000년대 후반 이후에는 장애단체에서도 독자적인 법안(장애성년후견법안)을 만들어 입법을 시도해 왔다. 국회에서도 2006년과 2010년 성년후견제도의 도입을 담고 있는 민법 개정안을 발의하였고, 정부(법무부와 법원)에서도 성년후견제도의 도입을 담은 민법 개정안을 2010년 발의하여 결국 2011. 3. 국회에서 의결되었다. 사회복지학자들도 성년후견제도에 대해 관심을 가지고 그 제도내용을 소개해 오고 있으나, 구체적인 성년후견법 제정 과정에는 개입하지 못하였다. 그리하여 성년후견제도는 민법적 사고의 소산으로만 이해되면서 과거의 금치산제도가 가진 문제점을 또 다시 답습할 우려가 있고, 사회보장 및 사회복지적 시각에서 취약계층(의사결정능력이 부족한 치매고령자, 발달장애인, 정신장애인)의 재산과 신상을 보호하는 제도로서의 역할을 할 수 있을지는 아직 불분명한 상태이다.

본 연구는 새로 시행되는 성년후견제도가 과거와 같이 주로 재산관리에 한정되어 후견인이 피후견인의 의사결정을 대신하는 제도에서 더 나아가 재산관리를 포함한 취약계층의 신상보호(사회복지시설 입소, 의료에 있어 자기결정권의 보장, 각종 사회복지서비스의 실현)를 제도적으로 보장할 수 있도록 성년후견제도와 사회복지제도를 연계할 수 있는 방안을 제시하고자 한다.

성년후견제도와 사회복지제도를 연계하는 방안을 제시하기 위해서는 성년후견제도의 역사적 고찰을 통해 그 본질이 무엇인지 파악할 필요가 있고, 과거 금치산제도가 우리 사회에서 잘 활용되지 못한 이유가 무엇이며, 향후 성년후견제도가 취약계층의 사법복지서비스의 일환으로 활용될 수 있는 조건이 무엇인지를 제시할 필요가 있다.

21세기 이후 국가가 취약계층에 대해 일방적 행정조치로서 사회복지서비스(주거 등 시설급여, 연금 및 보조금의 지급, 활동보조인의 지원)를 실현하는 것에서 벗어나 취약계층이 복지서비스의 주체로서 국가가 아닌 민간 또는 공적 단체와 사회복지서비스계약을 체결하여 그 의무이행으로서 복지서비스를 제공받고, 국가는 그 비용을 민간 또는 공적 단체에 지급하는 방식으로 변화되었다. 이는, 국가에 의한 일방적 사회복지조치의 실현에서 사회복지서비스 수요자와 민간과의 계약에 의한 복지서비스의 실현이라는 패러다임의 전환을 가져왔고, 여기서 사회복지서비스 수요자는 그러한 서비스를 결정하거나 선택할 수 있는 의사결정능력의 주체가 될 수 있음이 전제되어야 했다.

그러나 이와 같은 사회복지서비스가 필요한 취약계층은 그러한 의사결정능력이 없거나 부족한 경우가 많다. 현행 사회복지법령은 이러한 점을 감안해 그 수요자를 대신하여 가족이나 사회복지사, 행정기관이 사회복지서비스를 대신하여 신청하는 제도들을 마련해 두고 있는데, 이러한 사회복지서비스 중의 일부는 제3자에 의한 강제적 시설입소의 성격을 띠기도 하고(예컨대, 치매고령자의 노인요양시설 입소), 금전급여의 경우에는 시설의 장이나 가족이 수급자가 사용하여야 할 연금이나 수당을 임의로 사용해 버리는 등의 문제점을 야기하기도 한다.

본 연구는 사회복지법령에 의한 여러 유형의 사회복지급여 중 시설급여는 취약계층의 자기결정권을 침해하는 형태로 이루어질 수 있고, 금전급여는 취약계층에게 실제 혜택이 돌아가지 않을 수 있음을 파악한 후 이러한 사실적 상태를 규범적 관계로 포섭하여 통제할 수 있는 제도로서 성년후견제도가 일정한 역할을 할 수 있음을 보이고자 한다. 즉, 국가나 민간이 취약계층에 대하여 일방적 사회복지급여를 실현하는 과정에서 법이 아닌 사실만이 지배하는 공간으로 놓아두었던 상황을 법원의 사법심사와 후견인의 법적 권한을 통해 후견인이 취약계층인 피후견인의 법률상 보호자로서 자리매김할 수 있도록 하는 것이다.

II. 연구의 목적

독일이나 일본 등 외국의 예를 보아도 성년후견제도는 사회복지제도에서 중요한 역할을 하고 있다. 그 이유는 다음과 같다.

① 사회(복지)서비스 전달체계의 변화

사회(복지)서비스 전달체계에서 과거에는 국가의 일방적 급부행정의 형식으로 사회서비스가 전달되었으나, 최근에 국가는 사회보장수급권자에게 수급자격만 부여하고, 실질적인 서비스는 민간부문이 수급권자와의 서비스계약 체결을 통해 이행하도록 하고, 그 비용의 전부 또는 일부를 국가가 부담하는 형식을 취하면서 계약방식의 사회서비스 실현이 일반화되었고, 계약체결 능력이 부족한 피후견인을 위한 조력자로 성년후견제도를 통한 후견인이 필요하게 되었다.

② 고령화·가족해체로 인한 변화

우리뿐 아니라 전 세계는 고령화로 인한 사회보장제도의 위기에 직면하고 있다. 고령화로 인해 연금수급기간, 질병치료비용, 주거 또는 시설생활비용이 증가하고, 이는 사회보장재정(연금, 건강보험, 복지서비스)이나 가족생활에 부담을 주는 요소가 된다. 고령화에 더하여 이혼·독신 등 가족해체로 인해서도 가족에 대한 부양을 그 가정 내에서 감당해내지 못하는 경우가 증가하기 시작하고, 특히 치매 등 질병이 더해진 경우라면 더욱 그러하다.

선진 각국이 앞 다투어 도입한 성년후견제도는 그 주 대상을 고령자로 하고 있고, 실제에 있어서도 고령자의 성년후견비율이 가장 높다. 이러한 고령자에 대한 후견은 다른 가족이나 시설로부터 고령자가 학대받거나 방치되는 상황을 후견인이 감독하는 역할을 하고, 고령자의 의사를 대신하여 주거와 의료 등 각종 사회보장수급혜택을 실현시킬 수 있도록 한다. 이는 고령자나 장애인에 대한 가족의 부양부담을 일부 덜 수 있는 제도로서 성년후견제도가 활용될 수 있음을 의미한다.

③ 국가(행정기관 및 사법기관)의 역할변화

현대 사회에서 가족 내 장애인과 고령자에 대한 부담의 일부는 국가가 사회복지서비스를 통하여 분담하고 있다. 사회복지서비스는 그 비용부담의 전부 또는 일부를 국가가 지출해야 한다. 장애인과 고령자에 대한 국가의 후견적 역할은 단순히 사회복지서비스를 제공하는 것으로 끝나는 것이 아니라 그 비용부담과 더불어 그 서비스에 대한 접근을 쉽게 할 수 있도록 인적·물적 자원을 제공해 주어야 한다.

성년후견제도에 있어서도 국가기관, 특히 사법기관의 적극적 역할이 필요하다. 과거 금치산제도하에서 법원이 능력박탈의 선언(금치산선고)만으로 그 임무가 끝날 수 있었던 이유는 대체로 금치산선고를 받는 사람 자체가 재산을 가진 자였고, 근친이 후견인이 되는 것이 원칙이었기 때문에 보수지급의 문제나 후견업무의 성실성을 관리감독할 필요성이 적었다. 그러나 성년후견제도를 이용하는 다수는 피후견인 스스로가 정신적 능력이 부족한 요보호대상자이고, 그 가족 또한 경제적 곤궁을 함께 나누고 있는 경우도 많다.

따라서 성년후견심판절차 자체를 비용부담 없이, 국선대리인 등을 통해 지원해 줄 수 있는 제도설계가 필요하고, 제3자 후견인이 선임될 경우 피후견인의 재산으로 제공되는 후견인 보수가 적절해야 하며, 피후견인이나 가족에게 그러한 재산이 없을 경우 제3자 후견인의 보수를 국가가 일정부분 부담하는 제도설계가 필요하다. 나아가 가족 아닌 제3자 후견인이 실질적으로 피후견인의 복지와 삶에 도움이 되기 위해서는 일정한 교육과 자격조건을 두어 선발하고, 후견인 선임 이후에는 국가기관의 적절한 관리감독을 통하여 후견인 권한남용을 막을 수 있는 제도설계가 필요하다.

제2절 연구의 범위 및 방법

본 연구는 다음의 네 가지 내용을 고찰한다.

① 성년후견제도의 역사를 통해 그 본질적 내용이 무엇인지 고찰한다.

후견제도의 역사는 고대 그리스・로마 시대부터 유래하였고, 로마법상의 후견제도는 현행 민법의 각 조문 속에 여전히 그 정신이 남아 있다. 따라서 시대를 거슬러 그 계보학적 의미를 고찰해 본다면 성년후견제도가 가지는 사회적 함의를 도출해 볼 수 있고, 이러한 함의를 파악함으로써 성년후견제도가 사회 내에서 취약계층에 대해 가지는 역할을 파악할 수 있다.

② 현대 각국의 성년후견제도의 내용과 우리 성년후견제도를 통해 그 실질적 기능이 무엇인지 고찰한다.

각국의 근대민법에 계수된 후견제도는 현대에 들어서 대부분 능력박탈제도로서의 의미보다 능력보완제도로서의 의미가 더 강화되었고,

이는 현대적 인권 개념으로서 인간의 존엄과 자기결정권의 보장 및 그 지원제도로서 성년후견제도를 자리매김하면서 진화한 것이다. 우리 개정민법의 성년후견제도 또한 이러한 이념을 받아들이면서 마련된 것이다. 그러나 이러한 이념적 그럴싸함이 현실을 개선하는 힘을 가지는 것은 아니어서 구체적으로 과거의 후견제도(금치산제도)와 현재의 후견제도(성년후견제도)가 가지는 차이점을 분석해 보고, 그 기능과 역할이 서로 어떻게 구분될 수 있는지 고찰한다.

③ 현행 사회복지법령에 의한 사회복지수급권 실현과 성년후견제도를 연계한다.

현행의 사회복지법령은 후견제도를 사실상 알지 못한다. 최근까지 취약계층에 대한 사회복지서비스의 실현은 본인 또는 가족의 신청에 의해 국가가 행정력과 재원을 활용해 복지조치를 취하는 제도였다. 그러나 최근에는 의료급여, 노인장기요양보험, 장애인활동지원 등과 같이 국가로부터 수급자격을 인정받은 사람이 민간과 계약(의료계약, 노인장기요양계약, 장애인활동지원서비스 계약 등)을 체결하고서 민간이 의료 및 사회복지서비스를 제공하고, 그 비용을 국가 등으로부터 제공받는 형태로 이루어지고 있다. 이와 같이 사회복지서비스 실현에서 국가와 민간의 역할이 변화되고, 사회복지서비스 전달체계에서도 일방적 조치에서 상호적 계약(신청)으로의 전환이 발생하였다. 이러한 사회복지서비스 전달체계에서는 성년후견인이 가질 수 있는 역할로 각종 사회복지서비스 신청이나 계약, 복지서비스 실현과정(시설생활 등)에서 취약계층의 법적 보호자로서 감독 및 권리옹호가 가능하다.

④ 성년후견제도와 사회복지제도의 연계를 위한 방안으로 성년후견인의 양성 및 감독방법을 제안한다.

후견인을 누구로 할지는 아직 정해진 것이 없다. 최종적인 후견인 지정(선임, 변경, 해임 포함) 권한은 법원에 있으나, 가족, 전문직(법조인, 사회복지사 등), 일반시민 등 후견인이 될 자격에는 현재로서는 제한이 없다. 이러한 제한이 없는 이상 피후견인의 상황(치매, 발달장애, 정신질환 등)과 후견 목적(신상보호, 재산관리)에 맞게 후견인 교육과 양성방안이 마련되어야 하며, 후견인의 권한남용을 막기 위한 국가기관(법원, 보건복지부)의 감독(후견감독인의 지정, 후견인자격 취소 등)방안이 필요하다.

본 연구의 방법은 성년후견제도의 역사와 실태에 대한 문헌적 고찰을 위주로 한다. 개정민법(금치산제도의 폐지 및 성년후견 제도의 신설)과 사회복지법령의 내용에 대한 해석론과 입법론도 함께 검토하며, 성년후견제도와 사회복지제도의 연계방안을 제도론적 측면에서 고찰한다.

제2장 성년후견제도의 역사적 전개와 그 내용

제1절 성년후견제도의 역사
제2절 주요국가의 현대적 성년후견제도
제3절 한국 후견제도의 근대적 전개
제4절 개정민법상의 성년후견제도

제2장 성년후견제도의 역사적 전개와 그 내용

제1절 성년후견제도의 역사

성년후견제도의 역사는 의사결정능력이 없거나 부족한 성년자(치매고령자, 발달장애인, 정신질환자. 이하 통칭하여 '정신장애인'이라 한다)[1]에 대해 국가기관이 친족 등을 후견인으로 붙여 주고, 후견인에게 피후견인의 재산이나 신상에 관한 권한을 부여하는 방식으로 이루어져 왔다.

그러나 정신장애인의 경우 성년후견제도라는 법제도적 장치 내에

1) 성년후견의 대상자는 주로 치매고령자, 발달장애인, 정신질환자 등이며, 이와 같은 성년후견 대상자를 포괄할 수 있는 의학적 용어로 'mental disorder'(정신장애 – 치매, 발달장애, 정신분열 등을 포함)가 쓰이고 있어 일단 본서에서는 이를 포괄하는 용어로 '정신장애인'이라는 개념을 쓰기로 한다. 다만 정신장애인 개념이 장애인복지법에서는 정신분열증, 우울증 등으로 기능상의 장애가 있는 정신적 장애인을 지칭하는 의미가 있고, 정신보건법에서는 정신질환자 개념이 정신장애인 개념을 포괄하는 의미로도 사용되고 있으나, 여기서는 일단 이러한 법령상의 개념과 무관하게 성년후견의 대상자가 될 수 있는 사람을 포괄하는 의미로만 사용한다. 정신질환자 개념에 대한 보다 자세한 설명으로는 신권철, "정신질환자 개념의 규범적 고찰", 법조 통권 제644호, 법조협회, 2010, 35면 이하를 참조할 것.

편입되지 않은 채 사회생활을 하는 경우가 대다수였기 때문에 이들에 대해서도 일정한 법적 규제(예컨대, 법률행위에 있어 거래행위나 유언의 무효, 불법행위책임이나 형사책임에 있어 책임무능력)가 필요하였고, 그 밖에 의학적 조치나 사회적 조치들(정신장애인에 대한 강제수용, 강제불임, 안락사 등)이 역사를 통해 계속되어 왔다. 예컨대, 현행 독일의 성년후견제도하에서도 후견인의 주요한 권한으로 피후견인의 의료적 수술행위, 불임시술, 수용시설 감금이나 요양소 입소 등의 조치(법원의 동의 필요)가 있는데, 이는 재산관리와 무관하게 과거 국가의 강제적 조치들을 후견인이 대신하여 맡는 모습을 보여주고 있는 것이다.

이와 같은 역사적 모습을 볼 때 단순히 성년후견제도만을 고찰하는 것보다 성년후견의 대상이 되는 정신장애인의 사회적 삶을 포괄적으로 이해하여야만 현행 성년후견제도와 사회복지제도의 연계와 지향점을 함께 고찰할 수 있다. 그러한 이유로 이하의 역사적 전개과정에서는 성년후견제도 외에 정신장애인에 대한 의학적, 사회적 태도까지 함께 고찰해 보기로 한다.

의사결정능력이 부족한 정신장애인도 사람이기 때문에 인간사회 속에서 늘 일정한 사회적 대접을 받아왔고, 일정한 사회적 태도들이 그들에 대한 법적 처우의 기반이 되었다. 이러한 의사결정능력이 부족한 사람은 인간을 보는 시각, 가족과의 관계, 국가사회와의 관계 속에서 자신의 지위가 규정지어졌고, 그러한 사회적 시각과 관계들은 고대 그리스 이후 일정한 철학적, 법적 관념들을 형성하였다. 과거의 역사 속에서 이러한 의사결정능력이 부족한 사람(정신장애인)에 대해 후견제도를 포함하여 국가사회가 어떻게 법적으로 처우하였는지 본다.

Ⅰ. 고대 그리스와 로마법

1. 고대 그리스

가. 플라톤

① 영혼의 질병, 정신장애

플라톤은 '파이드로스(Phaidros)'에서 영혼과 육체가 결합된 것이 생명체며, 육체는 영혼의 능력에 힘입어 운동하는 것으로 영혼은 불사(不死)이나, 육체(몸, sōma, body)는 영혼의 감옥(sēma, tomb)이라 하고 있다.[2] 플라톤은 '국가(Politeria)'에서는 광기가 인간들만이 아니라 신들도 지배하려 들며, 천성이나 생활습관에 의해 술꾼처럼 되거나, 욕정적이고, 우울하게 만든다고 하였다.[3] 그래서 훌륭함(덕, aretē)은 영혼이 건강하고, 아름다우며 좋은 상태(euecia)인 반면, 나쁨(kakia)은 일종의 영혼의 질병이자, 추함이며 허약함이라 하였다.[4]

플라톤이 생각하는 몸(sōma)의 질병은 몸을 구성하는 흙, 불, 물, 공기가 자연의 이치에 어긋나게 과도하거나 모자람, 제자리로부터의 일탈 등이 있을 때 발병하며,[5] 영혼(psychē)의 질병은 몸의 상태로 인해 발생한다. 플라톤은 어리석음(anoia)을 광기(maina)와 우둔함(amathia)으로 구분하고, 지나친 쾌락이나 고통은 영혼의 가장 심각한 질병이라 하였다.[6] 플라톤은 정신장애인이 자발적으로 나쁜 사람이 된 것이 아니라 몸의 나쁜 상태나 교육받지 못한 양육으로 인해 영혼이 병들

---

2) 플라톤, 파이드로스, 조대호 역, 문예출판사 2008, 58-71면(245b-245d, 250c).
3) 플라톤, 국가(政體), 박종현 역, 서광사, 1997, 567-568면(573a-573d).
4) 플라톤, 앞의 책, 311면(444e).
5) 플라톤, 티마이오스, 박종현・김영균 역, 서광사, 2000, 229면(82a-82b).
6) 플라톤, 앞의 책, 239-240면(86b-86c).

고, 나쁘게 되는 것이라 하고 있다.[7)]

② 정신장애인에 대한 처우

플라톤은 '법률(nomoi)'에서 정신장애인과 관련해 다음과 같은 조치(친족에 의한 가정보호)를 취하여야 한다고 하였다.

'만약에 누군가가 미쳤다면, 나라 안에서는 그가 모습을 드러내지 않게 할 것입니다.[8)] 그 각각의 친척들이 제 가정들에서 이들을 보호하게 할 것입니다. 그들이 무슨 방법을 써서든 말입니다. 그러지 못할 경우에는 벌금을 물게 할 것입니다.[9)] …일부 중략… 그런데 실은 많은 사람이 여러 가지 방식으로 미칩니다. 방금 우리가 말한 사람들은 질병으로 인한 경우들이지만 격정(thymos)으로 인해서 성질과 양육이 나빠진 경우들도 있습니다. 이 경우들은 사소한 적개심만 일어도 마구 고함을 질러 대며 서로 고약하게 욕설을 해 대며 말하는데, 훌륭한 법질서를 갖춘 나라에서는 이런 일이 어떤 식으로든 일어나는 게 어떤 경우에도 적절하지 않습니다'[10)]

플라톤은 정신장애인뿐만 아니라 거지에 대해서도 위와 같은 조치(추방)를 취하여야 한다고 하였다.[11)]

---

7) 플라톤, 앞의 책, 240-242면(86b-86e).
8) 플라톤, 법률, 박종현 역, 서광사, 2009, 793-794면(936c).
9) 이 부분의 영문 번역본은 다음과 같다.
"If someone should be mad, he is not to appear openly in the city. The relatives in each case are to guard the persons in their homes, using any method they know of, or they must pay a penalty."(Plato, the Laws, translated by Thomas L. Pangle, The University of Chicago Press, USA, 1988).
10) 플라톤, 앞의 책, 790면(934d-934e).

나. 아리스토텔레스

① 영혼과 육체의 관계

아리스토텔레스는 생명이 있는 모든 것은 영혼(psychē)과 육체(sōma)의 결합이며, 영혼은 반드시 생명을 잠재적으로 가지는 자연적 신체의 형상이기 때문에 그것이 실체이며 현실태라고 한다.[12] 영혼과 육체의 관계에 대해서는 전자가 치자(治者)이고, 후자가 피치자(被治者)여서 영혼이 육체를 지배해야 하는데, 영구적 또는 일시적으로 타락하여 상태가 나쁘고 부자연스러운 인간의 경우에는 육체가 영혼을 지배하는 듯한 인상을 준다고 한다.[13]

아리스토텔레스는 육체에 대한 영혼의 지배가 주인의 (노예에 대한) 지배와 같고, 욕망에 대한 지성(nous)의 지배는 정치가나 왕의 (시민에 대한) 지배와 같다고 보고 있으며,[14] 본성적 치자(治者)와 본성적 피치자(被治者)가 존재하는 것은 보편적 법칙으로 노예는 기획능력이 없고, 여성은 기획능력은 있으나 권위가 없고, 어린아이는 기획능

---

11) 구체적 내용은 다음과 같다.
"가련한 것은 굶주린 사람이나 그런 걸 겪고 있는 사람이 아니라, 절제하는 사람이나 어떤 훌륭함 또는 그 일부를 갖추고 있는 사람이 이에 더해서 어떤 불행한 사태를 맞게 되었을 경우입니다. 그 때문에, 만약에 누군가가 그런 처지인데도 전혀 거들떠보지 않게 되어, 그가 노예이건 자유민이건 간에 절도까지 있는 상태로 …일부 중략… 상거지 신세가 된다는 것은 놀랄 일이 될 것입니다. 따라서 입법자로서는 그런 경우들에 대비해서 다음과 같은 법을 제정하는 것이 안전할 것입니다. 우리의 이 나라에서는 아무도 거지가 되지 않게 해야 할 것입니다. 그런데도 누군가가 끝도 없는 비럭질로 생계를 꾸려가면서, 비렁뱅이 노릇을 하려 든다면, 시장에서는 시장관리인이 그를 내쫓게 할 것이며, 도심지역에서는 도심관리인들 당국이 내쫓게 할 것이고, 그 밖의 농촌에서는 농촌관리인들이 국경 밖으로 내보내게 하여, 국토가 그런 인간에게서는 완전히 깨끗해진 상태가 되게 할 것입니다"(플라톤, 앞의 책, 2009, 793-794면(936c)).

12) 아리스토텔레스, 영혼에 관하여, 유원기 역, 궁리출판, 2001, 125-126면(412a).

13) 아리스토텔레스, 정치학(Politica), 천병희 역, 도서출판 숲, 2009, 28면(1254a17).

14) 아리스토텔레스, 앞의 책, 28면(1254a17).

력이 아직 성숙하지 못하기 때문에[15] 주인이나 남편(夫) 또는 부(父)의 피치자(被治者)가 된다고 생각한다.

② **합리적 선택과 책임**

아리스토텔레스는 합리적 선택에 대하여 다음과 같이 설명하고 있다.

> "그것은 명백히 자발적인 것이지만 자발적인 모든 것이 합리적 선택의 대상은 아니다. 그렇다고 하면 합리적 선택은 미리 숙고했던 것인가? 왜냐하면 합리적 선택은 이성과 사유(logos kai dianoia)를 수반하고 있기 때문이다. 심지어 그 이름 자체도 다른 것들에 앞서 택해진 것임을 의미하는 것처럼 보인다. 우리는 모든 것에 관하여 숙고하는가? 또는 모든 것이 숙고의 대상인가? 혹은 어떤 것들에 관해서는 숙고가 없는 것인가? 아마도 우리는 숙고의 대상에 의하여 어떤 바보나 미친 사람이 아니라 정신이 온전한 사람이 그것에 관하여 숙고할 수 있는 것을 의미해야만 한다"[16]

나아가 용서받을 수 없는 무지와 그로 인해 돌이킬 수 없는 상태가 되어버린 경우에 대해서는 다음과 같이 설명하고 있다.

> "나쁜 짓을 해왔기 때문에 부정의한 사람이 되는 것에 대해서 혹은 술에 취한 채 그러한 일거리에 빠져서 지내 왔기 때문에 방탕한 사람이 되는 것에 대해서도 그 자신에게 탓이 있는 것이다. …일부 중략… 게다가 부정의를 행하면서 불의한 사람이 되지 않기를 바라거나 방탕

15) 아리스토텔레스, 앞의 책, 58면(1260a2).

16) 아리스토텔레스, 니코마코스 윤리학 3권, 1112a13-21(김남두 외 3인, 아리스토텔레스 - 니코마코스 윤리학, 철학사상 별책 제3권 제9호, 2004, 119-120면).

한 행위를 하면서 방탕한 사람이 되지 않기를 바라는 것도 이치에 맞지 않는다. 그가 바라기만 한다고 해서 부정의하게 되는 것을 그치고, 정의롭게 되는 것은 아니다. 왜냐하면 병든 사람 역시 단지 바람으로써 건강하게 될 수는 없기 때문이다. 만일 그의 병이 그가 자제력 없이 살고 의사들의 말을 듣지 않음으로써 생긴 것이라면 그는 자발적으로 병에 걸린 것이다. …일부 중략… 불의한 사람이나 방탕한 사람에게도 애초에는 그렇게 되지 않는 것이 허용되어 있었기에 그들은 자발적으로 그렇게 된 것이다. 그러나 일단 그렇게 되었다면, 더 이상 그렇게 되지 않는 것이 그들에게 허용되지 않는 것이다"[17)]

③ 가정과 국가의 역할

아리스토텔레스는 가정이 국가의 기본단위이나, 개인이나 가정보다 국가가 우선하며, 국가는 자급자족(autarkeia)을 하며 단순한 생존(zēn)이 아니라 좋은 삶(eu zēn)을 위해 존속한다고 한다.[18)]

가정의 주된 최소 요소는 주인과 노예, 남편과 아내, 아버지와 자식이며 이를 주종관계(despotikē), 부부관계(gamikē), 부자관계(patrikē)로 구성한다.[19)] 주인과 노예의 관계는 노예가 어떤 의미에서는 주인의 일부, 주인의 몸의 생명 있는 분리된 일부여서 이해관계가 일치되기도 하지만, 양자의 관계가 법과 힘에만 의존할 경우 정반대되는 일(갈등과 적대관계)이 벌어진다고 한다.[20)]

아리스토텔레스는 가정의 자식과 관련해서는 장애가 있는 아이의

---

17) 아리스텔레스, 니코마코스 윤리학 3권, 1114a4-21(김남두 외 3인, 앞의 책, 128-129면).

18) 아리스토텔레스, 정치학(Politica), 천병희 역, 도서출판 숲, 2009, 20-21면 (1252b27, 1253a7).

19) 아리스토텔레스, 앞의 책, 23면(1253b1).

20) 아리스토텔레스, 앞의 책, 343면(1255b4).

양육은 법으로 금하고, 자녀 수가 많아 행해지는 유기를 사회적 관습이 금할 경우에는 산아제한을 실시하고, 이를 어길 경우에는 태아가 감각과 생명을 갖기 전에 낙태해야 한다고 하고 있다.[21]

다. 고대 그리스에서의 후견제도

고대 그리스에서 미성년 남자는 성년(17세 또는 18세)이 되면 부모의 친권이나 다른 후견인의 후견에서 벗어나지만 여자는 평생 후견(부모, 남편, 아들의 후견)을 받게 된다.[22] 후견인은 피후견인의 재산을 보호하고, 의식주와 교육 등 신상에 대한 보호도 함께 행한다. 후견인의 비리를 막기 위한 방법으로 보고서 제출이나 후견인에 대한 감사가 이루어지기도 하고, 중죄 선고를 받은 후견인은 후견권을 박탈당하기도 한다.[23] 후견인의 지명은 생전이나 사후 유언으로 친부가 지명하거나, 지명을 하지 않은 경우 법에 따라 주로 친족이 후견인이 되었으나, 여자는 후견인이 될 수 없었다.[24]

한편, 그리스에서는 정신병이나 낭비벽, 매춘 등을 이유로 불명예(atimia)를 당하는 경우 시민권이 일부 제한되어 일정한 공적 권리를 박탈당하기도 하고, 국가에 대한 채무자나 정신병을 가진 경우에도 법적 인격체로서의 기능을 박탈당하여 증인, 군인, 관리나 유언자로서의 권리나 의무를 행사하지 못하였다.[25]

그 밖에 피상속인인 부(父)가 정신병이 있을 때 그 아들이 정신병 혐의를 제기하여 그 사실이 인정되면 피상속인으로서의 재산관리권

---

21) 아리스토텔레스, 앞의 책, 418면(1335b19).
22) 최자영, 고대 그리스 법제사, 대우학술총서, 2007, 436-437면.
23) 최자영, 앞의 책, 438면 및 445면.
24) 최자영, 앞의 책, 437-438면.
25) 최자영, 앞의 책, 468-469면.

을 박탈당하였고, 광기·노망·약물중독·병·여자의 농간 등으로 정신이 온전하지 못한 상태에서는 유언을 통한 재산처분도 불가능하였다.[26)]

라. 검토

성년후견제도의 대상이 되는 취약계층은 주로 발달장애, 치매, 정신분열 등 정신장애를 가진 사람이며, 이는 정신적 능력의 부족으로 인해 사회생활에 제약이 있는 사람들이다. 플라톤은 위에서 본 바와 같이 정신장애인에 대해 가족의 보호를 강제하고, 이를 위반할 경우 그 가족에게 벌금을 물리도록 하고 있는데, 이러한 형태의 강제(가족에게 정신장애인의 보호의무와 그 위반시 형벌을 부담시키는 방법)는 현행 우리의 정신보건법[27)]과 구 경범죄처벌법[28)]에서도 확인할 수 있고, 과거 프랑스의 법률[29)]에서도 확인할 수 있다.

아리스토텔레스는 국가가 두 가지 권능을 가지고 있다고 보았는데, 위험과 해악으로부터 시민들을 보호하는 치안권능(police power)과 가

---

26) 최자영, 앞의 책, 426-427면.

27) 정신보건법 제22조 제3항은 보호의무자(가족 등 부양의무자)가 정신장애인을 유기하여서는 아니된다는 의무를 부과하고 이를 위반할 경우 징역형 또는 벌금형으로 형사처벌을 하고 있다(정신보건법 제55조 제1호)

28) 구 경범죄처벌법 제1조 제31호(2013. 3. 21. 법률 제11401호로 개정되기 전의 것)는 '정신병자 감호소홀'이라는 세목으로 위험한 행위를 할 우려가 있는 정신병자를 돌볼 의무가 있는 사람이 그를 제대로 돌보지 아니하여 집 밖이나 감호시설 밖으로 나돌아다니게 한 경우 10만 원 이하의 벌금, 구류 또는 과료로 처벌하고 있었는데, 2013. 3. 21. 삭제되었다.

29) 프랑스 혁명 후 제정된 1791. 7. 22. 법률은 광인의 친척들이 광인을 돌볼 책임을 부과하고, 그들이 거리를 배회하지 못하도록 하고, 혼란이나 범죄를 저지르지 않도록 감시할 책임을 부과하였으며, 이를 게을리할 경우 발생할 무질서에 대해서는 시 당국이 책임을 지도록 하였다(미셸 푸코, 광기의 역사, 김부용 역, 인간사랑, 1991, 302면).

부장적 돌봄(생계, 보호, 양육, 교육 등)을 필요로 하는 사람들을 원조하는 국친권능(國親權能, parens patriae power)이 그것이다. 국친권능은 도움이 필요할 때 도와줄 가족이나 친구가 없는 시민들에 대하여 국가가 궁극적인 가장으로서 행동할 국가의 책임이고, 이러한 두 가지 권능(치안권능과 국친권능)은 정신장애인에 대한 강제수용, 후견제도의 전통적인 근거로서 정당화되어 왔다.

플라톤과 아리스토텔레스가 설명하려 한 인간의 영혼과 육체, 가족 및 국가에서의 지배와 피지배, 이성을 통한 합리적 선택과 책임의 문제는 현재 제기되는 정신장애인의 처우에도 이리저리 얽혀 있다. 본 연구에서 플라톤과 아리스토텔레스의 글을 옮겨 적은 이유는 그들이 2400여 년 전 간략하게 언급한 내용들이 담고 있는 여러 가지 현재적 문제들을 보이기 위함이며, 이후 로마법과 근대 및 현대 철학에서 다시 언급되는 중요한 개념요소들(이성의 결여로 합리적 선택이 불가능한 정신장애인의 능력과 책임, 정신장애인 가족의 책임, 가장의 생살여탈권의 국가로의 전환 문제, 정신장애인에 대한 강제불임과 안락사, 국가의 현대적 기능)의 단초를 보여주고 있기 때문이다.

2. 로마법

정신장애인은 고대 로마법 시절 이전부터 일정한 법적 규율의 대상이 되었다. 이를 민법의 행위능력과 후견제도, 형사책임무능력제도를 통해 살펴보고, 가장의 권한인 생살여탈권(生殺與奪權)이 장애를 가진 자식에게 어떻게 적용되었는지 살펴보기로 한다.

가. 정신장애인의 행위능력과 후견제도

기원 전 6세기에 만들어진 고대 로마법인 12표법에서도 정신장애인에 대한 일정한 규율을 두고 있었다. 예컨대, 어떤 자가 정신착란자(furiosus)인 경우에는 종친들과 씨족원들이 그의 신상(身上)과 재산에 대한 결정권을 가지도록 하고, 낭비자(prodigo)에 대해서는 자기재산의 관리금지 및 종친들의 후견이 개시될 수 있었다.[30] 이는 정신장애인이 자기 신상과 재산에 대한 관리능력이 없다고 보아 제3자가 이를 대신하도록 하는 후견제도의 기원이 이미 고대 로마법 시절부터 존재해 왔음을 보여준다.

보다 구체적인 내용을 2세기경에 편찬된 가이우스(Gaius)의 법학제요(Institutes)에서도 확인할 수 있다. 가이우스는 인(人)에 관한 장에서 농자(聾者)와 아자(啞者)가 들을 수 없거나 대답할 수 없어 청약자나 낙약자가 될 수 없는 것과 구분하여 정신착란자(furiosus)는 그가 하는 행위를 이해하지 못하기 때문에 거래를 할 수 없다고 하였다.[31] 위와 같은 구분은 신체적 장애와 정신적 장애를 나누고, 정신장애인이 법적 행위들을 할 수 없게 되는 이유를 설명하고 있는 것으로 이해될 수 있다.

로마법에서는 두 가지 형태의 후견이 있었는데, 하나가 미성년자[32]

---

30) 최병조, "고대 로마 십이표법의 번역과 관련하여", 서울대학교 법학 제51권 제3호, 2010, 17-18면; Henry Sumner Maine, 고대법(Ancient Law), 정동호 외 2인 역, 세창출판사, 2009, 321면; 19세기 말부터 20세기 초 일부 외국 문헌에서는 12표법상의 'Furiosus'를 Idiot(백치) 또는 Lunatic(광인), Mad Man(미친 사람)으로 해석하는 경우도 있다(David Nasmith, Outline Of Roman History, London, 1890, 27면).

31) Edward Poste, "Institutes of Roman Law by Gaius with Translation and Commentary", Oxford, 1904, 341면.

32) 로마법상 미성년자(minor)는 유아(infants, 7세 미만), 소년(impuberes, 7세부터 남자는 14세 여자는 12세), 청소년(puberes, 25세 미만)으로 분류된다(William

또는 여성[33]에 대한 후견(인)(tutela, tutor)이고, 다른 하나가 정신장애인 등에 대한 보좌(인)(cura, curator)였다. 양자 모두 신체적, 정신적으로 자신과 재산을 관리하지 못하는 사람에 대한 보호제도인데, 공통점으로는 행정기관에 등록하고, 법원이 후견인 선임・해임에 관여하며, 피후견인에 대해 일정한 책임이 있었다. 차이점은 후견과 보좌의 대상이 다르고, 후견이 보좌에 비해 더 많은 권한(교육과 신상보호, 법적 무능력에 대한 보충, 재산관리)을 가지고 있었다.[34]

12표법 이후 정신착란자 보좌(cura furiosi)와 낭비자 보좌(cura prodigi)[35]를 로마법이 유지해 오다가, 이후 로마법에서는 이에 추가하여, 부권으로부터 독립되었으나 12세부터 25세 사이의 사람에 대해 미성년 보좌(cura minoris)가 시행되었으며, 유스티니아누스 시대에는 청각장애, 언어장애나 폐질, 정신불안(unsound-mind)과 같은 경우에도 보좌가 확대되었다.[36]

정신착란자 보좌의 경우 정신이 되돌아 온 평정시(平靜時. Dilucida Intervalla)에 한 행위는 유효함을 인정받았으나,[37] 그 외에 정신착란

L. Burdick, THE PRINCIPLES OF ROMAN LAW AND THEIR RELATION TO MODERN LAW, THE LAWBOOK EXCHANGE, USA, 2007, 262면).

33) 여성에 대한 후견(tutela mulierum)은 미성년자에 대한 후견(tutela impuberum)과 달리 12살이 지나도 계속되며, 결혼하여 남편의 지배권(manus)하에 들어가면 기존의 후견은 종료되고, 남편의 지배에 편입된다(William L. Burdick, 앞의 책, 268면).

34) R. W. Leage, Roman Private Law, London, 1906, 112-113면.

35) 낭비자 보좌의 경우 보좌인의 권한이 정신착란자 보좌의 경우(신분과 재산에 대한 보좌)와 달리 낭비자의 재산에 대한 보좌만으로 한정되었다(백승흠, "성년후견제도에 관한 연구", 동국대학교 박사학위논문, 1997, 93-94면).

36) W. W. Buckland, A Text-Book Of Roman Law From Augustus To Justinian, Cambridge At The University Press, 1921, 169-170면; R. W. Leage, 앞의 책, 111-112면; William L. Burdick, 앞의 책, 272면.

자가 체결한 계약은 원칙적으로 무효로 하였다.

나. 부(父)의 생살여탈권(生殺與奪權)

부권(patria potestas)의 내용은 12표법에서 확인할 수 있다. 12표법은 가장(家長, paterfamilias)은 기형의 자식을 죽일 권리가 있음을 선언하고 있으며,[38] 로마법상 가장은 자식을 가두고, 징계하며, 족쇄를 채울 수 있으며 더 나아가 죽일 수도 있었다고 한다.[39]

고대 로마법상 신생아유기죄(新生兒遺棄罪)와 관련해 12표법이 조산아와 기형아의 유기(살해)를 규정했는데, 이러한 부(父)의 유기는 국가의 재앙을 면하기 위한 신성한 종교적 의무이고, 그 외에 극빈, 혼외자 등의 이유로 유기되는 경우도 있었으며, 국가는 가장권의 행사에 간섭할 수 없다는 법적 관행에 따라 부(父)의 자의적인 자녀유기를 범죄로 구성하지 않았다고 한다.[40]

로마법에서 자식에 대한 생살여탈권을 가장에게 부여하는 것에 대해 의아심을 품을 수도 있을 것이다. 그러나 현대 국가에서도 주권권력(sovereign)이 사람의 생사(生死, life or death)를 정할 수 있는 점을 들어 제한 없는 가부장적 권한의 정당화가 불가능한 것이 아니며, 그것이 과거에는 가장 현명한 정책이라 믿었고, 인간 본성은 그때나 지금이나 변함이 없다는 점을 지적하는 견해도 있다.[41] 특히 그리스의 아

---

37) 현승종, 로마법, 일조각, 1982, 66면 및 216면.

38) Henry Sumner Maine, 앞의 책, 320면

39) William L. Burdick, 앞의 책, 254-255면(위 책에서는 실제 아버지가 자식을 죽이는 사례를 들며, 그 이유는 노륵실, 역모, 딸의 부도덕 등이었다고 한다).

40) 조규창, 로마형법, 고려대학교 출판부, 1998, 208면(조규창 교수는 당시 사회에서는 기형아의 출생이 사회공동체의 재난을 가져올 불행한 징조로 보아 유기 또는 살인이 기능했던 것으로 추론하고 있다).

41) William L. Burdick, 앞의 책, 257면.

리스토텔레스 또한 장애아에 대한 양육을 금지하는 법을 주장하였던 것과 12표법상 기형의 자녀에 대한 살해가 규정되었던 점에 비추어 보면 로마법상의 자식에 대한 부의 생살여탈권은 통제받지 않는 가장권의 극단적 성격을 드러내 준다고 할 것이다.

다. 정신장애인의 형사책임능력

6세기 로마 유스티니아누스 황제 때 편찬된 학설휘찬(digesta) 등[42]에 따르면, 정신착란자(furiosus)는 사법상의 행위무능력 규정을 준용하여 형사책임능력이 부인되었고,[43] 살인, 방화 등의 범행을 저지른 경우에도 형사책임을 부담하지 않았으며, 나아가 정신착란자에 대한 판결 선고도 허용되지 않았다.[44]

다만, 정신착란의 의심만 있는 경우에는 이러한 예외를 허용하지 않았고, 신체질환인 농아자의 경우에는 책임능력이 아니라 양형상 경감사유로 보았으며, 만취나 분노, 흥분 등의 심신장애상태(perturbationes animi)에서의 범죄행위에 대해서는 고의보다 경감했고, 여성이나 미성년, 문맹자도 법의 무지 등의 사유를 들어 면책될 수 있었다.[45]

로마법상 정신착란자(furiosus)의 민·형사책임능력을 제한하는 것은 '정신착란자는 의지가 없다'는 법언에 의한 것으로 정신지체나 정신이상은 보통사람이 가지는 합리적 선택에 따른 판단이나 결정능력이

---

42) 유니티니아누스 황제가 편찬한 학설휘찬(digesta)의 라틴어 원문은 "http://constitution.i2i.org/files/2010/09/Justinian-Digest1.pdf"(최종방문 2013. 5. 1.)에서 확인할 수 있다.

43) 이에 반하여 중국 한비자는 기원 전 3세기 그의 저서에서 '정신병이라 해도 형벌을 면할 수 없다'고 하여 정신장애인의 형사책임을 인정하였다(전지홍·민성길, "중국 정신의학의 역사", 대한정신약물학회지 제3권 제1호, 1992, 4-5면).

44) 조규창, 로마형법, 고려대학교 출판부, 1998, 25면.

45) 조규창, 앞의 책, 25-31면.

없는 것으로 보아 책임을 면하도록 한 것이다. 이러한 법리는 현행 민법이나 형법에서 책임능력 없는 자의 불법행위나 범죄행위의 성립을 인정하지 않는 규정에 의해 현재까지 유지되고 있다.

라. 검토

고대 로마법인 12표법의 정신장애인 후견조항에서 정신장애인의 신체와 재산은 가족의 후견권의 대상이 되었고, 이 후견의 주된 목적은 정신장애를 가진 가족 구성원의 재산 소모를 막기 위해 다른 가족이 그 관리권한을 가지도록 하는 것이어서 결국 가족의 이익을 위한 후견제도였다. 그 결과 정신장애인인 가족은 법적으로 무능력한 사람이 되어 버리고, 가족의 재산이 안전하게 다음 세대로 넘어갈 수 있게 된다.[46)]

로마법에서 정신장애인은 후견제도의 도움을 받도록 하고 있으며, 이러한 후견제도는 현재 각국의 민법에서 하나의 법제도적 장치로 전승되어 왔다. 로마법에서 유래한 왕이나 가장의 생살여탈권은 결국 어떻게 현재화되었는지 보면, 근대국가에서 정신장애인에 대한 강제불임, 안락사, 강제입원으로 넘어오게 되었고, 정신장애인에 대한 법적 보호의 박탈(재판 없는 수용, 각종 능력과 자격의 박탈 등) 또한 과거부터 국가가 가져 온 치안권능으로부터 유래하였다.

로마법상 정신장애인에 대한 후견은 그 피후견인의 신상을 돌보는 것이 아니라 그 재산을 관리하는 것이 주목적이었고, 역사적으로 가족재산(家産)의 유지 · 보존을 위해 그 재산 소유자의 권한을 박탈하는 방식으로 후견제도가 활용되어 왔음을 알 수 있다.

---

46) Kees Blankman, "Guardianship Models in the Netherlands and Western Europe", International Journal of Law and Psychiatry, Vol. 20, No. 1, 1997, 47-48면.

II. 중세시대의 후견제도

1. 개관

중세시대는 크게 두 가지 사회체계가 작동해 왔는데, 하나가 왕과 영주 사이의 주종제도(왕의 보호에 대응하여 영주의 군사적 봉사와 세금 등 충성을 서약하는 계약적 관계)이고, 다른 하나가 영주와 그의 토지(장원)에 속해 있는 농노와의 장원제도(농노는 장원의 토지를 사용하여 생계를 유지하는 대신 영주의 일정한 권한에 예속)인데, 이 두 가지 제도가 사회질서의 근간을 이루었다.

중세의 후견제도는 재산(봉토)관리를 목적으로 왕이 부모 없는 미성년의 영주를 대상으로 후견을 시행하였고, 주로 왕이 영주의 재산(봉토)을 뺏을 목적으로 후견을 시행하는 것이어서 후견제도가 왕의 권한을 지역에서 확대하는 제도적 도구로 활용되었다.

2. 중세 영국의 후견제도[47)]

11세기 성립된 영국 노르망디 왕조는 새로운 통치구조를 수립하고 기존의 영주들을 자신의 신하로 하면서 그들에게 봉토를 주어 상속할 수 있도록 하였다. 다만, 영주가 미성년 자녀만을 두고 사망할 경우에는 왕이 그 미성년 자녀의 후견인이 되어 성인이 될 때까지 그 미성년자를 보호해 주면서 그 봉토에서 나오는 이윤을 왕이 가져갔다. 이러한 후견제도는 영주들 입장에서는 왕이 자신들의 봉토에 대해 권

47) 이하의 중세 영국의 후견제도는 Robert B. Fleming, Carolyn J. Robinson, “CARE OF INCOMPETENT ADULTS: A Brief History of Guardianship”, Arizona Attorney, December, 1993.을 참조하여 정리하였다.

한을 행사하는 것이어서 반감을 가지게 되었다. 그리하여 영국 귀족들은 존 왕을 압박하여 1215년 대헌장에서는 왕의 후견권을 제한하고, 영주에게도 후견권을 인정하는 내용을 규정하였다. 봉건제도가 더 발전해 감에 따라 영주들도 자신의 봉토에 속한 소작인들의 미성년 상속인에 대한 후견권한을 가지게 되었고, 영주가 자신의 피후견인을 부양하고, 대신 그 피후견인의 재산을 사용할 수 있게 하였다.

무능력자에 대한 중세 영국의 후견제도는 정신이상(lunatics)과 백치(idiots)[48]를 구분하였다. 정신이상의 경우 회복가능성이 있기 때문에 피후견인이 회복되었을 경우 그 재산관리를 넘겨야 했다. 그러나 백치의 경우에는 치료가 불가능하고, 회복 가능성이 없기 때문에 피후견인의 재산 자체가 피후견인을 계속하여 부양해야 했고, 그들의 생활보호에 드는 비용에 계속적으로 사용하기 위해 후견인이 된 영주는 피후견인의 재산을 압류해 사용할 수 있었다. 이렇게 중세의 후견제도는 부모 사망시 왕 또는 영주의 권한에 의해 미성년자 및 그의 재산을 관리하는 기능을 하였다.

3. 중세시대 정신장애에 대한 사회적 태도

중세 시대 정신질환자에 대한 관념은 변화되어 갔는데, 초기에는 정신질환자가 그들의 의지에도 불구하고 악마에 사로잡힌 것이라 믿어 악마를 쫓는 의식을 통해 치료될 수 있다고 믿었으나, 이후에는 마녀와 같은 사탄의 추종자라고 믿어 채찍질, 교수형, 화형에 처하게 되었으며, 마녀재판에서는 자백을 받을 목적으로 고문이 자행되기도

48) 본서에서는 과거 외국의 정신장애를 표현하는 용어로 idiots는 백치로 번역하였다.

하였다.[49] 마녀재판의 마지막 집행은 1782년에 이루어졌으나, 정신질환자가 악마와의 동맹군이라는 인식은 19세기의 사람들에게도 전해져 내려왔다.[50]

중세시기인 1247년 개원한 영국 베들렘(Bethlehem)의 성 메리(St. Mary) 병원은 1402년에 정신질환자를 위한 시설로 바뀌는데, 그 당시 이러한 시설들은 수용된 정신질환자들을 대중들에게 보여주기 위한 볼거리로 제공하였다.[51] 이렇듯 중세에는 악마주의, 미신, 점성학과 관련된 일상적 생활이 정신질환자의 삶을 비극으로 만들었다.

이 시기에도 일부 학자들은 정신질환자에 대한 휴머니즘적 태도를 보여주었는데, 16세기 스페인의 인문학자 비베스(Juan Luis Vives)는 빈자나 광인에 대한 구제는 개인적 자선이 아니라 국가나 도시가 책임을 부담해야 하는 공동체의 책임으로 인식하였고, 이는 현대 사회복지의 문제처럼 정신질환자 문제를 접근하는 것이었다.[52]

16세기 네덜란드의 의사 바이어(Johann Weyer)도 그가 1563년 펴낸 책 '마녀의 망상(De Praestigiis Daemonum, Delusion of Witches)'에서, 소위 마녀라는 자는 병든 것뿐이며, 그들에 대한 처우는 의학적이고 인도적이어야 함을 주장하였다.[53]

---

49) Theodore Millon, Masters of the Mind-Exploring the Story of Mental Illness from Ancient Times to the New Millennium, John Wiley & Sons, Inc., New Jersey, 2004, 43-45면.

50) Theodore Millon, 앞의 책, 45면.

51) Theodore Millon, 앞의 책, 87면; 이렇게 수용소에서 정신질환자를 돈을 받고 볼거리로 제공하는 행태는 18세기에도 계속되었다(William Perfect, Select cases in the different species of insanity, Gillman, Rochester, 1787, 131-133면)(에드워드 쇼터, 정신의학의 역사, 최보문 역, 바다출판사, 2009, 18면에서 재인용).

52) Theodore Millon, 앞의 책, 89면.

53) Theodore Millon, 앞의 책, 90면.

4. 검토

중세 후견제도에서 착안할 수 있는 특색은 국친사상, 즉 국가가 생활능력 없는 사람을 보호한다는 관념이다. 국가를 대신하는 왕이나 영주가 무능력한 사람의 후견인으로서 활동하며, 그들의 재산을 관리하는 모습은 로마법상의 가족이 그 가산을 보존하기 위해 후견인으로서 활동하는 것과 유사하면서도 다른 점이다.

특히 중세 영국에서의 후견제도는 경제적 도구(재산관리권)에 그 목적과 기원을 두고 있으며, 영국 국왕의 대리인으로서 판사가 국왕영지의 적절한 관리를 목적으로 정신장애인의 재산에 대해 국친권능으로서 국왕의 특권을 행사하였다.[54)]

성년후견의 대상이 되는 정신장애인에 대한 후견제도라는 법제도적 장치에 대한 포착만으로 그들의 삶이 어떠했는지를 정확히 파악하기는 어려우므로 정신장애인들에 대한 당시의 의학적 태도나 사회적 태도도 함께 고찰하는 것이 후견제도의 역사적 전개를 이해하는 것에 도움이 된다. 후견제도가 주로 재산이 있는 정신장애인을 대상으로 한 법제도적 장치라 한다면, 재산이 없는 정신장애인을 대상으로 한 법제도적 장치는 이와 다르다. 정신장애인에 대한 사회적 인식이나 지역사회 내 배타적 태도가 중세의 마녀사냥이나 추방과 같은 사실상의 배세상지를 만들어 내고 결국 근대에 이르러서는 강제수용 시스템으로 제도화된다.

---

54) Margaret K. Krasik, "THE LIGHTS OF SCIENCE AND EXPERIENCE: HISTORICAL PERSPECTIVES ON LEGAL ATTITUDES TOWARD THE ROLE OF MEDICAL EXPERTISE IN GUARDIANSHIP OF THE ELDERLY", American Journal of Legal History 33, 1989, 203-204면.

Ⅲ. 근대의 후견제도

후견제도는 근대 이후 주로 재산을 가진 정신장애인의 재산을 관리할 목적으로 사용되었다. 즉, 근대까지 후견제도의 기능은 사람이 아닌 재산의 유지·보존을 위한 제도였고, 20세기에 이르러서야 인권 관념의 확대로 후견제도가 재산이 아닌 사람을 위한 제도로서 기능하게 된다. 이하에서는 근대 이후의 후견제도와 관련된 역사를 살펴본다.

1. 근대 후견제도의 이해

미성년자에 대한 후견과 성년의 무능력자에 대한 후견은 그 기원에 있어 크게 다르지 않다. 중세 교회법에 의하면 상습적으로 이성을 상실하는 자는 무능력자로 판단되며 아이와 같은 존재라 하여 미성년자와 유사하게 취급하였다. 1690년 존 로크도 당시의 성년후견제도를 미성년의 확장, 즉 정신이상과 백치를 미성년으로 보고서 그에 대해 부자관계를 설정해 주는 제도로 다음과 같이 이해하였다.

> "신의 섭리 바깥에서 생기는 문제로 인해 그 섭리를 이해하고 그에 따라 살 수 있는 이성수준을 갖지 못한 자는 결코, 자유로운 인간이 될 수 없으며, 자유의지에 따른 처분을 허용할 수 없다. 왜냐하면 그는 자유의지의 한계를 모르고 자유의지의 적절한 지시를 이해하지도 못하기 때문이다. 다만, 그의 이해력으로는 감당할 수 없을 때마다 타인들의 지도와 지배를 받아서만 살아간다. 따라서 정신이상자(lunatics)와 백치(idiots)는 부모의 지배를 벗어나게 놓아두어서는 아니 된다"[55]

위의 내용을 보면 이 무렵에도 후견제도는 미성년후견제도를 그 원형으로 하여 정신이상자나 백치에 대해 미성년후견을 연장시켜 후견인의 피후견인에 대한 지배권을 유지시키는 제도로 이해하고 있음을 알 수 있다.

2. 근대의학의 정신장애에 대한 태도 - 수용제도의 성립

17세기 이후 영국과 프랑스 등 유럽에는 정신질환자 수용시설이 설립되어 파리시민의 1%인 6,000여 명 정도가 오삐딸 제네랄에 수용되고, 영국, 독일 등에서도 많은 정신질환자들이 수용되어 푸코는 이를 고전주의 시대 광기에 대한 대감금으로 표현하고 있다.[56] 또한 이 시기 수용된 사람들은 족쇄가 채워지거나, 지하감옥에 격리하는 등의 처벌이 이루어지기도 하였다.[57]

---

55) John Locke, Two Treatises On Civil Government, London, George Routledge And Sons Limited, 1884, 220면(신권철, "사회복지서비스에서 성년후견인의 역할과 한계", 사회보장법 연구 제2호, 서울대 사회보장법연구회, 2012, 38면에서 재인용).

56) 미셸 푸코, 광기의 역사, 김부용 역, 인간사랑, 1991, 65-73면 참조; 이에 반하여 에드워드 쇼터 교수는 미셸 푸코가 주장하는 대감금이 영국, 프랑스 등에서 실제 일어난 적이 없다고 반박한다(에드워드 쇼터, 앞의 책, 22-25면).

57) 17세기 유럽의 정신질환자 수용의 역사와 그 전개과정을 설명한 Paul F. Stavis의 글을 정리해 보면 아래와 같은데, 이는 푸코의 설명에 근거한 것으로 보인다 (Paul F. Stavis, "Civil Commitment: Past, Present, and Future", Quality of Care Newsletter, Issue 64, August-September 1995; 원문은 http://nemhcoercion tripod.com/cc64.htm(2013. 5. 1. 최종방문)에서 확인할 수 있다).
"17세기 동안 정신질환자는 빈자, 실업자, 신체질환자 또는 쇠약자, 단순히 게으르거나 사회적 일탈을 하는 사람들과 구분되어 격리되지 않았고, 그러한 병원들이 주는 공포는 거대한 것이었고, 질병이나 게으름에 기초한 것이었다. 이 시기에 정신질환에 대한 관점은 대체로 동물적 이론(animalistic theory)이었다. 정신질환자는 동물과 유사하게 고통이나 추위, 가혹한 형벌을 느끼지 못하고 오히려 그러한 상황을 삶의 일부로 여긴다는 것이다. 실제 그러한 사람들이 수용된 방병원에 수용된 사람에 대한 인도주의적 처우는 프랑스 대혁명 시기인 1793년 프랑스의 의사 필립 피넬(Philippe Pinel)이 비세트르 병원의 광인들을 묶은 사슬을 풀어주면서 시작되었다(그러나 구속복이 사슬을 대체하였다).[58] 피넬은 1801년 자신이 쓴 책(정신이상에 관한 논문)에서 정신이상(mental derangement)을 5가지 종류(melancholia, mania without delirium, mania with delrium, dementia, idiotism)로 구분하여 병원에서 겪었던 사례들을 설명하면서, 고대부터 내려오는 정신질환자에 대한 정신 치료(moral treatment, 약물보다 고전철학이 정신질환 예방에 좋고, 환자에 대해서는 친절함과 강인함을 가지고서 대하며, 병원시설을 개선할 것을 주장함)가 조증(mania, 과도한 활동이나 자신감으로 들뜨는 기분장애)환자에 대한 치료로서 적합함을 강조하였다.[59]

3. 근대 민법상의 성년후견제도

근대법이 강조한 것은 이성이었다. 인간의 자율과 이성을 바탕으로 합리성에 근거해 근대법이 만들어졌고, 결국 근대법은 이성의 산물이었다. 그러나 이러한 이성의 산물이자 합리성의 산물인 근대법은 현실세계의 비이성적 존재들, 즉, 법이 전제하고 있는 합리적 이성을

들은 동물의 우리와 비슷하고, 여성을 포함한 그곳의 많은 사람들은 작은 방에서 종종 벌거벗은 채 운집하여 있어야 했다. 중세시대부터 19세기까지 영국과 프랑스에서 광인을 전시하고서 창문을 통해 구경하는 것은 일종의 관습이었다. 이때의 역사 속에서 광기와 정신질환은 질병으로 인식되지 않았고, 오히려 야수의 가면에서 사람의 얼굴만을 빌린 것이며, 이러한 원인은 죄와 사회적 일탈 때문에 발생한다고 생각했다"

58) 에드워드 쇼터, 앞의 책, 31면.

59) Philippe Pinel, A TREATISE ON INSANITY, TRANSLATED BY D. D. DAVIS, W. TODD, 1806, 38면 및 48-52면.

가진 인간(추상적 인간)이 아닌 현실의 비이성적 존재들(구체적 인간)에 대해 일정한 법적 규율을 요구하게 되었다. 그것이 바로 행위무능력제도였다. 근대법의 인간상에서 벗어난 사람들은 법원의 선언을 통해 행위무능력자가 되어 합리적 이성을 가진 후견인을 통한 지배를 받아야 했고, 그 법제도적 장치가 후견제도(금치산제도 등 행위무능력제도)였다.[60] 이하에서는 근대 민법에서 규제해 온 후견제도가 가진 성격을 간단히 살펴보기로 한다.

가. 프랑스[61]

근대 민법전의 기초가 된 1804년 프랑스 나폴레옹 민법전에는 성년의 무능력자에 대한 조치로서 금치산제도(interdiction)와 준금치산제도(quasi-interdiction) 내지 재판상보좌(conseil judiciaire)제도를 마련하였고, 1838년 6월 30일 법률에 의하여 시설수용 정신질환자(aliénés internés)에 대한 보호조치가 입법화되었다.

금치산은 우둔(imbécilité), 착란(démence), 광폭(fureur)의 상태에 있는 사람을 대상으로 하고, 그 청구절차에서 법원이 친족회의 의견을 듣고, 금치산 선고를 내리는 경우 후견인이 선임된다. 후견인은 금치산자의 모든 법률행위를 대리하고, 금치산자는 행위무능력자가 되어 단독으로 행한 법률행위들에 대해서는 무효를 주장할 수 있다. 여기서는 친족회가 후견인에 대한 후견감독기구로서 역할을 한다.

준금치산 내지 재판상 보좌는 심신박약, 낭비 등을 요건으로 하며,

60) 근대법의 인간상에 대한 구체적 내용은 신권철, "정신질환자의 법적 지위 - 배제에서 통합으로", 서울대학교 박사학위논문, 2012, 144면 내지 155면을 참조할 것.

61) 프랑스의 근대민법상 후견제도의 내용에 대해서는 명순구 외 3인, 프랑스의 성년후견제도(2009년도 법무부 연구용역과제보고서), 법무부, 2009, 2면 내지 5면을 참조하여 정리하였다.

준금치산 등이 선고되면 보좌인이 선임되어 소송행위 등에 대해 보좌인의 동의를 얻어야 하고, 동의를 얻지 않은 행위는 금치산과 같이 무효이다.

1838년 법률에 의한 시설수용 정신질환자에 대한 보호조치는 사회적 안전을 위한 치안적 측면과 정신능력이 취약한 개인에 대한 보호적 측면을 모두 가지고 있고, 그 내용은 정신질환자의 격리 수용에 있어 ① 정신질환자 수용시설에 있어 국가 및 지방자치단체의 책무, ② 정신질환자 수용절차에 있어 자의성의 배제, ③ 수용된 정신질환자의 재산에 대한 보호조치 등을 규율하고 있다.

나. 독일

1896년 제정된 독일 민법은 현재의 금치산제도와 유사한 행위능력박탈제도를 두고 있었다. 1896년 제정민법은 ① 정신병 또는 심신미약으로 인해 자신의 사무를 처리할 수 없는 경우, ② 낭비에 의해 자기 또는 가족을 궁박의 위험에 빠지게 할 염려가 있는 경우, ③ 음주벽 또는 마약벽으로 인해 사무를 처리할 수 없거나 자기 또는 가족을 궁박의 위험에 빠지거나 타인의 안전을 위태롭게 하는 경우에 행위능력의 박탈을 법원이 선고할 수 있도록 하였다.

정신병으로 인하여 행위능력박탈의 선고를 받은 경우에는 7세 미만의 사람과 같이 계약체결능력을 잃게 되어 일체의 법적 거래에 참여할 수 없게 되고, 심신미약, 낭비, 음주벽 또는 마약벽 때문에 행위능력박탈의 선고를 받은 경우에는 행위능력의 제한을 받게 되어 7세 이상의 미성년자가 받게 되는 거래제한과 동등한 제한(제한적 행위능력자)을 받게 된다.[62] 행위능력이 박탈된 성년자를 위해서는 후견이 개

62) 권혁창, "성년후견제도의 도입방안에 관한 연구", 경희대학교 박사학위논문, 2010,

시되어 후견인이 선임되었는데, 앞서 본 전자의 행위무능력자(정신병자 등)에 대해서는 법정대리인인 후견인에 의해서만 법률행위를 할 수 있는 데 반하여, 후자인 제한행위능력자(심신미약, 낭비, 음주벽, 마약벽)에 대해서는 원칙적으로 법정대리인인 후견인의 동의에 의해 법률행위를 하게 하였다.[63]

독일민법에서는 또한 후견과 별도의 장애자를 보호하는 장애감호제도를 두어 후견인이 없는 성년자가 신체적 장애(농자, 아자, 맹자)로 인해 자신의 사무를 처리할 수 없거나, 정신적·육체적 장애로 인해 개별 사무 또는 일정범위의 사무(특히 재산사무)를 처리할 수 없는 때 그 신상과 재산에 대해 감호인(pfleger)의 보호를 받을 수 있도록 하였다.[64]

다. 일본

1896년 제정된 일본 메이지(明治)민법은 프랑스민법의 금치산제도를 계수하여 금치산자와 준금치산자로 구분하여 금치산자에 대해서는 후견인을 필요적으로 붙이고, 준금치산자에 대해서는 보좌인을 법원이 재량적으로 붙이는 것으로 하였다.

메이지민법에서는 금치산대상으로는 '심신상실의 상황에 있는 자'를, 준금치산대상으로는 '심신모약자(心神耗弱者), 농자(聾者), 아자(啞者), 맹자(盲者) 및 낭비자(浪費者)'로 하였고, 금치산 선고시 금치산자는 일체의 행위를 스스로 할 수 없게 되어 후견인이 금치산자의 법률

67면.

63) 박인환, "일본 메이지민법(총칙편: 인·능력)의 입법이유 분석", 민사법학 제54-1호, 2011, 292면.

64) 박인환, 앞의 논문, 293면.

행위를 대리하는 형식을 취하게 되며, 준금치산 선고시에는 준금치산자가 법률에 규정한 일정한 행위에 대해서만 보좌인의 동의를 필요로 하고, 나머지 행위에 대해서는 단독으로 가능하도록 하였다.[65)]

한편, 위와 같은 메이지민법이 시행된 직후인 1900년에 일본은 정신병자감호법을 제정하여 가족 내에서 정신병자에 대한 사택감치를 합법화(정신병자를 사택이나 병원에 감치하려는 자는 행정청의 허가를 받도록 함)하고, 정신병자에 대한 보호의무를 가족(부양의무자)에게 부담하도록 하였다.[66)]

4. 검토

근대 민법은 자율적인 인격과 합리적 이성을 가진 인간을 전제로 하여 거래관계와 가족관계를 규율하였다. 미성년자의 경우 잠재적 성인으로 친권자나 후견인의 보호를 받아 성년에 도달하면 모두 완전한 인격체로 성장할 수 있음을 예상하였으나, 정신장애가 있는 사람의 경우 연령과 상관없이 거래관계와 가족관계에서 지속적 미성년자의 모습, 즉 미성숙한 인격으로 보호와 규제가 필요한 사람으로 인식되었다.

이러한 보호와 규제는 자율적 인격과 합리적 이성을 가진 인간에 대한 것이 아닌 예외적 상태를 초래한다. 즉, 근대 민법이 전제한 모든 사람이 행위능력을 가지고서 평등하고, 자유롭게 거래관계와 가족관계를 규율해 나간다는 사적 자치와 자기 책임의 원칙이 정신장애를

65) 박인환, 앞의 논문, 295-305면 참조.
66) 정신병자감호법에 대한 보다 자세한 내용은 신권철, 앞의 논문, 121-123면을 참조할 것.

가진 사람들로 인해 파열될 수밖에 없었던 것이다. 그들은 자신들의 행위의 의미를 알지 못해 불법행위를 저질러도 책임을 지지 않았고, 거래행위를 하여도 무효로 되어버리는 것이다.

합리적 이성의 산물인 근대 민법은 이러한 상황을 그냥 둘 수 없었다. 그리하여 법이 전제한 모든 사람들의 동등한 능력을 법원의 선언을 통해 박탈(행위능력박탈제도)한 후 그의 행위를 대신할 수 있는 후견인을 두어 이성의 지배를 관철하는 법제도적 장치인 후견제도를 마련하였다. 이는 본질적으로 보면 푸코의 표현대로 이성(후견인)에 의한 비이성(정신장애인)에 대한 지배를 관철시키는 방법이었고, 그 방식은 정신장애인을 법적으로 배제(행위능력의 박탈)하면서 동시에 포섭(후견인을 통한 지배)하는 제도적 장치로서 후견제도가 기능하고 있음을 보여준다.

한편 정신장애인에 대한 강제수용제도도 근대 이후 확산되는데, 근대국가에서 후견제도가 강제수용제도의 일부분으로서 역할(수용청구권자를 후견인으로 하는 경우 또는 강제수용되는 경우 자동적으로 후견이 개시)하는 경우도 있다.

Ⅳ. 현대 성년후견의 이념

제2차 세계대전 이후 전쟁 중에 각 국가들이 벌인 끔찍한 일들(정신장애인에 대한 안락사, 유대인 학살, 생체실험 등)에 대한 반성으로 1948년 국제연합(UN)은 인간의 존엄과 생명 · 자유 · 안전에 대한 권리 등을 보장하는 세계인권선언을 마련하였다. 그 후 사회 내 취약집단의 권리보호를 위해 1971년 '정신지체인 권리선언' 및 '1975년 장애인 권리선언'을 거쳐 2006년 '장애인권리협약'을 제정하였다. 장애인권리협약은 현재 우리나라에서도 비준하여 2008년 이후 시행되고 있다.

위 각 선언 및 협약에 나타난 (정신)장애인의 기본적 권리와 제도의 원칙들은 성년후견제도의 설계에 있어서도 고려해야 할 요소들이다. 현대 성년후견제도가 그 기본 이념으로 하고 있는 피후견인의 자율성과 자기결정권의 존중, 잔존능력의 활용, 정상화(normalization)라는 원칙은 피후견인의 인권보장과 사회통합이라는 목표를 달성하기 위한 방법이기도 하다. 특히 성년후견의 대상이 되는 사람들은 주로 치매고령자, 발달장애인, 정신질환자 등이므로 이들에 대한 권리보호 원칙이 성년후견제도에 있어서도 반영되어야 한다.

또한 근대 민법이 만들어 낸 후견제도는 피후견인에 대한 행위능력의 박탈을 전제하고 있어 피후견인의 자기결정권과 자율성을 제약하고, 잔존능력조차도 활용하지 못하는 문제점이 있었다. 이를 극복하기 위해 현대의 성년후견제도는 능력박탈제도가 아닌 부족한 능력에 대한 지원제도로서 바꾸는 패러다임의 전환이 있게 되었다.

현대에 있어 정신장애인에 대한 법적 처우는 네 가지 방향으로 전개되는데 ① 정신보건법제를 통한 강제수용 및 강제치료 시스템, ② 사회복지법제를 통한 지역사회 내 복지시스템, ③ 민법상 성년후견제도를 통한 의사결정능력 지원시스템, ④ 형법상 정신장애 범죄자에 대한 치료감호 등 보안처분 시스템이 그것이다. 위 네 가지 법적 시스템은 서로 연계되어 정신장애인의 법적 처우를 규정짓게 된다.

이하에서는 각 법적 시스템의 목표나 기준이 될 수 있는 국제연합(UN)과 세계보건기구(WHO)의 (정신)장애인 등에 대한 권리선언과 협약의 내용을 간단히 살펴보고, 현대 성년후견제도의 이념과 내용을 살펴보기로 한다.

1. 국제연합(UN)

가. 1971년 정신지체인 권리선언

1971년 국제연합의 '정신지체인 권리선언(Declaration on the Rights of Mentally Retarded Persons)'은 발달장애인의 인권에 대해 국제적 기준을 제시하였는데, 총 7개의 권리목록 중에는 1) 정신지체인의 다른 사람들과 동등한 권리의 보장(제1조), 2) 가능한 한 가족 또는 양육부모와 함께 살고, 다양한 형태의 지역사회의 생활에 대한 참여권 보장(제4조), 3) 자신의 복리와 이익이 보호되기 위한 자격 있는 후견인에 대한 권리의 보장(제5조), 4) 권리행사가 정신적 장애로 인해 행사될 수 없거나 제한될 경우 이를 돕기 위한 법률적 장치들과 정신지체인의 사회적 능력의 평가에 있어 자격 있는 전문가의 심사 및 정기적 재심사와 상급기관에 이의제기할 권리의 보장(제7조) 등을 주요내용으로 하고 있다.

위와 같은 정신지체인의 권리선언의 내용을 보면, ① 후견인의 지원과 접근에 대한 권리보장이 명문으로 규정되어 있고, ② 적절한 심사와 이의제기를 통해 권리구제를 보장받도록 하며, ③ 만약 그러한 능력이 없을 경우 이를 지원할 수 있는 제도(예컨대, 후견심판이나 이의제기 재판과정에서 절차보좌인이나 국선대리인을 선임하는 것)를 마련해 줄 것을 요청하고 있다.

정신지체인 권리선언은 위와 같은 내용들에도 불구하고 국가가 정신지체인에게 제공하여야 할 구체적 의무를 규정하는 것이 아니라 추상적 권리를 선언하는 데 그쳐 각 국가의 법령에 구체적으로 제도나 권리내용의 지침을 제시하는 것에는 미치지 못한 한계가 있다.

나. 1975년 장애인 권리선언

국제연합은 다시 1975년 정신장애인을 포함한 '장애인 권리선언(Declaration on the Rights of Disabled Persons)'을 결의하였는데, 그 구체적 내용을 보면 1) 인간으로서의 존엄성을 존중받을 권리(제3조), 2) 자립을 위한 조치들을 제공받을 권리(제5조), 3) 치료와 교육훈련 등 능력과 기능을 키울 수 있는 사회통합적 서비스를 제공받을 권리(제6조), 4) 적용되는 법적 절차에 있어 장애인의 신체적, 정신적 상태가 충분히 고려되어야 하고, 신상이나 재산보호를 위한 법률적 원조를 제공받을 수 있는 권리(제11조)를 제시하고 있다.

위 장애인 권리선언의 내용을 보면, 장애인이 가진 사회적 불리함을 극복할 수 있는 제도적 장치로서 ① 치료, 교육훈련 등의 능력을 키울 수 있는 자립지원 및 사회통합적 서비스의 제공을 권리로서 보장받도록 하고, ② 법적 절차에 있어서도 장애인의 신체적·정신적 상태를 고려한 조치들을 제공하도록 하며, ③ 신상이나 재산보호를 위한 법률적 원조(예컨대, 후견인)도 제공받을 수 있도록 규정하고 있다.

장애인 권리선언 또한 앞서 본 정신지체인 권리선언과 같이 장애인에 대한 추상적이고, 이념적인 권리보장만을 제시하고 있는 한계가 있다. 다만 정신지체인 외에 일반적 장애를 가진 사람들의 범주를 포괄하고 있고, 이후 장애인 권리선언의 내용들을 바탕으로 각 국가가 구체적 제도의 틀을 마련하도록 하는 계기가 되었다는 점에서 의의가 있다.

다. 2006년 장애인 권리협약

장애인 권리협약(The Convention On The Rights Of Persons With Disabilities)은 2006년 12월 국제연합 회원국 만장일치로 의결된 협약

으로 기존의 장애인 권리선언이나 지체장애인 권리선언과 달리 협약을 비준한 회원국 내에서 법적 효력을 가진다.

장애인 권리협약은 장애인의 의사결정능력과 관련해 1) 장애라는 것이 다른 사람들과 동등한 기초 위에서 완전하고 효과적인 사회참여를 저해하는 태도 및 환경적인 장벽과 손상을 지닌 개인과의 상호작용으로부터 야기됨을 확인(전문 e), 2) 장애인이 스스로 선택할 자유를 포함하여, 장애인 개인의 자율 및 자립의 중요성을 인정(전문 n), 3) 장애인이 그들의 법적 능력을 행사하는 데 필요한 지원에 접근할 수 있는 적절한 조치의 보장(제12조 제3항), 4) 장애인의 법적 능력행사와 관련된 조치들에 있어 개인의 권리와 의지, 선호도를 존중하고, 이해관계나 부당한 압력의 방지, 가능한 최단기간의 적용 및 독립된 국가기관 또는 사법기구에 의한 정기적 심사 보장(제12조 제4항), 5) 장애인의 재산 소유 또는 상속에 있어 동등한 권리보장 및 은행대출 등에 있어 동등한 접근성의 보장(제12조 제5항), 6) 장애인의 자립적인 생활과 지역사회통합 보장(제19조) 등을 규정하고 있다.[67]

장애인 권리협약의 기본이념을 보면, 장애인에 대한 인권보호와 차별금지 외에도 지역사회에서의 장애인의 참여, 자립과 자율을 강조하고 있으며, 이러한 자립과 자율을 위한 국가의 지원의무들을 구체적으로 제시하고 있다. 장애인 권리협약에서 강조하는 것은 장애인을 사회서비스의 수혜대상이 아닌 권리주체로서의 지위를 명확히 하고, 장애인의 권리에 대응하는 국가의 구체적 의무들을 제시하며, 장애인의 삶이 가족, 지역사회, 국가 내에서 자립적이고 자율적인 사회적 삶이 될 수 있도록 하는 제반 조치들을 요구하고 있다.

---

67) 장애인 권리협약의 구체적 내용과 해설에 대해서는 국가인권위원회, 장애인권리협약 해설집, 2007의 내용을 참고할 것.

장애인 권리협약은 이를 비준한 국가들에게 보고서 제출 등 장애인 권리보장에 대한 일정한 국가적 조치들을 간접적으로 강제하고, 국내의 법령과 같은 효력을 가질 수 있다는 점에서 그 의미가 적지 않으나, 장애인이 가진 권리에 대응하는 국가나 상대방의 의무를 직접적으로 강제하는 데에는 실효적이지 못하다는 점에서 한계가 있다.

2. 세계보건기구(WHO)

세계보건기구(WHO)는 주로 정신장애인의 강제입원 및 강제치료, 지역사회 내 케어 등과 관련해 절차적 보호조치를 강조하는 원칙들을 제시해 왔다. 이하에서는 1991년 정신질환자의 보호와 정신보건증진을 위한 원칙, 1996년 정신보건법 제정의 10대 원칙, 2005년 정신보건, 인권과 법령 지침서의 내용을 정신장애인의 의사결정능력을 중심으로 간단하게 살펴본다.

가. 1991년 정신장애인의 보호와 정신보건증진을 위한 원칙(MI 원칙)

세계보건기구(WHO)가 제시한 1991년 정신장애인의 보호와 정신보건증진을 위한 원칙(Principles for the Protection of Persons with Mental Illness and for the Improvement Of Mental Health Care, 이하 'MI 원칙'이라 함)[68]은 정신장애인에 대한 특유의 법적 절차와 처우(강제입원 및 강제치료, 시설 내 법적 처우)에 대해 일정한 목표와 기준을 제시해

68) 과거에는 정신질환자(Persons With Mental Illness)라는 표현을 많이 사용하였으나, 최근에는 정신장애인(Persons With Mental Disorder)이라는 표현을 더 많이 쓰고 있어, 'Persons With Mental Illness'를 정신장애인으로 번역하였다. 그리고 MI 원칙의 구체적 내용에 대해서는 국가인권위원회, 정신장애인 인권보호와 증진을 위한 국가보고서, 2005, 235-249면을 참조할 것.

주고 있다.

MI 원칙 1(기본적 자유와 기본권)은 정신장애로 인한 법적 행위무능력 판정과 그에 따른 후견인 선임과 관련하여 1) 국내법에 의해 설립된 독립적이고 공정한 심판 기관에서 공정한 심리를 거친 후에 내려야만 하고, 2) 법적 행위능력 여부를 판정받는 대상자에게는 그 절차에서 대리인을 선임할 권리가 주어져야 하며, 3) 만약 법적 행위능력 판정 대상자가 대리인을 스스로 구하지 않은 경우, 대리인 선임에 필요한 지불능력이 없다면 무료로 대리인이 지정되어야 한다. 4) 이때 대리인은 동일 사건에서 정신보건시설 또는 그 직원을 대리할 수 없으며, 5) 또한 가족간 이익의 충돌이 없다는 법원의 결정이 없는 이상 해당 능력 판정 대상자의 가족 구성원을 동시에 대리할 수 없도록 하고 있다.

MI 원칙 1은 또한 법적 행위능력과 후견인(개별 대리인) 필요성에 대한 결정은 1) 적정한 기간을 두고 회복가능성을 재심사해야 하고, 2) 법적 행위능력 판정 대상이 되는 정신장애인과 그 정신장애인의 대리인 및 다른 이해관계인에게는 판정결과에 대해 상급법원에 항소할 수 있는 권리가 주어져야 하며, 3) 법원이나 기타 담당 심판 기관이 정신 장애인 본인이 자신의 일을 스스로 책임질 수 없다고 결정했을 때에는 환자의 상황에 필요한 적법한 범위 내에서 정신장애인의 이익 보호를 보장하기 위한 조치를 취하도록 규정하고 있다.

나. 1996년 정신보건법 제정의 10대 원칙

세계보건기구는 1996년 정신보건법 제정에 있어 필요한 기본적 원칙을 제시하였는데, 그중에서 환자의 자기결정권을 보장하기 위한 제도적 장치를 권고하고 있다.[69] 그 내용을 보면, 1) 환자에 대해서는 최소제한의 원칙(least restrictive)에 따른 조치가 이루어져야 하며, 2) 환자가 의사결정을 하는 데 어려움이 있는 경우 원조의 순간에 필요한 권리를 고지해 주고, 변호사나 사회복지사와 같은 능력 있는 보조인을 가능한 한 무료나 적은 비용으로 붙여 주며, 3) 어떤 의사결정을 할 때에는 판사, 후견인과 같은 대리의사결정자, 보건심의기구 등에 의한 심의절차를 거치도록 하며, 4) 환자의 입원, 치료, 퇴원 등을 결정하는 사람이나 기관은 공식적 자격(판사) 또는 대리자격(후견 등)을 갖추어야 하고, 그러한 결정권자는 능력과 식견을 갖추어야 할 뿐만 아니라 독립적이고, 공정해야 함을 제시하고 있다.

다. 2005년 정신보건, 인권과 법령 지침서

세계보건기구는 2005년 각국의 정신보건법과 관련 제도들을 조사하여 정신보건과 관련된 법적 시스템과 인권과 관련된 쟁점을 정리하여 향후 정신장애인이 정신보건시스템에서 부딪히게 될 문제들을 법적 측면에서 조명한 지침서를 발간하였다.

세계보건기구가 2005년 발간한 정신보건, 인권과 법령 지침서(resource book, 부제는 'stop exclusion, dare to care'이다. 이하 '지침서'라 한다)는 정신질환자의 후견, 범죄, 인권, 강제입원과 강제치료, 정신질환의 개념, 정신보건시스템 등을 망라하여 각 국가가 가지고 있는 문제의식들을 드러내고 있다. 위 지침서는 각 국가의 제도화된 법령이 정신장애인의 인권보호, 적정하고 충분한 돌봄과 치료를 보장하는 메커니

69) 원문은 www.who.int/mental_health/media/en/75.pdf(2012. 6. 1. 최종방문)에서 확인할 수 있고, 각 원칙의 구체적 내용은 Division of Mental Health and Prevention of Substance Abuse, MENTAL HEALTH CARE LAW: TEN BASIC PRINCIPLES, World Health Organization, Geneva, 1996, 2-8면에서 확인할 수 있다.

즘을 제공할 수 있음을 보여주고 있다. 이하에서는 위 지침서가 제시한 각 국가의 정신보건 이슈들과 세계보건기구가 지향하는 정신보건의 방향을 간단히 소개하고자 한다.70)

① 정신장애인 개념

정신장애(mental disorder)는 단일한 상태가 아니라 공통성을 가진 장애의 범주이기 때문에 그 정의가 어렵고, 각기 다른 사회별로 사회문화적, 경세적, 법적 맥락에서 정의된다. 정신장애는 정신질환(mental illness), 정신지체(mental retardation), 정신적 장애(mental disability), 정신적 무능력(mental incapacity), 정신적 불완전(unsoundness of mind) 등 다른 개념들과 구분하기 어렵고, 각 나라마다 그 개념정의를 달리하고 있기는 하지만, 대체로 정신장애(mental disorder)는 정신질환과 정신지체를 포함하는 개념이고, 정신적 무능력(mental incapacity)은 의사결정능력의 판정기준을 삼을 때 주로 사용되는 개념이며, 정신적 장애(mental disability)는 정신장애(mental disorder)가 수반하는 기능결함이나 그 결과로서 질병이라기보다 일반 장애의 개념범주에 포함되는 것으로 이해할 수 있고, 정신적 불완전(unsoundness of mind)은 개방적 개념으로 정신장애(mental disorder)에 기하지 않은 정신적 결함상태도 포함한다.71)

---

70) 이 단락의 내용은 WHO, WHO Resource Book on Mental Health, Human Rights and Legislation, 2005, 20-26면의 내용을 요약, 정리한 것이다.

71) 위 지침서의 설명과 달리 우리 정신보건법은 정신질환자의 개념에 정신장애(mental disorder)의 개념을 포함시키고 있고, 정신지체(mental retardation) 또한 의학상 정신장애(mental disorder)의 개념에 포함되는 이상 결국 우리 정신보건법상으로는 정신질환자 개념이 정신장애(정신지체를 포함)를 포괄하고 있다.

② 정신적 능력의 부족과 후견제도

중증 정신장애인 중에는 판단능력이나 결정능력이 부족한 경우가 있는데, 이러한 경우 거래행위나 불법행위에서의 책임을 묻지 못하게 되어 그 판단기준을 설정하는 것이 중요하다. 그 판단기준으로 역량(capacity)과 능력(competence)이라는 두 가지 다른 개념이 혼용되고 있으나, 역량(capacity)은 행위과정을 이해하거나 결정할 수 있는 정신적 기능을 의미하고, 능력(competence)은 정신적 역량(mental capacity)을 가지지 못한 법적 결과를 의미한다. 예컨대, 심각한 정신장애(mental disorder)로 인하여 정신적 역량(mental capacity)이 결여되었다면, 그 사람은 법적 판단을 받아 결정을 할 능력(competence)이 없게 되는 것이다. 즉, 역량(capacity)은 법적 판단 이전의 개인의 기능을 나타내는 개념이고, 능력(competence)은 법적 판단 이후의 결과 개념이다. 그러나 이러한 개념 구분이 일반적으로 받아들여지는 것은 아니고, 여전히 일부 국가에서는 역량결여(incapacity)를 법적 무능력 개념으로 사용하기도 한다.[72] 이에 따르면, 치료의 결정, 대리결정권자(후견인)의 선택, 거래행위 등에 있어 역량결여(incapacity)의 판단을 하는 것은 의사이고, 무능력(incompetence)의 판단을 하는 것은 사법기관이다. 법적 무능력 결정으로 인한 후견인의 선임과 절차, 권한, 임무위배시의 책임 등을 규정하는 후견제도를 정신보건법의 일부로서(캐나다의 1991년 정신보건법) 규정하거나 별도의 후견법(1987년 호주의 후견법)으로서 규정할 수도 있다.[73]

72) WHO, 앞의 책, 39-40면.
73) WHO, 앞의 책, 41-43면.

③ 강제입원과 강제치료의 통합과 분리[74)]

정신보건법상의 강제입원과 강제치료는 신체의 자유와 자기결정권을 침해하는 점, 남용의 가능성이 있다는 점에서 늘 논쟁이 되는 이슈이다. 강제입원과 강제치료를 하나의 심사절차를 통해 통합적으로 이해하는 관점과, 서로 다른 독립된 두 개의 절차로 분리하여 이해하는 관점이 있는데, 그 차이는 강제입원 환자가 강제치료를 받을 때 강제입원과는 별도의 다른 요건과 심사를 거치게 되는지 여부이다. 강제입원과 강제치료의 통합절차는 신속한 결정과 인적·물적 자원의 효율적 이용이라는 장점이 있으나, 입원과 치료의 목적이 구분되고, 입원의 강제가 치료의 강제까지 허용하는 것은 아니어서 강제입원환자의 선택권이나 치료거부권을 침해할 위험이 있다.[75)]

④ 정신보건 감독 및 심사제도

현대 정신보건법령들은 정신장애인의 인권을 보호하기 위하여 심사기관을 설립해 법적 안전판을 마련해 두고 있는데, 그 유형은 1)

---

74) 참고로 유럽평의회(Council Of Europe) 내 European Committee for the Prevention of Torture and Inhuman or Degrading Treatment or Punishment(CPT, 고문과 비인도적, 모멸적 치료 및 형벌의 예방을 위한 유럽위원회)는 1998년의 보고서에서 강제입원과 강제치료의 분리를 아래와 같이 제안하고 있다

'원칙적으로 환자는 치료에 있어 자유롭고, 설명이 고지된 동의를 할 수 있는 지위에 있다. 강제로 정신보건시설에 입원된 환자라 하더라도 동의 없는 치료권한이 부여된다고 간주되어서는 안 되며, 자발적이든 비자발적이든 모든 능력 있는 환자는 치료나 의학적 개입을 거절할 기회가 부여되어야 한다. 이 기본 원칙을 제한하는 행위는 법에 근거하여야 하고, 오직 명백하고 엄격하게 정의된 예외적 상황하에서만 허용된다'

(European Committee for the Prevention of Torture and Inhuman or Degrading Treatment or Punishment (CPT), CPT standards, Council Of Europe, Strasbourg, 2010, 42면).

75) WHO, 앞의 책, 46-48면.

강제입원 또는 강제치료를 받는 환자들에 관한 감독과 심사를 하는 방법, 2) 정신보건시설 내외의 환자들의 복리를 감독하고 심사하는 방법 두 가지로 구분되며, 각 국가들마다 그 감독 및 심사방법은 다르지만 정치적, 내부적 압력들로부터 독립된 심사기구를 만들어야 한다.[76)]

대부분의 국가에서 강제입원과 강제치료의 심사절차를 진행하는 독립된 기관으로 위원회(tribunal)나 법원을 두고 있는데, 그 강제입원이나 강제치료의 요건을 충족하는지 여부를 결정하는 권한은 사실상 환자의 의사에 반한 수용 또는 치료를 결정하는 것으로서 사법기관 또는 준사법기관만이 할 수 있는 특별한 권한이며, 많은 곳에서 법원이 그 기능을 수행하는 데 보다 쉬운 접근성과 확고한 법적 지위를 가지고 있다는 점에서 선호되었으나, 최근에는 의료적 판단에 대한 고무도장(rubber stamp)을 찍어주는 일방적 승인기관으로 전락하였다는 비판이 있고, 특히 법관이 환자나 그 대표자, 증인을 보지도 않고서 독립적 사고나 분석과정 없이 의료적 판단에만 의존하여 결정하는 점이 문제로 지적되고 있다.[77)]

⑤ 촉법 정신장애인의 형사절차

형사재판제도는 치료나 보호보다 제재와 처벌을 강조하여 교정시설은 정신보건시설로 부적합함에도 불구하고 여러 국가에서 감옥이 범죄를 저지른 정신장애인(촉법 정신장애인)을 무분별하게 수용하면서 사실상 정신병원화되어 있고, 촉법 정신장애인을 규율하는 법은 대체로 정신보건법령이 아닌 형사절차의 일부분으로 인식되어 있으나 가

76) WHO, 앞의 책, 66면.
77) WHO, 앞의 책, 68면.

능한 치료를 받을 수 있는 시스템으로 전환하여야 한다.[78)]

형사재판절차는 기소, 공판, 선고, 수형의 단계로 이루어지는데, 각 단계마다 촉법 정신장애인의 특성을 고려한 판단이 필요하다. 기소를 하지 않는 것이 개인이나 사회에 더 유익할 수도 있고, 공판 단계에서 재판을 받을 능력이 없는 것으로 판단되면 재판을 중지하고서 정신보건시설로 이송하여 치료를 받도록 할 필요성이 있으며, 책임무능력 항변이 받아들여져 무죄로 인정된다고 하더라도 일정한 경우에는 재판 등을 통해 강제입원이 허용될 수 있고, 유죄로 인정될 경우에도 치료조건부 보호관찰, 지역사회치료명령(community treatment orders, CTO), 입원명령(hospital orders)이 부과될 수도 있으며, 나아가 재판이 종료된 수형단계에서도 정신질환이 발병한다면 정신보건시설로 이송하여 치료와 보호를 받을 필요성이 있다.[79)]

⑥ **반차별입법, 사회보장, 고용 등**

정신장애인에 대한 실체적 권리보장의 방법으로 반차별입법의 제정, 취약계층의 하나로 일반보건서비스의 제공, (보조금이 지급되는) 주거의 우선권 제공이 있다. 고용에 있어서는 1) 차별과 착취의 금지와 동등한 고용기회의 보장, 2) 정신장애로 인한 해고의 제한, 3) 작업장 내 합리적 편의제공과 재통합의 증진, 4) 치료를 받기 위한 근무시간의 유동적 변경이 필요하고, 사회보장에 있어서는 1) 장애급여의 제공, 2) 신체적 장애연금과 정신적 장애연금의 균등화, 3) 연금수급혜택을 상실하지 않는 고용복귀(특히 파트타임근로)가 필요하다.[80)]

---

78) WHO, 앞의 책, 75면.
79) WHO, 앞의 책, 75-80면.
80) WHO, 앞의 책, 81-82면.

3. 현대 성년후견제도의 이념과 내용

가. 현대 성년후견제도의 이념

근대 성년후견제도에서 나타난 문제점에 대한 개혁의 요구는 세계 제2차 대전 이후 발생하였는데, 이는 주로 인간과 환자의 권리보장에 대한 요구였다. 즉, 후견의 대상이 되는 성년자에 대해서 필요한 최소한도 내에서만 무능력자로 보아야 하고, 스스로 결정할 수 있는 문제에 대해서는 법적인 자율성을 가져야 한다는 주장이었고, 이러한 주장은 결국 개인의 자율성에 대한 인식과 맞춤형(tailor-made) 후견제도, 보호조치의 유연화, 총체적(전체적) 후견의 기피 등으로 이어지게 되었다.[81] 결국 후견제도를 통한 국가(사법)적 개입은 예외적, 보충적으로 활용되어야 한다는 인식이 확산되고, 이러한 경향은 법정의 성년후견제도를 대신하여 후견대체제도나 임의후견제도를 활성화하는 방향으로 전환되었다.

이러한 후견제도의 인식에 대한 변화가 현대 성년후견제도의 이념을 1) 자기결정권의 존중, 2) 정상화(normalization), 3) 잔존능력의 활용, 4) 탄력화 · 유연화 등으로 변화시켰다.

나. 현대 성년후견제도의 내용

다른 한편으로는 후견제도가 담당해오던 업무내용의 변화가 발생하였다. 근대 민법에서는 피후견인의 재산관리를 위한 목적으로 후견인이 선임되는 경우가 대부분이어서 후견인은 피후견인의 보호자라기보다 재산관리자로서의 성격이 강하였다. 그러나 현대에 들어와서

81) Kees Blankman, 앞의 논문, 48면.

재산관리를 목적으로 한 후견인 선임보다 신상보호를 목적으로 한 후견인 선임의 중요성이 높아지기 시작하였다.[82)]

특히 현대사회에서 가족의 해체, 1인 가구의 증가, 고령화 등의 영향으로 정신장애인을 옹호하며, 돌보는 문제가 후견인의 업무내용으로 부각되었다. 이러한 후견업무의 변화(재산관리에서 신상보호로)가 현대 성년후견제도의 내용으로 1) 사회복지서비스와 성년후견제도의 연계, 2) 피후견인 권리옹호기관 및 사법서비스기관으로서 후견인 역할 확대, 3) 후견의 사회화 내지 공공화를 확산시켰다.

4. 검토

현대의 성년후견제도가 근대적 성년후견제도(행위능력박탈제도)를 근본적으로 뒤집어 놓는 것이라 단정하기 어렵다. 그 이유는 후견제도가 가지고 있는 본질인 피후견인의 의사결정에 대한 제약과 후견인의 의사결정에 관한 권한이라는 요소가 여전히 남아 있기 때문이다.

다만, 현대의 성년후견제도에서는 후견인의 권한범위가 축소되고, 피후견인의 권한범위(자율성)가 확대되는 경향성을 가지고 있고, 후견인 자격, 선임, 감독에 있어 국가기관의 역할을 강화하고 있어 피후견인이 후견인에 의해 권리를 침해당하는 것을 막고자 하고 있다.

그러나 현실의 제도시행에 있어 주요 국가들이 후견인의 권한 남용(피후견인의 재산 횡령, 신상보호 방치 등)을 적절히 통제하지 못하고 있어 과연 후견제도가 취약한 정신장애인의 삶에 최선의 제도적 방법인지 여전히 의문이 제기된다.

---

82) Kees Blankman, 앞의 논문, 48면.

Ⅴ. 성년후견제도의 역사적 전개가 주는 시사점

이상에서 성년후견제도의 역사를 살펴보았다. 역사 속에 나타난 성년후견제도의 본질은 취약한 정신장애인에 대한 법적 개입이며, 그 개입의 근거는 국친권능(parens patrie power)에 있다. 이러한 국친권능은 아리스토텔레스가 말한 국가가 치안권능과 함께 가지는 시민들에 대한 보호의무의 표현이기도 하고, 과거 영국 보통법에서 나온 것으로 국왕이 미성년자나 정신장애인과 같은 법적 무능력자의 보호자로서 행위할 권한을 의미하기도 한다.[83)]

과거 고대 그리스와 로마에서는 국가의 역할보다 가족의 역할이 후견제도에서 더 큰 역할을 차지하였는데, 중세 이후 현대에 이르기까지 점차 취약한 정신장애인의 재산과 신상에 대한 보호는 가족의 책무에서 국가의 책무로 전환되어 왔고, 국가가 가족을 대신하여 취약한 정신장애인의 삶을 보호하는 시스템으로 후견제도가 자리매김하고 있다.

다만, 국가의 후견이 가진 문제점은 여전히 과거 가족에 의한 후견이 가진 문제점을 뛰어넘지는 못하고 있으며, 특히 가족의 피후견인에 대한 임무를 가족과 무관한 제3자 후견인도 떠맡을 수 있게 되면서 더 많은 문제점을 불러일으킬 수 있다. 이러한 점을 고려해 볼 때 현대에서는 후견인의 감독을 하는 국가(법원)의 역할이 더 중요한 의미를 가지게 될 수 있다.

또한 성년후견제도가 포섭하지 못하거나 권한범위가 불분명한 다

---

83) Patricia M. Cavey, "PARENS PATRIAE: COMPROMISED JUSTICE FOR GUARDIANSHIP DEFENDANTS? Using Advance Directives to Move Beyond Parens Patriae", NAELA Quarterly Fall, 2001, 13면.

양한 법적 상황들, 예컨대 1) 후견제도를 이용하지 않는 취약한 정신장애인들, 2) 의료행위, 강제입원 및 시설입소, 불임시술 등에 있어서 후견인의 결정권한 문제, 3) 취약한 정신장애인에 대한 주거, 치료, 노동 등에 있어 피후견인의 복리를 위한 국가의 강제적 개입의 문제는 여전히 남아 있는 숙제로 되어 있다.

보다 근본적으로 성년후견제도의 본질을 말하자면, 그것은 취약한 정신장애인에 대한 배제와 포섭의 법제도적 장치이다. 후견인은 국가가 신임한 국가의 대리인으로서 피후견인의 재산과 생활을 관장하는 결정권자가 되며, 피후견인은 자신의 법적 힘을 박탈당하거나 제한당하는 피지배자가 되어 자신의 의사표시로서 법적 효과를 발생시키지 못하게 되는 운명에 처하게 된다. 여기서 성년후견제도가 가지는 갈등과 균열이 시작되는 것이다.

더 나아가 현대의 성년후견제도가 가지는 문제는 그의 신체 자체를 국가가 선임한 후견인에 맡기게 된다는 것에 있다. 미셸 푸코는 죽음과 삶을 관장하는 생체권력이 과거 고대에는 왕의 생살여탈권을 통해 직접적 권력을 행사해 오다가, 근대 이후에는 생명체를 관리하고 이용하며 통제하는 형태로 변화되어 왔으며, 생명을 보장하고 유지하며 강화시키는 것이 권력의 가장 중요한 목적이라고 보았다.[84)]

이러한 생체권력이라는 측면에서 볼 때 현대의 성년후견제도가 신상보호를 강화하는 것은 바로 국가의 생명에 대한 관리, 유지, 강화라는 측면이 담겨 있음을 알 수 있다. 즉, 피후견인의 신체에 대한 불임시술, 의료행위, 강제수용 등은 후견인과 법원의 협조적 권한 배분에 의해 결정되며, 후견제도를 통하여 그의 신체는 자신이 아닌 제

84) 김서형, "생체권력(Bio-Power)과 1918년 인플루엔자", 미국학논집 42권 2호, 2010, 76면.

3자 또는 국가의 관리와 지배하에 들어가게 되는 것이다. 이러한 권력의 통제 아래 들어가는 위험이 과거부터 감옥, 병원 등의 수용시설에서 생기는 권리침해 문제의 근본적 원인이었고, 현재의 성년후견제도가 가진 위험성도 바로 그런 것에 있는 것이다. 즉, 법원이 선임한 후견인이 피후견인을 시설에 보내 놓고서 아무런 도움도 주지 않은 채 피후견인의 재산 또는 국가로부터 매달 보수만을 챙기는 위험성은 여전히 남아 있으며, 그 과정에서 피후견인의 의사표시나 항의들은 이미 법적 힘을 빼앗겼기 때문에 아무런 의미도 없게 되는 것이다.

제2절 주요국가의 현대적 성년후견제도

현대적 성년후견제도는 1960년대 이후 프랑스를 시작으로 하여 서구 각국에서 기존의 행위능력박탈제도(금치산제도)나 대리권제도를 대체하는 제도로서 취약한 정신장애인의 법률적 문제들의 해결을 위한 목적으로 마련되었다.

기존의 제도가 가진 문제점을 극복하기 위해 각 국가별로 다양한 후견시스템을 고안하였고, 이는 앞서 본 현대 성년후견제도의 이념(자기결정권의 존중, 정상화, 잔존능력의 활용, 탄력화 · 유연화)을 실현하기 위한 과거의 후견제도의 변용이었다. 이하에서는 영미법(영국, 미국)과 대륙법(프랑스, 독일, 일본)을 중심으로 현대 성년후견제도의 변화경향을 살펴본다.

Ⅰ. 영미법계 국가(영국과 미국)

1. 영국

영국에서는 2005년 정신능력법(Mental Capacity Act 2005)이 제정되기 전까지 포괄적 후견권한을 가진 성년후견인제도에 관한 제정법이 없었다. 다만 정신장애인의 강제입원 및 치료에 관한 절차와 내용을 규정한 정신보건법(Mental Health Act) 내에 일부 후견인의 권한에 관한 규정을 두었다.

1959년 제정된 영국 정신보건법(1983년과 2007년에 각 개정됨)은 정신장애(mental disorder)[85] 환자의 강제입원과 치료 등을 규율하면서 동시에 정신장애 환자의 후견신청사유(정신장애를 겪거나 환자나 다른 사람의 보호를 위한 경우 등)와 그 절차, 후견인의 역할, 국무장관(1959년 법은 the Minister, 1983년 법은 the Secretary of State)의 후견인에 대한 의무부과 등의 규제권한을 두었다.[86]

1985년 제정된 영국의 지속적 대리권법(Enduring Powers Attorney Act 1985)은 의사결정능력의 상실로 인해 대리권이 소멸되는 보통법상의 원칙을 막고, 의사결정능력이 있을 때 일정한 자에게 수여한 대리권이 의사결정능력이 상실된 이후에도 지속될 수 있도록 하였다. 이는 의사결정능력이 있을 때의 대리권 수여를 그의 진정한 의사로 보아 의사결정능력 상실 후에도 지속시키려는 취지여서 자기결정권 존중의 이념이 구현되어 있고, 임의후견의 한 방식으로 이해되고 있다.

2005년 제정된 영국 정신능력법(Mental Capacity Act 2005)은 정신

---

85) 1959 MENTAL HEALTH ACT section 4.
86) 1959 MENTAL HEALTH ACT 33section~35section.

장애인의 능력과 치료에 대한 동의, 재산과 사무에 대한 관리에서 더 나아가 건강과 개인적 복리를 위한 결정까지도 정할 수 있는 포괄적인 후견제도를 도입하였고, 정신장애인의 능력에 대한 일반원칙(능력이 없는 것으로 확정되기 전까지는 능력자로 인정하는 원칙, 의사결정을 지원하기 위한 모든 조치가 이루어지기 전까지는 무능력자로 간주되어서는 안 된다는 원칙, 능력의 부족으로 인해 이루어진 조치나 결정은 그의 최선의 이익을 위하여야 한다는 원칙, 최소 제한의 원칙)[87]을 규정하였다.

한편, 별도의 법 제정권한이 있는 영국 내 스코틀랜드에서도 2005년 영국 정신능력법에 앞서 2000년 스코틀랜드 무능력성인법(Adults with Incapacity Scotland Act 2000)이 제정되었고, 위 법에서도 무능력성인의 개념과 대리인의 권한 등에 대해 규정하고 있으며,[88] 성년후

87) MENTAL CAPACITY ACT 2005, section 1.

88) Gary Scot Stevenson, Tracy Ryan, Susan Anderson, "Principles, patient welfare and the Adults with Incapacity (Scotland) Act 2000", International Journal of Law and Psychiatry 32, 2009, 120면 내지 126면. 위 논문에서 제시하고 있는 스코틀랜드 무능력법의 구체적 내용을 보면 1) 제1장 제1조 제6항에서 "성인(adult)"을 "16세에 도달한 자"로 정의하고, "무능력자(incapable)"는 정신장애로 인해 행동, 의사결정, 소통, 이해 혹은 결정사항의 기억을 할 수 없는 자 또는 신체적 장애로 인해 의사소통을 할 수 없는 자로 정의하고 있다. 2) 제2장에서는 대리인의 권한과 관련하여 행위능력 있는 성인에게는 대리권을 부여할 수 있는 권한이 부여되며, 대리권 수여자는 자신의 행동의 의미를 이해하고 있으며, '부적절한 영향(undue influence)'하에서 대리권을 수여하는 것이 아님을 서면으로 증명해 주어야 한다. 대리인의 재정적 권한은 대리권 수여와 동시에 개시되며 본인의 명시적 의사가 있은 경우에 한해 무능력상태 동안 계속하여 대리권을 가질 수 있다. 3) 제3장은 재산관리권이 없는 성인의 재산에 대해 접근할 수 있는 권한의 문제를 다루며, 4) 제4장은 병원 관리자에 대한 사항 및 행위무능력자를 대신해 자산을 관리할 요양 시설(care home)을 규정하고 있다. 5) 제5장은 성인무능력자를 동반한 치료 및 연구조사를 규율한다. 치료는 '신체적 또는 정신적 보건을 보호하고 증진하기 위한 절차 또는 처치'를 포함하지만 물리력과 억류의 수단을 사용하는 경우(즉각적 필요성이 있는 경우는 제외)나 정신장애인의 치료를 위해 간병을 위한 성인을 병원 내에 두는 것은 제외된다. 6) 제6장은 개입명령과 후견인선임명령(Intervention and Guardianship Orders)에

견제도와 관련된 일반원칙을 아래와 같이 제시하고 있다.[89]

① **이익의 원칙**(Benefit–section 1(2))

개입에 대한 허가 또는 집행에 책임 있는 자가 판단하여 볼 때, 개입하는 것이 해당 성인에게 이익이 되며 그 이익이 당해 개입이 아니고서는 달성될 수 없다는 것을 확신할 수 없는 경우 그 성인의 사무에 대한 개입을 하여서는 아니 된다.

② **최소제한의 선택 원칙**(Least restrictive option–section 1(3))

성년자의 인생에 대한 모든 개입은 용인할 수 없는 위험으로부터의 보호를 제공함과 동시에 위험성과 균형을 이루어야 한다. 그러나 동시에 개입의 목적에 부합하고, 성년자의 자유에 관한 제한을 최소

관한 내용을 담고 있다. 지방 사법장관(Sheriff)이 발하고 Public Guardian에게 통지되는 개입명령은 성인이 결정능력을 결여하고 있는 경우 그의 재산, 자산에 관한 사무 또는 개인적 복리(personal welfare)에 관한 결정 내지 특정 행동에 적용된다. 주지사가 개입명령 및 후견인선임명령의 신청을 검토하기 위해서는 2건의 진단서가 필요하다. 만약 정신장애가 있는 자라면 의사 중 한 명은 정신장애의 진단 및 치료에 관하여 특별한 경력이 있음을 법이 인정한 자여야 한다. 후견인선임명령은 성인 무능력자의 재산, 자산에 관한 사무 또는 개인적 복리에 관해 발할 수 있으며 이 법에서 가장 제한적인 명령이다. 후견인선임은 최소한의 개입으로 당해 무능력자의 이익을 충분히 보호할 수 있는 조치가 없을 경우에만 시행하는 방법이다. 만약 개인적 복리에 관한 신청이 있는 경우 해당 지방정부의 정신보건 담당공무원이 해당 성인의 상태에 관한 보고서 및 후견인이 될 자의 적합성에 관한 의견을 제시해야 한다. 지방정부의 사회복지 책임자(chief social work officer)가 후견인으로 선임될 수도 있지만 복지에 관한 사항만 그러하다. 그 외에는 주지사가 적합하다고 판단하고 그럴 의사가 있는 자가 지명될 수 있으며, 공동후견인도 가능하다. 7) 제7장은 이 법에 의해 권한을 부여받은 자가 '합리적이며 신의를 다하여, 일반원칙을 준수하였음에도' 또는 '행위를 하지 않은 것이 합리적이며, 신의를 다하여 일반원칙을 준수한 경우' 초래할 수 있는 책임의 제한 등을 포함한 다양한 문제를 규율하고 있다.

89) 아래의 원칙은 위 논문에서 제시하고 있는 내용이자, 법률의 내용임.

화하는 방법을 선택하여야 한다.

③ **의사 존중 원칙**(Past and present wishes of the adult—section 1(4))

개입을 해야 할지 여부, 개입하는 경우 어떠한 방법을 선택할 것인지를 결정함에 있어서, 확인가능한 범위 내에서, 당해 성년자의 과거와 현재의 희망사항 및 감정을 고려하여야 한다. 아울러 최근친과 주된 보호자의 의견은 실행가능한 범위 내에서 고려하여야 한다.

④ **이해관계인의 의견 고려 원칙**(Views of specified persons—section 1(4))

개입을 해야 할지 여부, 개입한다면 어떤 개입을 할 것인지를 결정함에 있어서, 합리적이고 가능한 범위 내에서 다양한 이해관계인의 견해를 고려하여야 한다. 여기서의 이해관계인이란 최근친과 주된 보호자, 당해 개입에 관해 권한 있는 그 성년자의 후견인 · 지속적 대리인(continuing attorney) 또는 복지대리인(welfare attorney), 지방자치단체장이 조언을 구하도록 지명한 자, 그 성년자의 복지 또는 개입에 관해 이해관계를 갖는 자를 의미한다.

⑤ **역량강화의 원칙**(Encouraging the adult to act—section 1(5))

이 법에 따라 행위하는 자는 재산 및 자산의 관리 그리고 개인적 복리에 관한 결정을 함에 있어서 가능한 한 해당 성인이 직접 할 수 있도록 장려하여야 한다.

위와 같은 각 원칙들은 단순한 고려사항이나 선택사항이 아니라 성년후견제도를 관통하는 기본원칙이며 반드시 준수되어야 하고, 준수되지 않을 경우에는 법 위반(법적 분쟁)이 될 수 있다.

2. 미국

미국의 후견제도는 영국 보통법에서 기원하였으며, 취약계층에 대해 돌볼 가족이 없을 경우 국가가 이를 돌볼 의무가 있다는 국친사상(parens patriae theory)에 근거하고 있다.

미국의 경우 각 주마다 서로 다른 후견제도를 가지고 있기 때문에 후견과 관련된 통일된 원칙이나 제도가 마련되어 있지 않다. 다만 성년후견제도가 과거 재산(estate) 중심의 후견에서 최근에는 신상(person) 중심의 후견으로 전환되고 있고, 다른 유럽 국가와 유사하게 환자의 자기결정권을 존중하는 원칙을 제도화하려 하고, 후견의 위험성을 고려해 후견권한의 범위를 제한하거나 후견으로 인한 의사결정권의 침해를 최소화하려 하고 있다.

미국에서 성년후견제도의 개혁은 1980년대 후반 후견실태에 관한 한 언론사(Associated Press)의 특집기사(Guardians of the Elderly: An Ailing System)가 그 시발이 되었다. 위 기사는 미국 각 주의 고령자에 대한 후견실태를 6회에 걸쳐 보도하면서 후견을 받는 고령자에 대한 신체적 학대, 재산횡령, 신상에 대한 방치가 심각한 수준에 이르렀음을 알렸다. 그리고 그 결론으로 미국의 후견제도가 고령자의 권리를 침해하는 제도로서 작동하고 있다고 분석하였다. 특히 후견이 필요한지 여부에 대해 별 다른 고민을 하지 않은 채 취약한 고령자의 신체와 재산을 선의인지 여부가 불분명한 제3자의 손에 맡겨두는 것이 과연 타당한가라는 근본적인 질문들을 제기하였다.

이로 인해 법원과 정부관료, 의료전문가 등이 성년후견제도에 대한 개혁안들을 제시하며, 후견인의 권한 범위 제한, 사법적 심사 및 감독의 강화, 후견인 자격의 강화 등을 마련하였다. 이러한 개혁안의 지속적 결과로서 후견인 자격 시험제도를 시행하는 주가 일부 생겼으며, 1997년에는 통일후견보호절차법(Uniform Guardianship and Protective Proceedings Act)이 마련되었다.

통일후견보호절차법은 1) 후견대상자에 대해 적법절차를 보장하여 주고, 2) 최소 제한의 대안적 조치(less restrictive alternatives)의 원칙을 선언하였으며, 3) 임명된 후견인에 대한 감독방안 등을 마련하고 있다. 2010년 이후 미국 여러 주의 성년후견법 또한 1) 피후견인의 신상에 대한 파악과 배려, 2) 후견인의 법원에 대한 보고, 3) 후견인 보수비용 등의 합리적 책정 등을 개정의 주요방향으로 제시하고 있다.90)

미국 일부 주의 경우 위와 같은 내용의 통일후견보호절차법을 제정하지 않거나, 위 절차법의 내용과 달리 정하는 경우들도 있다. 예컨대, North Carolina 주 후견법의 경우 위 통일후견보호절차법과 달리 후견제도와 관련하여 최소제한의 대안적 조치의 원칙을 명시하지는 않고 있다. 다만 North Carolina 주의 후견법은 사실상 한정후견제도(limited guardianships)의 활용을 권장하며, 피후견인이 일정한 권리를 보유하는 한정후견관계의 개시를 명시적으로 허용하고 있다. 나아가 절차와 관련해서도 후견대상자에 대해 최소한 적절한 고지와 공정한 재판을 받을 기회를 제공하도록 하고 있으며, 후견인은 피후견인에 대해 신인의무(fiduciary obligation)를 부담하며(G.S. 35A-1253), 피후견인의 최선의 이익을 위해 신의성실로 행동할 것이 요구된다(G.S. 35A-1241).

---

90) 서울시립대학교 산학협력단(민소영 집필부분), 성년후견인 양성방안에 관한 연구(법원행정처 연구용역보고서), 2012, 232-234면.

미국에서도 법원은 후견인에 대한 감독기관이자 피후견인에 대해 최종적 후견인의 역할을 한다. 미국 통일후견보호절차법 제317조도 재산에 관한 보고를 매년 후견인이 법원에 하도록 규정하고 있다. Ohio 주 후견법도 이러한 법원의 역할을 감안하여 모든 후견인은 법원의 명령에 따라야 하며, 법원은 후견인을 감독하기 위하여 1) 재산목록 작성의 의무와 매년 정기적인 회계보고 및 신상보고의무, 2) 보고의 무이행을 위한 법원의 소환과 불응시 법정모욕으로 형사처벌, 3) 비위행위의 의심이 있는 경우 법원이 다른 국가기관에 명하여 조사하도록 할 권한의 부여, 4) 피후견인의 부동산 등을 처분하기 전에 법원의 사전 승인 필요, 5) 법원의 후견인 해임권한 등을 규정하고 있다.

II. 대륙법계 국가(프랑스, 독일, 일본)

1. 프랑스[91)]

프랑스에 있던 기존의 무능력자제도(금치산제도, 재판상 보좌(준금치산)제도, 시설수용 정신질환자제도)는 여러 가지 이유에서 비판받았는데, 그 중 하나가 시설수용 정신질환자제도가 금치산제도나 준금치산제도를 대신하여 더 많이 활성화되었다는 점이다. 특히 정신질환 때문에 시설에 수용되었다는 이유로 의사결정능력을 상실하였다고 인정해 주는 것은 수용된 정신질환자의 실제 상태와 맞지 않는 경우가 많고, 수용기간 동안의 임시적 재산관리제도가 금치산제도나 준금치산제도를 대신해 활용되는 것은 제도의 취지에도 맞지 않는다는 것이 비판

91) 이하의 프랑스 성년후견제도에 관한 설명은 명순구, 앞의 보고서, 5면 내지 49면의 내용을 참조하여 정리한 것이다.

의 핵심이었다.

이러한 비판을 고려하여 프랑스는 1968년 기존의 무능력자제도(금치산제도, 준금치산제도, 시설수용 정신질환자제도)를 폐지하고, 새로운 제도로서 1) 후견(tutelle), 2) 보좌(curatelle), 3) 사법적 보호(sauvegarde de justice)를 두었다. 새로운 제도의 기본 원칙은 필요성의 원칙(국가의 보호적 개입은 그 필요가 있을 때에만 하도록 함)과 보충성의 원칙(다른 보호제도로서 달성할 수 없을 때 후견 등의 무능력자 제도를 활용하도록 함)이다. 이는 후견제도가 가진 위험성, 즉 피후견인의 의사결정능력의 박탈과 후견인을 통한 지배가능성의 위험성을 고려해 후견제도가 필요한 최소한도 내에서만 작동하도록 하기 위한 것이다.

프랑스는 위와 같이 다원화된(3원적인) 무능력자제도를 가지고 있는데, 정신적 능력의 결함이 적으면 사법적 보호의 방식으로, 그보다 정신적 능력의 결함이 크면 보좌의 방식으로, 그보다도 정신적 능력의 결함이 더 크면 후견의 방식으로 보호의 범위나 후견인의 권한 범위를 확대해 나간다.

위 방식 중에서 사법적 보호의 경우에는 그 대상자가 행위능력을 그대로 보유하고, 일시적인 보호의 방식인 데 반하여, 보좌나 후견의 경우에는 피보좌인 또는 피후견인의 행위능력이 제한되며, 보호가 지속적이며, 탄력적 운영이 가능하다. 그중 후견은 정신적 능력의 결함이 가장 크고, 지속적인 경우의 보호방식인데, 민사적 법률행위에 있어 피후견인은 보존적 행위나 일상적 생활의 경우에는 유효한 법률행위를 할 수 있으나, 그 외의 모든 법률행위는 원칙적으로 무효이고, 다만 법원이 피후견인에게 일정한 행위에 대해서는 단독으로 또는 후견인의 조력을 받아 행위할 수 있도록 권한을 부여할 수 있다.

프랑스의 후견제도 이용건수는 1980년대에 매년 2만 여건 내외,

2000년에는 3만 여건으로 늘었다고 하나, 1) 보호가 필요한 성인의 숫자가 약 70만 명이 넘고, 향후 고령화경향을 고려해 볼 때 그 숫자가 100만 명이 넘어갈 것인데, 이는 프랑스 전체 인구 약 6,500만 명의 1%를 넘는 숫자이며, 2) 이러한 보호대상자에 비하여 후견 판사의 숫자는 매우 적어 업무의 충실성을 기하기 어려우며, 3) 후견업무를 수행하는 후견인이 업무에 대해 전문성을 갖추지 못하고 있고, 4) 후견제도 운영에 대한 국가의 자금지출이 2006년 기준으로 4억 유로(전체 성년후견제도 지출비용의 81%, 우리 돈 1,500원으로 환산할 경우 6,000억 원)를 차지하여 국가 부담이 점차 가중되었다.[92] 이러한 성년후견제도 운영비용 부담을 개선하고, 유럽 각국의 성년후견제도 개선경향(특히 임의후견 등의 확대방안)에 힘입어 2007년 다시 행위무능력자제도(성년후견제도)의 개정이 이루어졌다.

2007년 프랑스 행위무능력자제도(성년후견제도)의 개정은 1) 후견의 최소화, 2) 재정문제의 해결, 3) 피후견인 신상보호의 강화를 주요한 제도개선의 목표로 하였다. 재정문제의 해결을 위한 방안으로는 1) 후견과 보좌의 무상 원칙과 예외적 보상, 2) 원칙적으로 피보호자의 재정으로 비용충당이 불충분한 경우에만 공적 재정으로 보충하는 방안 등이 마련되었다.[93]

2. 독일

독일은 약 100여 년간 시행되어 온 행위능력박탈제도와 장애감호

92) H. Vincent, Majeurs protégés au 1er janvier 2009, Edition Francis Lefebvre, 2009, 26-37면 참조(명순구, 앞의 보고서, 23-24면에서 재인용).

93) 명순구, 앞의 보고서, 29면.

제도를 폐지하고 1992년부터 성년후견제도를 시행해 오고 있다. 독일의 성년후견제도는 다원화된 성년후견제도를 일원화된 제도로 통일하고, 그 안에서 당사자의 능력과 의사를 고려해 후견권한의 범위를 조정(확장 또는 축소)하는 시스템을 마련하였다. 후견심판절차의 측면에서도 후견대상자가 절차에 적극적으로 참여할 수 있도록 1) 후견대상자의 절차능력의 인정, 2) 후견인 선임에 앞서 후견대상자에 대한 법원의 개인적 의견청취, 3) 후견대상자에 대한 원칙적 전문감정인의 감정 필요, 4) 부족한 절차능력을 보조하기 위한 변호사 등의 절차보좌인 선임, 5) 무자력자의 절차비용에 대한 국고지원 등이 크게 확대되었다.

독일 성년후견제도의 기본원칙으로 프랑스와 유사하게 필요성의 원칙(필요한 경우, 필요한 범위 내에서, 필요한 기간만 선임)과 보충성의 원칙(다른 공적 조력제도, 임의적 대리인이나 가족, 지인의 조력이 없을 경우에 보충적으로 후견제도가 개입)이 제도 전반에 스며들어 있다.

독일의 성년후견제도는 과거 행위능력박탈제도와 달리 후견인이 선임되어도 피후견인의 행위능력에 영향을 주지 않으며, 행위능력이 있는 피후견인은 원칙적으로 독자적으로 법률행위를 할 수 있다. 다만 신상이나 재산에 대한 위험을 피하기 위해 법원은 일정한 행위에 대해 후견인의 동의를 받을 것을 명하는 동의유보를 할 수 있고, 이 경우에는 피후견인이 후견인의 동의를 받아 법률행위를 하여야 한다.

독일에서 후견인의 직무로는 개별적 재산관리 외에도 1) 주거와 관련된 사항에 대한 권한, 2) 의료행위나 불임시술에 대한 동의권, 3) 시설에의 감금 및 요양시설 등의 입소에 대한 권한 등이 있으며, 위 각 권한은 피후견인의 신상이나 재산에 큰 영향을 미치기 때문에 후견법원의 동의를 얻도록 하여 후견인의 권한행사를 감독하고 있다.

독일의 새로운 성년후견제도에 따라 후견사건의 숫자는 1995년 말 약 62만 건에서 2009년 말 약 130만 건으로 두 배 이상 증가하였고, 2002년 이후 매년 20만 건 이상의 성년후견인 선임이 이루어지고 있다.[94] 위 통계에 따르면 독일은 전체 인구의 1.58%(130만 건/2010년 기준 독일 인구 약 8,200만 명), 즉 100명 당 1.6명 정도가 후견을 받고 있다.

한편, 독일에서 후견제도의 운영에 드는 비용을 보면, 2008년 기준으로 약 9,214억 원(1유로 = 1,500원으로 환산)의 국고가 무자력 피후견인들에 대해 지원되었고, 그 항목을 보면 1) 후견인 보수 지원 7,830억 원, 2) 후견인 비용변상 65억 원, 3) 후견인 정액비용변상 1,113억 원, 4) 절차보좌인에 대한 국고 지원 206억 원이다.[95]

위와 같은 독일의 상황을 보면, 성년후견제도가 자력이 없는 사회취약계층에 대한 법률적 서비스를 제공하는 것이어서 위와 같이 국가의 재원이 적지 않게 투여되고 있음을 알 수 있고, 성년후견제도라는 법적 시스템 내에 대부분의 정신적 능력의 부족이나 결함이 있는 사람들이 모두 포섭(통상적으로 전 인구의 약 1% 내지 2% 정도가 후견의 대상이 되는 정신적 능력의 결함이나 부족이 있고, 전 인구의 1% 내외가 후견을 받을 경우 이상적인 후견제도라 보고 있다)되어 후견인의 조력을 받고 있음을 알 수 있다.

94) 서울시립대학교 산학협력단, 앞의 보고서, 2012, 108-110면의 통계 내용을 참조함.

95) 서울시립대학교 산학협력단, 앞의 보고서, 345-346면.

3. 일본

일본은 1999년 민법상 금치산·준금치산제도를 폐지하고, 후견·보좌·보조의 새로운 성년후견제도를 도입해 2000. 4. 1.부터 시행하고 있다. 위와 같은 새로운 법정 성년후견제도와 더불어 개인이 고령이나 질환 등으로 나중에 의사능력이 부족할 때를 대비해서 미리 일정한 범위의 대리권을 임의후견인에게 부여하는 '임의후견 계약에 관한 법률'과 후견사항 등에 대한 법원의 등기를 규율하는 '후견등기부에 관한 법률'을 함께 제정하였다.

일본의 새로운 후견제도는 초고령화 사회를 맞이하여 치매고령자 등의 권리옹호와 신상보호 등을 목적으로 하고 있으며, 자기결정권의 보장, 잔존능력의 활용, 정상화(normalization)와 같은 서구 유럽의 성년후견제도가 가진 이념적 목표들을 추구하고 있다.

일본은 과거 금치산·준금치산제도가 가지고 있는 낙인화 등으로 인해 제도 활용이 미비하였다는 점을 감안해 새로운 후견제도하에서는 1) 자기결정권의 존중을 목적으로 미리 자신의 의사에 따라 후견계약을 체결하는 제도(임의후견제도)를 도입하고, 2) 대리권을 가진 후견과 동의권을 가진 보좌 외에도 의사결정권의 침해가 가장 적은 제도인 보조(補助)제도를 신설하였으며, 3) 기존의 법이 정한 순서에 따른 후견인 순위가 아니라 법원이 재량적 판단을 통해 후견인을 선임하도록 하였고, 4) 지방자치단체장(시구정촌장)의 후견 등의 신청권을 인정하였다.

일본은 새로운 후견제도를 시행하면서 자기결정권 보장을 위하여 스스로 계약형태로 대리권을 위임하는 '임의후견'과 자신의 동의 여부에 따라 의사결정에 지원을 받을 수 있는 '보조'제도를 활성화하는 것을 제도의 목표로 삼았다. 그 이유는 후견이나 보좌의 경우 본인의 의사결정을 대리하거나 본인의 의사결정의 효력을 좌우하여 본인의 자기결정권을 제약하는 정도가 강하기 때문에 자기결정권의 옹호라는 성년후견제도의 이념에 부합하지 않을 수 있기 때문이었다. 또한 일본은 성년후견제도가 가족제도 내에서 이루어지는 것이 아닌 후견의 사회화를 강화하고자 하였다. 후견의 사회화를 위하여 지방자치단체장(시구정촌장)에게도 후견심판에 대한 신청권을 부여하고, 가족이 아닌 제3자 후견인도 가능하도록 하며, 복수의 후견인이나 법인 후견인도 가능하도록 규정하였다. 나아가 과거 재산관리에 치중하였던 후견인의 역할을 본인의 복지와 신상보호에 더 중점을 두도록 하였다.

위와 같은 성년후견제도의 제도적 목표에도 불구하고, 실제 지난 10여 년간 일본 법원에 청구된 성년후견(후견 · 보좌 · 보조 · 임의후견 포함)사건의 성격은 제도적 목표에 부합하지 못한 부분들이 발생하였다.

먼저 성년후견의 신청동기가 재산관리처분이나 유산분할협의와 같은 재산관리 목적의 신청이 60%를 넘는 반면 개호보험 계약 및 신상보호를 위한 신청은 20% 내지 30% 정도로 높지 않았다.[96] 이는 새로운 일본의 성년후견제도 또한 주로 재산관리 목적으로 사용되고 있음을 보여준다.

다음으로 성년후견제도 중 2000년부터 2010년까지 11년간 후견개시의 비율은 평균 85%로 높음에 비하여 보조개시의 비율은 4% 내외로 높지 않고, 임의후견 또한 1.5% 정도로 낮았다.[97] 이는 본인의 자기결정권을 가장 광범위하게 제한하는 대리권이 부여되는 후견제도가 보편적인 형태로 자리매김하고, 자기결정권을 보장받는 임의

96) 서울시립대학교 산학협력단, 앞의 보고서, 301면.
97) 서울시립대학교 산학협력단, 앞의 보고서, 312면.

후견이나 보조제도는 극소수의 후견형태로 자리매김해 가고 있음을 보여준다.

끝으로 성년후견의 사회화 여부와 관련해 시행 초기인 2000년에는 친족(가족) 후견인의 비율이 90%를 차지하고 있었으나, 점차 친족(가족) 후견인의 비율이 감소하고 전문가(변호사, 사법서사, 사회복지사 등)인 제3자 후견인의 비율이 증가하여 2010년에는 친족 후견인이 58.6%로 감소하고, 제3자 후견인이 41.7%로 증가하였다.[98] 이는 새로운 성년후견제도가 가족제도 내에서 점차 사회제도로 전환해 가고 있음을 보여주는 것이라 할 수 있다.

Ⅲ. 각국의 성년후견제도가 주는 시사점

주요 선진국들이 위에서 본 바와 같이 다양한 형태의 후견제도를 가지고 있는데, 그 특징을 분석해 보면, 먼저, 미국의 경우 각 주마다 서로 다른 후견시스템을 가지고 있어 그 내용이 어떻다라고 일률적으로 규정하기 어렵다. 영국 또한 영연방제국 중 하나인 스코틀랜드가 별도의 무능력성인법을 입법하는 등 후견제도는 지역과 주별로 서로 달리 제도화할 수 있음을 알 수 있다. 캐나다나 호주와 같은 영미법계 국가도 각 주별로 다른 후견제도를 가지고 있다. 다음으로, 대륙법계 국가들은 대체로 국가 내에 통일된 후견제도를 가지고 있으나, 후견의 유형을 일원화하는 방식(독일)과 다원화하는 방식(프랑스, 일본)으로 구분될 수 있다.

한편, 위에서 본 영미법계 국가나 대륙법계 국가의 성년후견제도의

98) 서울시립대학교 산학협력단, 앞의 보고서, 315-317면.

변화가 주는 시사점을 세 가지로 정리하면 후견의 사회화, 후견의 필요최소화, 후견의 역할변화다. 이에 대해서는 아래에서 보다 구체적으로 살펴보기로 한다.

1. 후견의 사회화

후견의 사회화란 기존의 후견제도가 가족제도의 하나로 자리매김하여 왔음에 반하여 현대의 후견제도는 의사결정능력이 부족한 사람에 대한 국가적 지원제도로서 전환하였음을 의미한다. 후견의 사회화는 가족이 가지고 있던 가족 구성원에 대한 기존의 보호기능이 약화되면서 국가가 그 보호기능을 대체할 수밖에 없는 상황을 암시하는 것이기도 하다.

이혼, 별거 등으로 인한 가족의 해체, 1인 가구의 증가, 고령화 등은 가족 구성원의 감소와 더불어 고령이나 질병, 장애에 대한 수발과 보호, 재산관리기능을 가족 내부에서 감당하기 어려운 상황을 초래하게 하였고, 이는 결국 국가의 보호적 개입을 필요하도록 만들었다.

국가는 단순히 생활능력이 부족한 사람의 생존만을 유지하도록 하는 것이 아니라 그의 최선의 이익과 복리를 위해 개입하여야 할 의무가 있으며, 새로운 후견제도들은 이러한 임무를 인식하고서 후견제도가 생활능력이 부족한 사람에 대한 의사결정능력 지원제도로 활용할 수 있도록 하고 있다.

후견의 사회화의 구체적 내용으로는 1) 후견인의 제3자화, 2) 후견비용의 국고지원, 3) 후견개시의 국가개입을 들 수 있다.

① 후견인의 제3자화

먼저, 후견인의 제3자화는 기존의 후견제도가 가족이 후견인으로 되는 것을 원칙적인 모습으로 보았으나, 새로운 후견제도는 가족뿐 아니라 제3자가 후견인이 되는 것도 적극적으로 보장한다. 이는 의사결정능력이 부족한 치매고령자, 발달장애인, 정신질환자에 대한 보호(의사결정 대행방식의 보호)가 가족에 의해 이루어질 때 더 좋을 것이라는 관념을 버린 결과이기도 하고, 더 나아가 제3자가 후견인에 되어 가족 내 의사결정능력이 없는 구성원의 의사결정을 대신하는 것이 가족으로부터 그 구성원을 보호할 수도 있을 것이라는 관념을 가진 결과이기도 하다.

② 후견비용의 국고지원

다음으로, 후견비용의 국고지원은 국가개입의 물적 기반이 된다. 기존의 후견제도가 피후견인이 가진 재산에서 후견인 보수 등 후견비용을 지급하는 것이었고, 만약 그러한 재산이 없다면 후견을 개시하거나 유지할 수 없었다. 그러나 후견제도가 가족제도에서 벗어나 사회적 보호제도의 한 틀로 편입되면서 무자력한 의사결정능력이 없는 사람들에 대한 지원도 필요하게 되었다. 이는 무자력한 사람들의 후견비용(후견절차비용, 후견인 보수, 후견활동비용 등을 포함한다)을 국가가 지원하는 시스템을 갖출 것을 요구한다. 후견비용에 대한 국고지원 내용은 1) 후견심판절차에서의 국선대리인 선임비용, 정신감정비용 등에 대한 지원, 2) 후견인 보수와 후견활동비용에 대한 지원, 3) 제3자 후견인 교육 및 양성비용에 대한 지원을 들 수 있다.

③ 후견개시의 국가개입

끝으로, 후견개시의 국가개입은 후견에 있어 국가의 적극적 역할을 의미한다. 기존의 후견제도는 주로 가족(친족)의 신청에 의해서만 후견절차가 개시되고, 후견인 또한 법원이 선임하는 것이 아니라 친족의 지위(배우자, 직계혈족 등)에서 당연히 후견인이 되었다. 그러나 각국의 새로운 후견제도는 후견절차의 개시가 법원의 직권에 의하는 경우도 있고, 법원의 직권에 의해 개시되지 않더라도 지방자치단체장 등 국가를 대신한 기관이 신청권을 가지고서 적극적으로 후견을 개시시킬 수 있다. 나아가 후견인 선임에 있어서도 법원이 피후견인의 최선의 이익을 위하여 재량적으로 가족이나 제3자 중에서 후견인을 선임할 수 있다. 이는 기존의 후견제도가 가족제도여서 국가가 가족 내 소극적 개입만을 하였다면 새로운 후견제도는 사회적 지원제도로서 의사결정 능력이 부족한 취약계층에 대해 국가가 적극적 개입으로 전환하였음을 의미한다.

2. 후견의 필요최소화

후견은 본인의 의사결정을 법적으로 제한하면서 동시에 다른 사람에 의한 의사결정을 법적으로 보장하는 제도이다. 후견제도는 이와 같이 한편으로는 의사결정능력이 부족하거나 없는 피후견인을 보호할 수도 있지만 거꾸로 그러한 피후견인의 재산과 권리를 침해할 수도 있는 양 날의 칼과 같은 제도이다. 그리하여 각국의 후견개시의 원칙은 다른 제도로서 대응할 수 없을 때 최후의 수단으로 이루어져야 하는 보충성의 원칙, 그리고 후견의 기간, 직무, 권한 등은 필요한 한도 내에서만 이루어져야 하는 필요성의 원칙을 기본적 제도의 원칙으로 삼고 있다. 이는 후견인의 권한 남용의 위험이 있는 후견제도의 개시나 그 범위를 필요최소화하기 위한 제도운영의 원칙이다.

한편, 후견은 그것이 정말로 필요한 상황하에서만 개시되어야 하는데, 다른 가족이 피후견인의 재산을 처분하기 위해 후견이 개시되는 경우도 있고, 거꾸로 후견인의 신상보호 등을 위해 후견이 필요한 상황인데도 가족 등의 방치나 방해로 인하여 후견이 개시되지 못하는 경우도 있다. 이러한 상황에서는 후견의 개시와 후견의 범위에 있어 법원의 사법심사를 통한 통제가 필요하고, 후견제도의 활성화가 중요한 것이 아니라 후견이 필요한 상황이 언제인지, 후견의 범위를 어떻게 설정할 것인지가 더 중요하다는 점을 인식할 필요가 있다.

3. 후견의 역할변화

후견제도는 현대 사회에서 신상보호와 관련하여 강화된 임무를 부여받았다. 그것은 환자의 자기결정권과 권리옹호의 임무이다. 후견인은 이제 국가(법원)가 임명한 의사결정능력이 없는 자에 대한 권리옹호기관으로서의 역할도 동시에 부여받았다.

기존의 후견제도가 무능력자의 재산에 대한 관리처분을 중심으로 설계되었다면, 새로운 후견제도는 의사결정능력이 부족한 자의 신상에 대한 보호를 중심으로 설계되었다. 이는 후견인이 피후견인의 주거, 의료, 식사 및 케어 등에 대한 포괄적인 보호기관으로 활동해야 함을 의미한다.

후견인의 피후견인 신상에 대한 보호는 뒤집어 보면 피후견인 신체에 대한 사실상의 지배를 의미하게 된다. 피후견인이 살 곳을 정하고, 수술 등 의료행위를 결정하며, 불임시술 · 요양원입소 · 강제입원 등을 결정하는 후견인의 권한은 결국 피후견인의 신체에 대한 지배를 가져올 수 있다. 이러한 위험이 현실화되는 것을 막기 위하여 후견인에 대한 법원이나 후견감독인의 감독이 강화될 필요가 있고, 이러한 감독기구들과 감독방식은 결국 피후견인의 자기결정권과 인권을 옹호하는 제도적 보장장치가 된다. 각국의 새로운 후견제도들은 이러한 통제기관과 통제방식들을 후견제도의 한 내용으로 포함하고 있다.

제3절 한국 후견제도의 근대적 전개

한국의 근대적 후견제도는 일제시대 의용민법에 의해 금치산자·준금치산자에 대한 후견과 보좌제도가 도입되었다가 1958년 민법 제정을 통하여 후견인만을 두는 금치산자(한정치산자 포함, 이하 '금치산자'라고만 한다)제도가 도입되었다. 이후 50여 년간 금치산제도가 한국 후견제도의 기본적 모습으로 시행되어 오다가 2013. 7. 1.부터 새로운 성년후견제도가 시행되었다. 이하에서는 일제시대 의용민법과 제정민법상의 후견제도를 살펴본 후 금치산제도가 가진 문제점을 살펴보기로 한다.

Ⅰ. 일제시대 의용민법

1. 1912년 조선민사령 시행 전

1912년 조선민사령이 시행되기 전에 일본은 1906년부터 한국 내

각에 법전조사회(이후 법전조사국)를 두어 한국의 구관습을 조사하였는데,[99] 그중에서 후견에 관한 관습도 조사되었다.

조사자료 중 1908년 및 1909년(융희 2년 및 3년)에 경기도 안성, 평안북도 영월, 함경남도 갑산에서 조사된 관습자료에 의하면, ① 정신병자(풍전자, 瘋癲者)를 천치(天痴), 광인(狂人)이라 부르고, 이러한 사람에게는 간호인(보호인)을 붙여 신체를 감호하고, 재산을 관리하였으며(함경남도 갑산), ② 후견인은 미성년자나 광인에게 친권자나 호주 모두 없을 경우에 두며(함경남도 갑산), ③ 후견을 받을 사람이 재산이 없는 사람이면 보호인을 붙이지 않으며(경기도 안성), ④ 후견감독인이나 친족회는 두지 않았으나, 문중(종중)의 친족들이 그 역할을 대신하는 것으로 보고 있다(함경남도 갑산, 경기도 안성).[100] 그러나 평안북도 영월지방의 경우 광인이나 천치에게 후견인을 두는 관습은 없었고, 재산 있는 호주가 광인일 경우 재산관리를 위해 근친자가 보호하는 경우가 있지만, 재산 없는 호주나 호주 아닌 자에 대해서는 재산보호 필요성이 없어 보호하지 않았다고 한다.[101]

위와 같은 조사결과만 보고서는 조선 말기 무렵 근대적 후견제도가 있었다 보기는 어렵고, 다만 의사결정능력이 부족한 사람에 대해 가족이나 친족들이 보호를 해 왔다는 점은 확인할 수 있다.

---

99) 舊慣審査委員會 회의록(한국사 데이터베이스 다음 홈페이지 참조)(http://db.history.go.kr/url.jsp?ID=ju_009_002_0010_0040_0460)(2013. 5. 1. 최종방문).

100) 隆熙二年 調査報告書(安城)(1908년), 調査報告書-法典調査局(1909)(국사편찬위원회 한국사데이터베이스 홈페이지 참조)(http://db.history.go.kr/url.jsp?ID=ju_009_002_0010_0040_0460)(2013. 5. 1. 최종방문).

101) 隆熙三年 韓國慣習調査報告書 - 平北 篇(1909년)(위 홈페이지 참조).

2. 1912년 조선민사령 제정

1912년 시행된 조선민사령(朝鮮民事令)은 제1조에서 민사에 관한 사항은 조선민사령 및 그 외 법령에 특별히 정함이 있는 경우를 제외하고는 일본민법 등을 따르도록 규정하였다. 한편, 1912년 조선민사령 제11조에서는 제1조의 법률 중 능력, 친족 및 상속에 관한 규정에 대해서는 조선인에게 적용하지 않고, 관습에 의하도록 규정하였다.

위에서 본 바와 같이 1921년 조선민사령이 개정되기 전까지는 미성년후견이나 능력에 관해서는 관습에 의하도록 하였는데, 당시 조선고등법원은 ① 미성년후견과 관련하여 조선에서 미성년자에 대하여 친권을 행사할 자가 없는 때에 조모가 당연히 호후인(護後人)이 되어 미성년자의 재산을 처분할 권한은 없으나,[102] 조선에서 미성년자에게 친권자가 없을 때에 후견인을 두어 그로 하여금 보호감독을 하게 하는 관습이 있고, 후견인은 부모의 유언이 있을 때에는 유언으로서 지정된 자에게 위임하고, 유언이 없을 때에는 백·숙부 중 연장자가 후견인을 맡는 것이 통례이며, 그러한 사람도 없을 경우에는 친족이 협의하여 근친자 중에서 적임자를 선정하는 것이 관습이라 판결하였고,[103] ② 15세 미만의 조선인을 절대적 행위무능력자로 하는 관습은 존재하지 않고, 조선에서 능력을 구비하였는지 여부는 당해 법률행위를 할 때 이해득실을 판단할 수 있는 지능을 구비하였는지 여부에 따라 심사하여 정하여야 한다고 판결하였다.[104]

---

102) 대정 2년 민상 제40호 1913년 2월 28일 판결(법원도서관, 국역 고등법원판결록 제2권 민사, 2006, 98면).

103) 대정 8년 민상 제214호 1919년 10월 30일 판결(법원도서관, 국역 고등법원판결록 제2권 민사, 2006, 420-422면).

104) 대정 8년 민상 제22호 1919년 2월 14일 판결(법원도서관, 국역 고등법원판결

3. 1921년 조선민사령 개정

위 1912년 조선민사령에 의하면 친족, 상속, 능력에 관한 일본 메이지민법의 규정을 배제하고, 위 부분에 대해서는 관습에 의하도록 하였으나, 이후 1921년 개정에 의하여 '능력' 부분을 삭제하고, 일본 메이지민법상의 친권, 후견, 보좌인, 무능력자를 위해 설치하는 친족회 등의 규정을 의용하도록 하였다.[105)]

당시 일본 메이지민법은 금치산자에 대해 후견인을 붙이고, 준금치산자(심신모약자, 농자, 아자, 맹자 및 낭비자)에 대해서는 보좌인을 붙이도록 하였으며, 금치산자의 모든 법률행위는 취소가능하고, 준금치산자의 부동산 취득·상실을 목적으로 하는 중요한 법률행위들에 대해서는 보좌인의 동의가 필요하도록 하였다. 한편 일본 메이지민법은 처의 행위능력과 관련하여 준금치산자 규정을 준용하여 일정한 행위들에 대해 남편의 동의를 얻도록 하고, 동의를 얻지 않은 행위들은 취소할 수 있도록 하였다. 위와 같은 일본 메이지민법의 의용으로 인해 1921년 이후에는 친권, 후견, 보좌, 친족회 등의 제도가 적용되었다.

1921년 조선민사령이 개정되고 난 후에는 행위무능력(금치산자 및 준금치산자)제도, 친권, 후견 및 보좌, 친족회 관련 일본 의용민법이 적용되어 당시 조선 고등법원은 ① 친권을 가지는 부 또는 모는 자(子)의 감호 및 교육을 하는 대세적 권리를 가지므로 다른 사람이 자(子)를 억류하면서 친권행사를 방해할 경우 자(子)의 인도를 청구할 수 있고,[106)] ② 계부, 계모 또는 적모가 친권을 행사하는 경우 후견의 규

록, 제2권 민사, 2006, 30-33면).

105) 이병수, "조선민사령에 관하여 - 제11조의 관습을 중심으로", 법사학연구 제4호, 1977, 68면.

정을 준용하도록 하고 있어 이들이 친권을 행사하는 경우에는 그 사무에 착수하기 전 친족회로 하여금 후견감독인을 선임하게 하고, 후견감독인의 입회 아래 재산조사를 하여 1개월 이내 재산목록을 작성하여야 하며, 만일 이를 어길 경우에는 친족회가 그 친권자를 면출(免黜)시킬 수 있다고 판결하였다.[107]

위 판결들이 비록 성년후견인이나 금치산제도와 관련된 것은 아니지만, 친권자와 후견인의 관계, 후견인에 대한 감독기관으로서 친족회의 역할 등이 무엇인지 보여주고 있다.

II. 1958년 제정 민법

조선민사령 제1조의 규정에 의하여 의용된 일본 민법은 1958년 민법이 제정되면서 폐지되었고, 제정 민법은 기존의 금치산제도는 유지하면서 준금치산제도는 한정치산제도로 변경하였으며, 금치산자 및 한정치산자 모두에게 후견인을 붙이는 내용으로 한 행위무능력자제도를 도입하였다.

한편 경과규정을 두어 의용민법에 의해 심신모약자 또는 낭비자로 준금치산선고를 받은 사람은 민법 시행일부터 한정치산자로 보고, 구법에 의해 농자, 아자 또는 맹자로서 준금치산선고를 받은 사람은 민법 시행일부터 능력을 회복하도록 하였으며(제정민법 부칙 제4조), 한편 기존의 후견인에 대해서는 그 순위, 선임, 임무 및 결격에 관해 제정

106) 대정9년 민상 제314호 1921년 2월 14일 판결(법원도서관, 국역 고등법원판결록, 제8권 민사편, 2010, 17-19면).
107) 대정16년 민상 제247호 1927년 8월 12일 판결(법원도서관, 국역 고등법원판결록, 제14권 민형사편, 2011, 176-182면).

민법의 규정을 적용하도록 하였다(제정민법 부칙 제22조).

1954년 정부의 민법 제정안(1954. 10. 26. 제안, 의안번호 0300053, 회기불계속으로 폐기)과 1957년 정부의 민법 제정안(1957. 6. 17. 제안, 의안번호 030318)은 한정치산의 사유를 심신박약, 신체의 중대한 결함, 재산의 낭비로 인해 가족의 생활을 궁박하게 할 염려가 있는 자로, 금치산의 사유를 심신상실의 상태에 있는 자로 그 요건을 한정하였는데, 국회 심의과정에서 신체에 대한 중대한 결함이 있더라도 의사결정능력에 문제가 없는 사람도 많기 때문에 이를 삭제할 필요가 있다는 의견이 받아들여져 결국 한정치산의 대상으로는 심신박약자와 이른바 낭비자만으로 한정하게 되었다. 이렇게 제정된 민법은 1960. 1. 1.부터 시행되어 2013년에 이르기까지 약 53년 동안 호주를 금치산 또는 한정치산 청구권자 등에서 빼는 등의 개정을 제외하고는 제정민법의 구상이 그대로 유지되어 왔다.

Ⅲ. 금치산제도의 문제점

1. 금치산자의 법적 지위

가. 의의

법원의 공적 선언으로 금치산선고를 받은 자는 무능력자(개정민법은 '무능력자'라는 표현 대신 '제한능력자'라는 표현을 사용한다)가 된다. 금치산선고의 요건은 심신상실(心身喪失, 한정치산선고의 요건은 심신박약 또는 자기나 가족의 생활을 궁박하게 할 염려)이다. 심신상실이라 함은 통상 의사능력이 없는 상태[108]를 의미한다. 의사무능력 상태에 있는 사람 모두

108) 곽윤직, 민법총칙 제7판, 박영사, 2009, 97면.

가 당연히 금치산자로 되는 것이 아니라 법원의 공적 선언을 통하여 금치산자로 전환된다. 이는 의사무능력자와 금치산자의 법적 지위에 있어 본질적 차이를 가져오게 한다.

나. 의사무능력자

의사무능력은 법률행위 무효의 사유가 된다. 이에 반하여 금치산자의 법률행위는 후견인에 의해 취소가 가능하고, 금치산자의 재산상 행위 등 대부분의 법률행위는 후견인이 대리할 수 있다.

판례가 의사무능력을 이유로 무효로 인정한 예로서는 1) 거래당사자가 어릴 때부터 지능지수가 낮아 정규교육을 받지 못한 채 가족의 도움으로 살아왔고, 지능지수는 73이고 사회연령은 6세 수준인데, 합계 5,000만 원의 대출계약 및 자기 소유 부동산에 근저당권설정계약을 체결한 사안에서 대출금을 갚지 못할 때에는 근저당권의 실행으로 인하여 소유권을 상실할 수 있다는 일련의 법률적인 의미와 효과를 이해하지 못한다고 보아 위 근저당권설정계약을 무효로 보아 위 사람의 근저당권설정등기말소청구를 인용한 사례,[109] 2) 지능지수가 58로서 경도의 정신지체 수준에 해당하는 38세의 정신지체 3급 장애인이 2,000만 원이 넘는 채무에 대하여 연대보증계약을 체결한 사안에서, 연대보증계약 당시 그 계약의 법률적 의미와 효과를 이해할 수 있는 의사능력이 없었다고 본 사례[110] 등이 있다.

대체로, 의사무능력으로 판정받을 수 있는 사람(법률행위를 하여도 무효로 될 수 있는 사람)은 1) 발달장애인, 2) 고령의 치매고령자, 3) 정신분열병 등을 가진 중증 정신질환자 등이 될 수 있고, 이 사람들이 또

109) 대법원 2002. 10. 11. 선고 2001다10113 판결.
110) 대법원 2006. 9. 22. 선고 2006다29358 판결.

한 금치산제도나 성년후견제도의 대상(수요)자가 된다.

성년의 의사무능력자가 법적 대리인 없이 일상생활(의식주, 근로활동, 재산처분 등의 거래, 혼인과 출산, 부양, 유언)을 법적으로 유효하게 영위하는 것은 사실상 어렵다. 그리하여 가족이나 국가기관이 사회복지서비스인 사실행위(이동보조, 목욕, 간병, 치료 등)로서 돕기는 하지만 그들이 법적 대리인으로서 권한을 가진 것이 아니어서 그들이 대신하여 한 법적 행위들이 유효하지는 않다. 이러한 사유로 인해 ① 발달장애인의 노동과 임금에 대한 시설 운영자의 착복, ② 치매 등이 있는 고령자의 재산에 대한 가족 등 권한 없는 제3자의 임의적 처분, ③ 발달장애인이나 치매고령자에 대해 사실상 강제적으로 이루어지는 시설입소, ④ 의식불명 환자의 수술에 대한 권한 없는 자의 동의와 같은 일이 발생한다. 이러한 경우 의사무능력자를 위한 행위라고 하더라도 위와 같은 행위는 권한 없는 자의 행위여서 불법적인 행위가 될 가능성이 높다.

다. 금치산자

금치산자가 의사무능력자와 다른 점은 법원의 공적 선언을 통해 능력을 박탈당하고, 그 능력에 대한 법적 권한을 후견인이 가지게 된다는 것이다. 이는 금치산자가 보통의 일반인과 다른 예외적인 법적 규제를 받게 된다는 의미이기도 하다.

의사무능력자와 금치산자를 비교해 보면 〈표 2-1〉과 같은 차이점이 있다.

우리 사회에 법적으로 사리변별능력이 없어 의사무능력이라 볼 수 있는 사람의 숫자는 치매고령자, 발달장애인, 중증 정신질환자 등 적어도 수십만에 이른다. 그중 금치산(한정치산) 선고를 받은 사람의 숫자

〈표 2-1〉 의사무능력자와 금치산자의 차이점

구 분	의사무능력자	금치산자
법원의 공적 선언	×	○
후견인(대리인) 유무	×	○
능력의 제한(박탈)	×	○
법률행위의 효력	개별적 무효	취소대상(무효도 가능)
효력제한의 방식	개별적・구체적	포괄적・추상적
공시(등록・등기)	×	○

는 사법연감에 따르면 지난 10년(2001년에서 2010년까지)간 약 3,000여 명 내외로 추산된다. 이렇게 금치산제도를 활용하지 않는 이유에 대해서는 앞에서도 밝힌 바 있지만, 위의 표에서도 알 수 있듯이 금치산자가 의사무능력자보다 법적 지위가 더 열악하기 때문이기도 하다. 그래서 본인이 스스로 금치산선고를 청구하는 경우(청구할 능력도 사실상 없는 경우가 많다)는 거의 없고, 친족이 청구하는 경우 그 이유도 금치산자 재산의 관리나 처분을 목적으로 하는 것이 대부분이다. 금치산선고를 받고자 하는 목적 자체가 이와 같을 경우 금치산자의 복리나 신상보호는 뒷전이 될 수밖에 없다. 따라서 사람들은 금치산제도라는 법적 규제 속에 편입되어 자신의 능력과 재산에 대한 처분권을 잃어버리기를 원하지 않게 된다.

2. 금치산자의 대상화

가. 금치산선고 절차의 대상화

금지산선고는 가사비송사건이어서 청구인과 사건본인(금치산 대상자)만 있고, 피청구인(상대방)은 없다. 이러한 절차법적 구조는 미성년자녀, 실종자, 부재자, 사망자(상속포기・한정승인 등)와 같이 금치산자도 절차의 주체라기보다 절차의 대상처럼 여겨지게 한다.

구 가사소송규칙 제33조는 1990년 제정당시 가정법원이 금치산(한정치산)선고의 심판을 할 경우 사건본인의 심신상태에 관하여 의사에게 감정을 시키도록 감정의무규정을 두었다. 그러나 사건본인들이 식물인간이나 의식불명 상태인 경우가 많고, 의사감정비용이 적지 않은 점을 고려해 1998년 개정시 다른 충분한 자료가 있는 때에는 의료감정이 필요 없도록 하는 단서규정을 신설하였다.[111)]

금치산선고의 대상이 되는 사건본인은 앞서 본 바와 같이 대체로 정신적 능력의 부족으로 소통이 어렵고, 일부는 병원이나 시설에 수용되어 있어 스스로의 능력으로 절차에 참여하기는 어렵다. 그러나 금치산선고가 가지는 능력박탈적 성격을 고려해 볼 때 사건본인의 절차참여기회를 제도적으로 보장하는 것이 필요하며, 그 과정에서 향후 후견인이 누가 되는 것이 좋을지를 심리하는 것도 필요할 것이다. 특히, 일부 사례에서는 사건본인이 되는 금치산 대상자를 병원이나 시설에 사실상 강제로 입원(입소)시킨 후 금치산청구를 하여 사건본인의 절차참여 기회를 원천적으로 봉쇄해 놓는 경우도 있다.

이러한 문제점을 감안해 2013년 개정 가사소송법(2013. 4. 5. 법률 제11725호로 개정된 것)은 후견개시나 후견인 선임시에는 원칙적으로 피후견인이 될 사람의 의견진술을 듣도록 하고, 의식불명 등의 예외의 경우에만 이를 생략할 수 있도록 하고 있다.[112)] 여기서 두 가지

---

111) 2013. 4. 5. 개정된 가사소송법은 위 가사소송규칙의 내용을 참조하여 제45조의2(정신상태의 감정 등) 제1항에 "가정법원은 성년후견 개시 또는 한정후견 개시의 심판을 할 경우에는 피성년후견인이 될 사람이나 피한정후견인이 될 사람의 정신상태에 관하여 의사에게 감정을 시켜야 한다. 다만, 피성년후견인이 될 사람이나 피한정후견인이 될 사람의 정신상태를 판단할 만한 다른 충분한 자료가 있는 경우에는 그러하지 아니하다"는 조문을 신설하였다.

112) 개정 가사소송법 제45조의3(성년후견 · 한정후견 · 특정후견 관련 심판에서의 진

점을 추가적으로 고려할 필요가 있는데, 하나는 사건본인(피후견인)의 법정출석 문제이며, 다른 하나는 사건본인의 진술능력 문제이다. 전자의 문제가 발생하는 이유는 사건본인이 병원·시설 등에서 거동이 불가능하거나 강제수용된 경우가 종종 있기 때문이며, 후자의 문제는 사건본인이 구두진술이나 서면진술능력이 없는 경우도 많기 때문이다. 이럴 경우에는 결국 가정법원 판사가 직접 또는 가사조사관 등을 통해 사건본인의 현재지로 찾아가 의견진술을 받거나 사건본인의 상황을 조사하도록 하는 것이 더 나은 방법일 수 있다. 개정 가사소송법은 이러한 방법을 사용하기 위한 근거규정으로 법원이 사건본인의 현재지를 찾아가 검증하거나 심문할 수 있는 규정을 신설하였다.[113]

술 청취) ① 가정법원은 다음 각 호의 어느 하나에 해당하는 심판을 하는 경우에는 해당 호에서 정한 사람의 진술을 들어야 한다. 다만, 피성년후견인(피성년후견인이 될 사람을 포함한다)이나 피임의후견인(피임의후견인이 될 사람을 포함한다)이 의식불명, 그 밖의 사유로 자신의 의사를 표명할 수 없는 경우에는 그러하지 아니하다.

1. 성년후견 개시의 심판, 한정후견 개시의 심판 및 특정후견의 심판을 하는 경우에는 피성년후견인이 될 사람, 피한정후견인이 될 사람 또는 피특정후견인이 될 사람. 다만, 후견계약이 등기되어 있는 경우에는 피임의후견인과 임의후견인.. 일부 중략

3. 성년후견인·한정후견인·특정후견인의 선임 심판을 하는 경우에는 피성년후견인(피성년후견인이 될 사람을 포함한다)과 성년후견인이 될 사람, 피한정후견인(피한정후견인이 될 사람을 포함한다)과 한정후견인이 될 사람, 피특정후견인(피특정후견인이 될 사람을 포함한다)과 특정후견인이 될 사람 ..이하 생략

113) 개정 가사소송법 제45조의3(성년후견·한정후견·특정후견 관련 심판에서의 진술 청취) ② 가정법원이 제1항 제1호 또는 제2호에 따라 진술을 듣는 경우에는 피성년후견인(피성년후견인이 될 사람을 포함한다), 피한정후견인(피한정후견인이 될 사람을 포함한다) 또는 피특정후견인(피특정후견인이 될 사람을 포함한다)을 심문하여야 한다. 다만, 그 사람이 자신의 의사를 밝힐 수 없거나 출석을 거부하는 등 심문할 수 없는 특별한 사정이 있는 때에는 그러하지 아니하다.
③ 제2항의 심문을 위하여 검증이 필요한 경우에는 「민사소송법」 제365조 및 제366조제1항·제3항을 준용한다.

나. 금치산선고 이후의 대상화

금치산선고가 된 이후 금치산자는 그 사유(금치산의 원인인 심신상실 상태)가 소멸하여 취소된 때를 제외하고는 금치산자의 사망시까지 계속된다. 후견인이 사망하더라도 법정후견인이나 법원에서 선임한 후견인이 새로 선임되어야 하기 때문에 취소되지 않는 한 금치산자의 지위는 사망시까지 계속된다.

생애주기를 볼 때, 1) 선천적 발달장애인은 성년 이후부터(미성년일 때는 부모의 친권에 따름), 2) 정신분열병 등 만성 정신질환자는 그 발병 시기가 보통 20－30대부터여서 그 이후부터, 3) 치매 등이 있는 고령자는 6, 70세 이후부터 금치산선고를 받게 되므로 금치산자로서의 지위는 적게는 1, 20년에서 많게는 3, 40년을 지속하게 된다.

이렇게 장기간 금치산자로서의 지위를 가지게 되기 때문에, 후견인이 되었던 배우자, 부모 등이 금치산자보다 먼저 사망하여 다른 가족(자녀, 형제자매, 조카 등)으로 후견인을 변경해야 하는 사유도 발생하고, 이럴 경우 새로운 후견인에게 금치산자는 부담스런 객(客)이 된 채로 그 사망시까지 후견인의 가족 내에 편입되지 못하고, 시설 등을 전전해야 하는 경우도 발생한다. 나아가 금치산자가 일정한 재산을 보유하고 있다고 하더라도 수십여 년이 넘는 장기간의 생활비와 후견인 보수를 감당할 수 있는 경우는 적다. 이렇게 금치산자는 법적 주체로서 대접받지 못하고, 가족과 사회 내에서 부담스러운 짐처럼 물화(物化)될 수 있다. 이는 현실에서 존엄하여야 하는 인격이 물화되는 현상을 보여주는 것이다.

Ⅳ. 성년후견제도의 도입 경과

1. 성년후견제도 도입 전 국·내외 입법 및 연구상황

성년후견제도가 민법에 도입된 과정을 보면, 그 제도의 목적이나 기능이 무엇인지 확인할 수 있다.

우리나라 성년후견제도가 도입되기 전 외국의 상황을 보면, 독일에서 행위능력박탈(Entmündidung)과 이에 따른 후견제도(Vormundschaft) 및 장애감호(Gebrechlichkeitspflegeschaft)를 폐지하고 1992년 행위능력의 박탈이 없는 새로운 성년후견제도를 시행하였고, 일본 또한 2000년 기존의 금치산(준금치산)제도를 폐지하고 새로운 법정후견제도(후견, 보좌, 보조) 및 임의후견제도를 도입하였다.

국내에서는 1990년대 후반부터 성년후견제도에 대한 연구논문들이 나오기 시작하였고, 2000년대 이후부터는 민법학자들을 중심으로 각국의 성년후견제도를 소개하고, 기존의 금치산제도를 폐지하고 독일이나 일본의 입법례를 참조한 성년후견제도의 도입을 주장하는 의견이 커지기 시작하였다. 이에 호응하여 1) 2006. 12. 7. 이은영 의원이 대표발의한 민법 일부개정법률안(의안번호 5633호)은 금치산(한정치산)제도와 친족회를 폐지하고, 후견(후견, 한정후견 및 후원)제도와 후견감독인제도를 신설하는 내용을 담고 있었으며, 2) 2007. 11. 22. 성년후견추진연대가 마련한 민법 일부개정법률안(의안번호 7890호)을 장향숙 의원이 대표발의하였으나 두 법안 모두 2008. 5. 29. 임기만료로 폐기되었다.

2006년부터는 후견제도를 운영하고 감독하는 기관인 법원이 판사들을 중심으로 성년후견제도연구회를 조직하여 외국 후견제도에 대한 연구보고와 함께 2006년 말경 금치산제도를 폐지하고 법정후견제도(성년후견, 한정후견 및 후원)를 도입하는 민법개정안과 임의후견제도를 도입하는 임의후견계약에 관한 법안을 마련하였다.[114)]

2. 성년후견법안의 발의

가. 정부의 민법개정안 발의

이후 민법개정안의 발의권한이 있는 법무부는 2008년 무렵부터 각 국의 성년후견제도에 대한 연구검토를 하여 2009년 성년후견제도 도입 등을 목적으로 한 민법개정위원회(그중 후견제도의 도입을 맡은 파트는 행위능력을 맡은 2분과로 민법 교수, 법원 판사 등이 참여)가 9개월가량의 논의를 거친 끝에 성년후견제도의 도입을 담은 민법개정시안을 마련하였고, 법무부는 2009. 9. 18. 민법 일부개정법률안을 입법예고하고서 2009. 12. 29. 민법 일부개정법률안(의안번호 7209호)을 국회에 제출하였다. 위 민법 일부개정법률안은 성년후견제도의 도입 목적으로 다음과 같은 점을 지적하고 있다.[115)]

① 문제의식: 현행 민법의 행위능력 및 후견 제도는 '금치산', '한정치산' 등 부정적 용어를 사용하고 본인의 의사와 장애의 정도에 대한 고려 없이 행위능력을 획일적으로 제한하여 사회적 편견을 야기하는 한편, 보호의 대상을 재산적 법률행위로 제한함으로써 복리에 관한 다양하고 실질적인 도움을 제공할 수 없는

114) 성년후견제도연구회, 앞의 책, 264-359면

115) 아래의 내용은 위 민법 일부개정법률안의 제안이유를 필자가 목차만 달아 옮긴 것이다.

등 문제를 안고 있다.

② 사회적 상황: 현대 사회복지국가, 고령화 사회로 접어들면서 장애인의 인권과 노인 복지에 대한 국가의 책무와 사회적 관심이 부각되고 있다.

③ 성년후견제도 도입 이유: 이에 따라 사회복지적 관점에서 기존 금치산・한정치산 제도를, 현재 정신적 제약을 가지고 있는 사람은 물론 미래에 정신적 능력이 약해질 상황에 대비하여 후견제도를 이용하려는 사람이 재산 행위뿐만 아니라 치료, 요양 등 복리에 관한 폭넓은 도움을 받을 수 있는 성년후견제(성년후견, 한정후견, 후원)로 확대・개편할 필요가 있다.

나. 국회의원의 민법개정안 발의

법무부의 민법 일부개정법률안이 국회에 제출된 직후인 2010. 1. 8. 박은수 의원 등 39인의 국회의원이 민법 일부개정법률안(의안번호 7374호, 이하 '의원개정안'이라 한다)을 제출하였는데,[116] 법무부 개정법률안(이하 '정부개정안'이라 한다)과 비교해 보면 다음과 같은 주요한 차이점이 있다.

① 후견의 유형: 정부개정안은 성년후견, 한정후견, 후원과 같이 후견의 유형을 3개의 범주로 다양화(일본의 성년후견제도와 유사)한 반면에, 의원개정안은 후견의 유형을 성년후견제도로 일원

116) 박은수 의원이 대표발의한 민법 일부개정법률안 외에도 신학용 의원이 2010. 6. 30. 대표발의한 민법 일부개정법률안(의안번호 8710호)과 임의후견에 관한 법률안(의안번호 8712호)도 있으나 박은수 의원의 민법 일부개정법률안과 유사하여 여기서는 따로 다루지 아니한다.

화(독일의 성년후견제도와 유사)하였다.

② 후견의 사유: 정부개정안은 후견의 사유로 '정신적 제약으로 인한 사무처리능력의 지속적 결여(성년후견)나 부족(한정후견) 또는 일시적 또는 특정한 사무에 대한 후원의 필요(후원)'를 요구하는 데 반하여, 의원개정안은 일원화하여 '정신적 장애 또는 신체적 장애로 인하여 자기 사무의 전부 또는 일부를 처리할 수 없을 것'을 요구하고 있다. 두 개정안의 차이점은 신체적 장애를 포함하는지 여부에 있으며, 신체적 장애의 경우 의원개정안은 그 사람의 동의를 요구하고 있다.

③ 후견의 기간: 정부개정안이 별도의 후견기간을 두지 않고 있는 데 반하여 의원개정안은 후견기간을 5년을 넘지 못하도록 하고 있다.

④ 후견인 결격사유: 정부개정안이 후견인 결격사유로 피후견인이 수용되거나 거주하고 있는 시설의 장이나 종속관계 등에 있는 자를 두고 있지 않으나, 의원개정안에는 위와 같은 시설의 장이나 종속관계 그 밖의 밀접한 관계를 있는 자를 후견인 결격사유로 두고 있다.

위 정부개정안과 의원개정안을 전체적으로 비교해 보면, 정부개정안은 일본의 성년후견제도를 많이 참조하였음을 알 수 있고(후견유형의 다원화, 신체적 장애의 제외, 후견기간의 무제한, 후견인 결격사유로 시설의 장 등을 두지 않음), 의원개정안은 독일의 성년후견제도(후견유형의 일원화, 신체적 장애의 포함, 후견기간의 제한, 후견인 결격사유로 시설의 장 등을 포함)를 많이 참조하였음을 알 수 있다.

다. 장애인단체 등의 장애성년후견법안

정부개정안과 의원개정안이 국회에 발의되기에 앞서 2009. 10. 27. 나경원 의원 등이 '장애성년후견법안(의안번호 6358호)'을 발의하였는데,[117] 그 법안의 마련에는 성년후견추진연대가 중요한 역할을 하였다.

성년후견추진연대는 2004년 장애인단체 및 노인단체를 중심으로 하여 설립되어 장애인과 노인을 위한 성년후견제도 도입방안을 정부에 요구해 왔고, 2008년에는 한국장애인부모회가 중심이 되어 연구진에 의뢰하여 '장애성년후견법안'을 마련한 후 이를 나경원 의원을 통해 의원입법의 형식으로 발의하였다.[118] 위 장애성년후견법안은 정부개정안이나 의원개정안과 다음과 같은 차이점이 있다.

① 후견의 대상을 장애로 인해 판단능력이 불완전한 성년장애인으로 하고, 그 심사는 성년후견심의위원회를 거쳐 법원이 결정하도록 함

② 국가 및 지방자치단체가 후견관청을 두어 후견업무에 대한 관리·감독 및 교육을 실시하도록 하며, 교육의 경우에는 필요한 경우 후견법인이나 장애인연합회 등의 단체에 위탁할 수 있도록 함

③ 후견기간 중 본인이 무자력이 될 경우 관할 지방자치단체가 보수를 지급함

117) 국회 의안정보시스템 홈페이지 참조(http://likms.assembly.go.kr/bill/jsp/BillDetail.jsp?bill_id=PRC_U0O9X1X0Y2L7C1V0Q3X7E5X4O8E0Z2)

118) 김인숙, "성년후견인제도의 입법동향", 법무사저널 2009년 3·4월호, 2009, 60면; 노석원, "장애성년후견법(안)제정 경과보고", 장애성년후견법제정 공청회 자료집, 2009, 1-3면.

④ 금치산(한정치산)제도는 존치한 채로 장애성년후견법의 규정이 민법상의 금치산(한정치산)규정에 우선하여 적용하도록 함

위 장애성년후견법안은 성년후견제도를 성년장애인에 대한 법적 지원서비스를 규율하는 체계로서 구성하고 있어 후견관청이 후견법인에 대한 감독과 후견인에 대한 교육기관으로 활동하도록 하고, 무자력자에 대하여 지방자치단체가 후견인 보수를 지원하는 것에 대한 근거규정도 두고 있다.

3. 성년후견제도의 도입

위와 같이 발의된 각 법안들(의원개정안, 정부개정안, 장애성년후견법안)은 2010. 12. 7. 법제사법위원회에 회부되어 위 각 법안들의 대안으로 법제사법위원장이 성년후견, 한정후견, 특정후견 및 후견계약제도를 도입하는 민법 일부개정법률안(의안번호 10526호)을 제안하였고, 위 법률안이 2011. 2. 18. 원안대로 가결되어 2011. 3. 7. 공포되었고, 2013. 7. 1. 시행되었다.

위 법의 제정과 더불어 관련 법제도의 개선을 위해 1) 폐지되는 금치산(한정치산)제도와 관련해 자격사(의료인, 약사, 수의사 등) 관련 다수의 법령에 자격취득제한자로 되어 있는 금치산자의 명칭 삭제, 2) 후견인의 권한을 보장할 수 있도록 의료관련 법령 및 사회복지관련 법령의 신청권자 등의 내용 개정, 3) 후견인 양성 및 감독을 위한 법령 제정준비 작업 등이 법무부, 보건복지부, 법원 등 국가기관을 중심으로 이루어지고 있다.

한편 성년후견제도의 도입과 함께 각 전문직 단체들(변호사단체, 법

무사단체, 사회복지사단체 등)도 전문직 후견인 후보자 교육과 양성을 위한 프로그램을 마련하는 한편, 각 지역의 사회복지법인 등에서도 후견센터나 후견인교육프로그램을 마련하여 공공 봉사목적의 시민 후견인 양성을 위한 준비를 하고 있다.

제4절 개정민법상의 성년후견제도

Ⅰ. 성년후견제도의 도입으로 인한 변화

1. 금치산제도와의 차이점

성년후견제도와 금치산제도의 가장 큰 차이점 중 하나는 후견인의 자격과 선임방식에 있다. 금치산제도는 법원의 금치산선고가 있는 때에는 후견인을 두어야 하며, 후견인의 순위는 친족들 중 배우자, 직계혈족, 3촌 이내 방계혈족의 순으로 법정되어 있었다(개정 전 민법 제933조 및 제934조). 위와 같은 혈족이 없는 경우에 법원이 피후견인의 친족 기타 이해관계인의 청구에 의해 친족 관계가 없는 자를 선임할 수 있었고(개정 전 민법 제936조), 법원이 후견인 변경의 필요가 있다고 인정하는 경우 피후견인이나 검사의 청구 또는 직권으로 후견인을 변경할 수 있는데, 이때에는 위와 같이 법정된 순위와 관계없이 친족이나 적합한 자를 후견인으로 변경할 수 있었다(개정 전 민법 제940조).

이와 달리 개정민법상 성년후견제도는 기존의 금치산후견인의 순위에 관한 현행 민법 제933조부터 제935조까지를 삭제하고, 가정법원이 직권으로 성년후견인(한정후견인, 특정후견인 포함)을 선임하도록 하였으며, 이러한 후견인은 가족관계나 일정한 자격을 요구하지 않고 있어 결격사유[119]만 없다면 누구든지 법원이 후견인으로서 선임이 가능하다(개정 민법 제936조). 이러한 개정은 다음과 같은 변화를 가져온다.

2. 후견인의 제3자화가 가져오는 변화

기존의 금치산제도에서는 법정후견인 규정에 의해 금치산선고시 법률규정에 의해 자동적으로 배우자, 직계혈족 등의 가족이 후견인이 될 수밖에 없었다. 가까운 친족이 없거나 해임되는 특별한 예외적 사정이 있는 경우를 제외하고는 금치산제도에서는 가족후견인이 일반적이었다. 그러나 성년후견제도에서는 가족후견인 외에도 다양한 후견인이 선임될 수 있다. 외국의 경우에도 가족후견인 외에 전문직후견인(변호사, 법무사, 사회복지사, 세무사 등)이 선임되거나 시민후견인, 공공후견인, 직업후견인 등 다양한 유형의 후견인이 피후견인의 상황에 따라 선임되고 있다.

이러한 제3자 후견인제도의 도입이유는 가족 내 정신적 능력이 부족한 요보호자에 대해서 다른 가족들의 부양이나 법률적 지원에 한계가 있고, 한편 요보호자와 가족 사이의 관계는 재산문제나 부양문제로 인해 비우호적인 경우도 적지 않기 때문에 요보호자에 대해 가족

---

119) 개정민법 제937조는 후견인의 결격사유로 1. 미성년자, 2. 피성년후견인, 피한정후견인, 피특정후견인, 피임의후견인, 3. 회생절차개시결정 또는 파산선고를 받은 자, 4. 자격정지 이상의 형의 선고를 받고 그 형기 중에 있는 사람, 5. 법원에서 해임된 법정대리인, 6. 법원에서 해임된 성년후견인, 한정후견인, 특정후견인, 임의후견인과 그 감독인, 7. 행방이 불분명한 사람, 9. 피후견인을 상대로 소송을 하였거나 하고 있는 자 또는 그 배우자와 직계혈족을 규정하고 있다.

이 아닌 독립한 제3자가 그를 보호하고, 대신 결정할 수 있는 권한을 부여할 필요성도 높아졌기 때문이다.

또한 개정민법에서는 한 명의 피성년후견인에 대해 성년후견인을 여러 명으로 하거나 법인을 성년후견인으로 선임할 수 있도록 하였는데, 그 이유는 성년후견업무의 전문성과 효율성을 염두에 두고, 장기적인 프로그램과 활동계획하에서 후견업무를 맡길 수 있도록 하기 위한 것이다.

이와 더불어 후견인이 제3자화하면서 과거 금치산제도하에서는 거의 논의되지 않았던 후견인의 자격과 보수문제가 대두될 수밖에 없다. 과거 금치산제도하에서의 후견인이 친족관계라는 일정한 조건을 갖출 것을 요구한 데 반하여 성년후견제도는 그러한 친족관계 없이도 누구나 후견인이 되는 것이 가능하기 때문에, 후견인이 되기 위한 일정한 자질(자격)이나 검증을 필요로 하게 된다. 개정 민법은 그러나 후견인의 자격과 관련해 결격사유만 없으면 누구든지 후견인이 될 수 있기 때문에 현재로서는 가정법원이 후견인의 자격과 자질을 검증하여 선임하는 역할을 할 수밖에 없다.

보수지급 문제와 관련해서도 금치산제도하에서의 후견인의 경우에는 과거부터 통상 친족관계가 있어왔기 때문에 보수지급 문제가 거의 논의되지 않았다.[120] 이에 반하여 현행 성년후견제도하에서 제3자 후견인의 경우에는 친족관계에서 무보수의 봉사를 행하는 것이 아니

---

120) 개정 전 민법과 개정민법 모두 제955조(후견인에 대한 보수)에서 "법원은 후견인의 청구에 의하여 피후견인의 재산상태 기타 사정을 참작하여 피후견인의 재산 중에서 상당한 보수를 후견인에게 수여할 수 있다"고 규정하고 있고, 개정민법은 추가로 제955조의 2(지출금액의 예정과 사무비용)를 신설하여 후견인이 후견사무를 수행하는 데 필요한 비용은 피후견인의 재산 중에서 지출하도록 규정하였다.

라 법원의 선임에 의해 법률적 서비스를 자신의 시간과 노력을 들여 행하는 것이 되어 후견인 보수와 후견사무비용을 어느 수준에서 어떤 방식으로 확보하여 지급할 것인가라는 문제도 대두된다.

3. 법원의 후견인 선임 및 감독권한 확대

금치산제도하에서의 법원의 후견인에 대한 선임 및 감독 역할은 소극적인 것이었다. 먼저, 후견인 선임은 법정되어 있기 때문에 법원이 이에 개입할 수 없었고, 예외적으로 법정의 친족이 없거나 후견인 변경사유가 있을 경우에만 법원이 개입하였다. 다음으로, 후견인 감독과 관련해서도 친족회라는 후견인 감독기관이 있었기 때문에 법원은 친족회 소집 등에만 형식적으로 관여할 뿐 실질적인 감독권한은 친족회에 있었다. 실제 법원 실무례에서도 금치산재판은 금치산선고라는 1회적 심판만으로 사실상 종국되고, 그 이후 관리감독은 법원의 일이 아니었다.

이에 반하여 성년후견제도는 법원의 지속적 관리감독을 요구한다. 그 이유는 다음과 같다.

① 금치산제도에 있어 후견인 감독기관인 친족회가 폐지되면서, 법원은 성년후견인에 대한 원칙적인 관리감독기관이 되었다. 후견감독기관인 후견감독인의 선임은 법원의 재량에 따라 그 필요 여부가 정해지며, 후견감독인 선임이 없다면 원칙적으로 법원이 후견인에 대한 관리감독기관의 역할을 하게 된다.

② 성년후견(한정후견, 특정후견)심판을 할 때 법원은 과거와 같이 단순히 금치산, 한정치산의 선고라는 획일화된 심판을 하는 것이

아니라 취소할 수 없는 피성년후견인의 법률행위의 범위(성년후견), 피한정후견인이 한정후견인의 동의를 받아야 하는 행위의 범위(한정후견), 특정후견의 기간 또는 사무의 범위(특정후견)를 정해주어야 한다. 이는 결국 피후견인의 정신적 능력, 재산 등에 대한 사전 평가가 필요하고, 심판 이후에도 변동 가능성이 있는 것들이어서 지속적인 범위변경 심판이 요구될 수 있다.

③ 금치산제도와 비교해 볼 때 성년후견심판 이후 허가 등 법원의 심사를 요구하는 후견인의 행위가 많아졌다. 개정민법은 개정 전 민법과 같이 정신병원 입원 등에 대해 가정법원의 허가를 얻도록 하는 것 외에도 피성년후견인에 대한 위험한 의료행위, 피성년후견인 거주부동산의 처분 등에 대해서도 가정법원의 허가를 받도록 규정하고 있다.

④ 금치산제도하에서는 후견인의 선임이 법률규정에 따른 친족들이어서 이와 관련된 재산분쟁이나 부양관련 분쟁이 있다고 하더라도 그것은 가족 내부의 불화문제로 치부될 수 있었다. 그러나 성년후견제도하에서는 후견인의 선임은 법원이 직권으로 결정한다. 이는 후견인과 피후견인 사이에 법적 분쟁(후견인의 재산횡령, 피후견인 강제입원, 피후견인 신상배려의무 방치)이 있을 경우 후견인의 비위행위에 대해 관리감독기관인 법원이 감독을 소홀히 하였다거나 자질 없는 후견인을 검증 없이 신임하였다는 비난을 받을 수 있는 근거가 된다. 따라서 후견인 선임과 감독에 대한 법원의 지속적 역할이 필요하게 된다

II. 새로운 후견제도의 법원리

새로운 후견제도는 기존의 금치산(한정치산)자에 대한 후견제도와 다른 법원칙을 지향하고 있기 때문에 후견제도에 대한 인식의 전환을 요구한다. 기존의 금치산제도의 본질이 가족제도라면 새로운 후견제도는 복지제도로서 역할을 하고, 제도의 규율방식도 금치산제도는 능력의 박탈(제한)을 전제로 하지만, 새로운 후견제도는 능력의 지원에 중점을 두며, 법원의 역할이 금치산제도하에서는 능력박탈의 선언이라는 사법적 역할에 머물렀지만, 새로운 후견제도는 후견인 선임과 감독에 중점을 둔 법원의 행정적 기능이 중요해지게 된다.[121] 이하에서는 새로운 후견제도의 내용을 각 주체별(피후견인, 국가, 후견인)로 나누어 1) 피후견인의 자기결정권 보장, 2) 사법복지제도로서 국가의 후견적 역할, 3) 권리옹호기관으로서의 후견인의 역할을 살펴본다.

1. 피후견인의 자기결정권 보장

피후견인에 대한 보호는 후견인이나 국가의 일방적 조치에 의한 개입이 이루어질 경우 그의 자율성이나 권리가 침해될 위험이 있다. 특히 의사결정능력이 부족하거나 없다는 이유로 피후견인의 의사를 무시하거나 고려하지 않는다면 피후견인은 대상화되고 사물화된다. 이러한 상황은 치매고령자・발달장애인의 시설입소 방식이나 정신질환자의 강제입원 방식에서 그 폐해를 확인할 수 있다.

피후견인의 자기결정권 보장은 성년후견제도의 중요한 법이념이기

---

121) 서울시립대학교 산학협력단(신권철 집필부분), 앞의 보고서, 28면.

는 하지만 피후견은 정신적 능력의 부족이나 결함으로 인하여 자기결정권의 전제가 되는 의사결정능력이 없거나 부족한 경우가 많다. 이러한 상황에서 자기결정권의 보장이라는 법원리는 공허해지거나 무력해질 수 있다. 따라서 의사결정능력이 부족한 사람의 자기결정권 보장의 구체적 내용이 무엇인지 살펴볼 필요가 있다. 피후견인의 자기결정권 보장의 내용은 시기별로 1) 후견심판절차에서 자기결정권 보장, 2) 후견개시 이후의 자기결정권 보장으로 나누어 살펴본다.

가. 후견심판절차에서 자기결정권 보장

① 절차능력의 보장

기존의 금치산제도는 앞에서 본 바와 같이 후견심판절차에서 금치산 대상자를 소외시켰다. 그 이유 중에 하나는 그들이 심판절차를 수행할 능력이 없을 것이라는 전제가 있기 때문이었다. 즉, 의사결정능력이 없는 사람은 심판절차를 수행할 능력도 없다고 전제하기 때문이다. 기존의 금치산제도가 금치산 대상자를 절차의 주체가 아닌 절차의 대상으로 보았던 이유도 위와 같은 문제를 고려했던 것이다.

새로운 후견제도하에서는 이러한 문제를 극복하기 위해 후견심판절차에서는 피후견인의 절차능력을 모두 인정해 줄 필요가 있다. 2013. 4. 5. 개정된 가사소송법에 따르더라도 후견(성년후견, 한정후견, 특정후견)심판은 기존의 금치산사건과 같은 라류(類) 가사비송사건으로 사건본인(후견대상자)은 심판절차에서 청구인의 반대당사자인 상대방도 아니고, 이해관계인(이해관계인은 가사소송법 제37조에 의해 재판장 허가를 받아 절차에 참가할 수 있다)도 아니다. 그의 절차에서의 지위는 절차 바깥의 이해관계인도 아니고, 절차 내부의 당사자도 아닌 것이어서 모호하다.

이러한 이유는 통상 라류 가사비송사건에서의 사건본인은 미성년자(친권 및 양육관련 사건), 피상속인(상속관련 사건), 부재자(부재자 재산관리인 사건)와 같이 스스로 결정할 능력이 없거나(미성년자) 이미 죽거나(피상속인) 없는 사람(부재자)이어서 절차에 참여시킬 수 없거나 그 필요가 적었기 때문이다. 금치산 대상자나 한정치산 대상자도 그와 같은 법적 상황(절차능력이 부족하므로 절차에서 배제되는 상황)에 처하게 되면서 절차 주체로서의 지위를 인정받지 못하게 된 것인데, 새로운 성년후견심판절차도 여전히 피후견인의 절차 주체로서의 지위를 확보하지는 못하고 있다.

다만 개정 전 가사소송법이 라류 가사비송사건의 심판은 사건관계인을 심문하지 아니하고 할 수 있던 것에 반해 2013. 4. 5. 개정된 가사소송법은 사건본인의 절차참여권을 확대하여 1) 성년후견 개시 또는 한정후견 개시 심판에 있어 사건본인의 정신상태에 대한 의사감정의 원칙적 필요,[122] 2) 각 후견개시 심판 및 각 후견인 및 후견감독인 선임 심판에 있어 원칙적인 사건본인의 진술청취 의무(가정법원의 직접 심문의무)를 두고 있다.[123]

② 절차보좌인의 조력

피후견인이 될 사람(사건본인)은 후견심판을 청구한 청구인 또는 청구인이 선임을 희망하는 후견인과 이해관계가 일치하지 않고, 오히려 대립될 수도 있다. 그러나 사건본인은 절차에 참여할 능력도 부족하고, 절차에 참여하더라도 법원에 적절한 의사표시를 하기 어렵다. 따라서 절차진행과 의사결정을 돕기 위한 보조자가 필요하다. 독일에서

122) 2013. 4. 5. 개정 가사소송법 제45조의2.
123) 2013. 4. 5. 개정 가사소송법 제45조의3.

는 이를 절차보좌인이라 하여 주로 국가가 자신의 비용으로 변호사를 절차보좌인으로 선임해 지원해 주고 있다.

우리나라에서는 최근 사회적 보호가 필요한 성범죄 피해아동·청소년 등을 위하여 검사가 피해자의 국선변호인(법률 조력인)으로 변호사를 선임해 주고, 국가가 그 조력업무에 대해 보수를 지급해 주는 제도를 마련하였다(아동·청소년의 성보호에 관한 법률 제18조의 6). 위 제도의 취지는 범죄피해아동 및 청소년에게 수사 및 재판절차에서 법률 조력자인 변호사를 국가가 무료로 선임하는 것이어서 범죄피해아동 및 청소년의 인권침해 소지를 적게 하여 절차적 보호를 강화하기 위한 제도로 평가될 수 있다.

성년후견심판절차에서 후견대상자(사건본인)도 절차적 보호를 받기 위해서는 절차 내에서의 법률적 조력자가 필요하고, 이는 심판청구를 한 청구인을 위한 것이 아니라 후견의 효과를 받게 되는 사건본인을 위한 것이어야 한다. 그러한 절차 내에서의 법률적 조력자(변호사)를 국가가 무료로 선임해 주어야 할 이유는 1) 청구인은 사건본인과 이해관계가 대립되어 있을 가능성이 높고, 2) 사건본인은 재판을 스스로 이해하거나 판단할 만한 능력이 없는 경우가 많아 사건본인의 진정한 의사와 상황을 심판과정에서 제대로 전달해 줄 수 있는 사람이 필요하고, 3) 사건본인의 경우 정신적 능력뿐 아니라 경제적 능력도 없는 경우가 대부분이어서 스스로 변호사를 선임할 수 없기 때문이기도 하다.

한편, 개정 가사소송법은 민사소송법상 소송구조(訴訟救助)와 유사하게 가사비송사건에 있어서도 절차구조가 가능하도록 하는 규정을 신설하고 있다.[124] 이러한 절차구조(節次救助) 규정을 신설한 이유는

124) 개정 가사소송법 제37조의2(절차의 구조) ① 가정법원은 가사비송사건의 절차에

가사소송법은 가사비송사건절차에 대해 비송사건절차법 제1편을 준용하고 있고(가사소송법 제34조), 비송사건절차법 제1편에는 소송구조에 관한 규정이 없어 라류 가사비송사건인 성년후견심판사건도 변호사 보수나 정신감정비용 등에 대한 소송구조가 불가능할 수밖에 없는 상황에 있기 때문이다. 2009년 대법원 판례[125] 또한 비송사건절차법은 민사소송법의 개별 규정을 준용하고 있으나 소송구조에 관한 규정은 준용하지 않고 있다는 이유로 비송사건절차법이 적용 또는 준용되는 비송사건은 소송구조의 대상이 되지 않는다고 하였다. 이러한 판례와 개정 전 가사소송법 규정에 따르면 성년후견심판은 소송구조의 대상이 될 수 없는 상황인 점을 감안해 성년후견심판의 활성화와 사회취약계층이라 볼 수 있는 장애인·노인 가족의 후견제도 접근을 높이기 위해 개정 가사소송법은 절차구조 조항을 신설하였다.

위 절차구조 조항의 신설은 가사비송사건인 성년후견심판의 청구인이 사용할 수 있는 유용한 절차비용 감면제도라 할 것이지만, 문제는 실제 의사결정능력도 없이 후견심판을 통해 자신의 재산과 신상에 대한 권리를 제약당해야 하는 사건본인(후견대상자)의 자기결정권과 절차적 보호에는 큰 도움이 되지 않는다는 점을 고려해 보면, 앞서 본 사건본인을 위한 절차보좌인 제도 등을 마련할 필요가 있다.

소요되는 비용을 지출할 자금능력이 없거나 그 비용을 지출하면 생활에 현저한 지장이 있는 사람에 대하여 그 사람의 신청에 따라 또는 직권으로 절차구조(節次救助)를 할 수 있다. 다만, 신청인이 부당한 목적으로 심판청구를 하는 것이 명백한 경우에는 그러하지 아니하다.

② 제1항의 절차구조에 관하여는 「민사소송법」 제128조제2항부터 제4항까지, 제129조부터 제133조까지를 준용한다. 다만, 「민사소송법」 제132조 및 제133조 단서는 마류 가사비송사건에 한정하여 준용한다.

125) 대법원 2009. 9. 10. 자 2009스89 결정【소송구조】.

③ 사건본인(후견대상자)에 대한 고지 및 이의제기권

성년후견심판의 사건본인(후견대상자)이 심판절차에서 자기결정권을 확보하기 위해서는 그에게 후견개시 또는 후견인과 관련한 의견을 묻는 것 외에도 1) 후견의 절차나 효과에 대한 설명을 받을 권리, 2) 심문기일 등에 참석할 수 있도록 하는 통지, 심판절차에서 증거나 증인을 신청하고, 신뢰관계 있는 제3자의 동석을 요구할 수 있는 권리, 3) 후견개시 결정이나 후견인 선임결정에 대해 불복할 수 있는 권리가 보장되어야 한다.

개정 가사소송규칙(안) 제36조는 후견심판에 대해 사건본인(피후견인) 또한 즉시항고를 할 수 있도록 규정하고 있으나,[126] 그 밖에 사건본인의 절차참여권으로서 증거나 증인의 신청, 심문기일 등에 대해

---

126) 개정 가사소송규칙(안) 제36조(즉시항고) ① 법 제2조제1항제2호가목에 정한 심판사항 중 다음의 각 호 각 목에서 정하는 심판에 대하여는 해당 각 호 각 목에서 정하는 자가 즉시항고를 할 수 있다.

1. 성년후견에 관한 심판
   - 가. 성년후견의 개시 심판 : 「민법」 제9조 제1항에 규정한 자 및 「민법」 제959조의20 제1항의 임의후견인, 임의후견감독인
   - 나. 성년후견인・성년후견감독인의 변경 심판 : 변경 대상 성년후견인・성년후견감독인
   - 다. 피성년후견인의 격리에 대한 허가, 피성년후견인에 대한 의료행위의 동의에 대한 허가 및 피성년후견인이 거주하는 건물 또는 그 대지에 대한 매도 등에 대한 허가 심판 : 피성년후견인, 친족, 성년후견인, 성년후견감독인, 검사, 지방자치단체의 장
2. 한정후견에 관한 심판
   - 가. 한정후견의 개시 심판 : 「민법」 제12조 제1항에 규정한 자 및 「민법」 제959조의20 제1항의 임의후견인, 임의후견감독인
   - 나. 한정후견인・한정후견감독인의 변경 심판 : 변경 대상 한정후견인・한정후견감독인
   - 다. 피한정후견인의 격리에 대한 허가, 피한정후견인에 대한 의료행위의 동의에 대한 허가 및 피한정후견인이 거주하는 건물 또는 그 대지에 대한 매도 등에 대한 허가 심판 : 피한정후견인, 친족, 한정후견인, 한정후견감독인, 검사, 지방자치단체의 장… 이하 생략

고지받을 권리는 따로 규정되어 있지 않다.

나. 후견개시 이후의 피후견인 자기결정권 보장

후견심판절차에서 사건본인(후견대상자)의 자기결정권 보장은 후견개시 이후에도 계속되어야 한다. 그렇다면 피후견인이 된 사람의 자기결정권은 어떻게 보장될 수 있는가? 이미 법적인 의사결정능력이 제한된 피후견인 입장에서는 후견인이 피후견인의 자기결정권을 보장해 주는 역할을 할 수도 있지만, 그 반대로 자기결정권을 침해하는 역할을 할 수도 있기 때문에 후견개시 이후의 자기결정권은 제도적 장치를 통해서 보장이 이루어져야 한다.

예를 들면, 한 명의 후견인에게 너무 장기간의 후견권을 보장해 주지 말고서 피후견인에게 주기적으로 후견인의 선택에 대한 의사를 확인하는 것과 같이 후견인과 피후견인의 관계에서 피후견인에게 대등한 관계를 확보할 수 있도록 하는 제도적 장치를 마련해 주는 것이 필요하다. 그러한 방법으로는 1) 매년 법원 등에 제출해야 하는 재산 및 신상에 대한 보고서에 추가하여 피후견인에게 현재의 후견인에 대한 지속여부를 기재하도록 하거나 그러한 능력이 없는 후견인에 대해서는 후견감독인이나 가족에게 그 의견을 묻는 방법, 2) 후견기간을 독일 등과 같이 일정한 기간(5년 내지 7년)으로 한정하여 후견인의 재선임 여부를 묻는 방법 등도 생각해 볼 수 있다.

2. 국가의 후견적 역할

성년후견제도에서 국가(법원)는 사실상 피후견인에 대한 최종적이면서 근본적인 후견인이다. 법원에 의해 선임된 후견인은 사실상 국가의 수족과 같은 존재이고, 국가는 후견제도를 통해 결국 최후의 가장으로서의 역할을 하게 되는 것이다.

금치산제도와 달리 새로운 성년후견제도가 가지는 특징은 국가의 후견적 개입의 강화에 있다. 국가의 후견적 개입의 강화의 예로는 1) 후견인을 감독하는 기관으로 친족회를 두지 않고, 법원이 스스로 감독기관이 되거나 친족이 아닌 후견감독인을 두는 것, 2) 후견인이 일정한 친족의 지위에서 당연히 될 수 있는 것이 아니라 국가기관인 법원의 재량적 선임을 통해 지정되는 것, 3) 후견인의 권한 범위 등이 법원의 결정을 통해 축소되거나 확대될 수 있는 것, 4) 무자력한 사람들을 위한 후견절차에 대한 소송구소 등을 확대하는 것 등을 들 수 있다.

위와 같은 후견심판절차와 후견권한과 관련된 내용 외에도 후견인의 교육과 양성, 감독의 문제, 후견인 보수 지급의 문제 등에 있어서도 과거 가족 내에서 해결했던 것과 다르게 국가의 규율체계 내로 편입해 들어오고 있다. 아직 가시화된 것은 아니지만 법무부나 보건복지부 등 행정부처에서 성년후견인 교육, 양성 및 관리감독, 보수지급을 위한 예산확보에 노력하는 이유도 새로운 성년후견제도가 국가적 개입의 필요성이 많은 제도임을 보여주고 있는 것이기도 하다.

성년후견제도에 있어 국가개입의 내용은 1) 정신장애인의 법적 의사결정능력 지원을 위한 좋은 후견인의 양성과 선임 및 감독(인적 자원의 양성), 2) 성년후견제도 이용비용을 낮추기 위한 후견심판절차 비용 및 후견인 보수의 국고지원(물적 비용의 지원), 3) 법원을 중심으로 한 성년후견 시스템과 관련단체의 연계(인적, 물적 자원의 네트워킹)에 있다.

3. 권리옹호기관으로서의 후견인의 역할

후견인은 피후견인의 재산관리를 대리할 권한이 있고, 신상보호에 대한 권한도 가지고 있다. 이는 피후견인의 신체와 재산에 대한 사실상의 처분권한을 내포하는 것이다. 피후견인의 주거(자택, 시설, 그룹홈, 병원 등)를 결정하고, 의료행위에 대한 결정도 하며, 피후견인의 재산을 팔거나, 사는 것까지도 가능하다. 물론 일정한 행위들에 대해서는 법원의 허가가 필요하지만 위와 같은 행위를 최초로 할지 말지를 결정할 권한은 후견인에게 있는 것이다.

후견인이 없는 상태가 피후견인에게 더 좋을지, 후견인이 있는 상태가 피후견인에게 더 좋을지 알 수 없는 이유는 이러한 권한이 가지는 남용의 위험성 때문이다. 예를 들면, 부모가 있는 것이 미성년자를 위해서 통상적으로는 좋지만, 미성년자를 학대하거나 미성년자의 재산을 낭비하는 부모는 예외적이지만 있기 마련이다. 이와 같이 정신장애인을 학대 또는 방치하거나 정신장애인의 재산을 낭비하는 가족은 예외적이기는 하지만 있기 마련이고, 이런 경우 후견인이 선임되어 가족의 피후견인 권리침해행위들을 막고, 피후견인의 신체와 재산을 가족과 제3자로부터 보호하는 역할을 할 수 있다. 이는 권리옹호기관으로서 후견인의 모습을 상정한 것이다.

그러나 기존 금치산제도하에서 후견인으로 선임되고자 하는 이유는 피후견인이 소유한 재산의 처분(피후견인이 상속한 재산의 분할협의 등도 포함)을 위한 목적이 대부분이었다. 부모, 배우자, 또는 성년자녀가 재산을 둔 채로 치매, 정신질환, 발달장애, 사고로 인한 의식불명으로 재산을 관리할 능력이 없어진 경우 그 재산을 다른 가족이 합법적으로 관리 또는 처분할 수 있는 방법은 금치산선고를 통한 후견제도밖에 없었다. 따라서 금치산제도하에서의 가족 후견인에게서 권리옹호기관으로서의 역할을 기대하기는 어려웠다. 즉, 금치산제도하에서의 후견인은 피후견인이 소유한 가산(家産)의 관리가 주 임무이지, 피후견인의 신상(身上)을 보호하기 위한 임무는 부차적이었다. 또한 현재까지 병원 입원이나 시설 입소 등 정신장애인의 신상에 대한 결정은 법적으로는 근거가 없지만 다른 가족들의 일방적 의사로도 가능한 상황이어서 신상보호를 이유로 한 후견심판 청구는 많지 않은 편이다.

새로운 성년후견제도에서 후견인의 역할, 특히 가족과 독립되어 있는 제3자 후견인(전문직 후견인, 시민후견인 등)의 역할 중 하나는 피후견인의 재산과 신상을 가족이나 제3자로부터 보호하는 것이다. 이러한 후견인의 역할이 의미하는 것은 국가로부터 선임된 후견인이 피후견인의 가족관계나 사회관계에 적극적 보호목적으로 개입할 권한이 부여됨을 의미하며, 후견인 역할의 내용에 있어서도 후견인의 임무가 소극적 재산관리에 중점을 둔 것이 아니라 적극적 신상보호로 전환됨을 의미한다. 특히 뒤에서 다시 보겠지만 장애인, 노인에 대한 인권침해는 시설에서뿐만 아니라 가족 내에서도 더 빈번하게 발생하기 때문에 제3자 후견인의 경우 피후견인의 신상보호자로서의 역할, 권리옹호기관으로서의 역할이 더욱 중요하다.

제3장 성년후견제도와 사회복지제도의 연계

제1절 성년후견제도와 사회복지제도의 연계가능성
제2절 성년후견제도에서 사회복지서비스 수요
제3절 성년후견제도의 사법복지제도화
제4절 사회복지제도에서 후견인의 권한과 역할
제5절 성년후견인의 양성과 감독

제 3 장 성년후견제도와 사회복지제도의 연계

제1절 성년후견제도와 사회복지제도의 연계가능성

이하의 제1절에서는 본 글의 핵심적 주제인 성년후견제도와 사회복지제도의 연계가능성을 검토해 보고자 한다. 제도 간 연계가 가능하기 위해서는 그 제도의 기원이 무엇인지, 가족과 국가가 제도에서 어떤 역할을 해 왔는지를 먼저 확인할 필요가 있다. 다음으로 양 제도 간의 현실적 연계의 가능성이 있는지, 연계를 시도할 경우 어떤 장점이 있으며, 연계가 가져올 문제점이 무엇인지 개괄적으로 살펴볼 필요성이 있다. 이하에서 차례로 보기로 한다.

Ⅰ. 제도의 기원

앞서 본 바와 같이 성년후견제도는 역사적으로 가족(친족) 내 가산(家産)의 유지보존이 그 주된 목적이고, 피후견인은 대체로 정신장애인이며, 후견인은 그 가속이 주로 담당해 왔음을 알 수 있다. 그러나 성년후견제도가 한편으로는 피후견인의 신상(의식주 등의 생활)을 돌보는 역할과 권한도 후견인에게 함께 부여하였다. 여기서 우리는 성년후견제도가 사회적으로 취약한 개인에 대한 복지제도로서의 기능을 가질 수 있음을 알 수 있다.

사회복지제도는 주로 빈곤계층에 대한 국가의 구빈사업에서부터 역사적 기원을 찾는 것이 일반적이다. 그것은 역사적으로 가족의 구성원들이 가족 내 다른 구성원의 생활을 책임지지 못할 때 비로소 국가가 나서는 형태를 띠고 있으며, 주로 범죄와 빈곤을 막기 위한 국가의 책임에서 비롯된 것이다.[1)]

사회복지제도의 기원을 시혜적인 형태의 국가의 빈민구호에서 비롯된 것이라고 보더라도 그러한 국가개입의 근거는 두 가지로 볼 수 있는데, 하나가 경찰권능에 근거한 치안위험의 예방(사회적 안전의 보호)이고, 다른 하나가 국친권능에 근거한 취약계층에 대한 사회적 보호(취약한 개인의 보호)이다.

성년후견이 출현하는 지점은 역사적으로 볼 때 가족관계 내에서 재산과 신상을 중심으로 이루어지는 생활관계의 규율이지만, 빈민구호가 출현하는 지점은 가족공동체 내에서 신상에 대한 보호가 이루어지지 못하는 그 지점에서 국가가 가족공동체를 대신하여 보호가 필요한 자들의 생계를 유지시키는 역할을 하였다고 볼 수 있다. 즉 가족을 통한 보호가 끝나는 지점에서 국가의 빈민구호가 시작되는 것이다.

---

1) 영국(잉글랜드) 정부가 구빈(Relief Of Poverty)의 책임을 부담하는 첫 번째 법령(Statute)은 1536년에 제정되어 3세기 동안 지속되었다. (Peter Townsend, "Building Decent Societies : Rethinking The Role Of Social Security In Development", Three Models Of Social Security In The History Of The Industrialized Countries, Palgrave Macmillan, 2009, 177면).

국가의 국민에 대한 생계보호와 성년후견이 무슨 연관이 있을 것인가라는 질문에 대해 빈곤의 원인이 무엇일지 먼저 고찰해 볼 필요가 있다. 20세기 이후 많은 연구들에서 빈곤의 원인이 적어도 90% 이상이 도덕의식의 부재와는 무관한 유년기에서 부모의 방치, 질병과 정신질환, 실업 등에 기인하는 점[2]에 비추어 볼 때, 정신적 능력의 부족이나 결함으로 인해 국가가 후견인을 붙여주는 성년후견제도는 피후견인의 복지와 연관이 있다. 특히 이는 가족이나 사회가 질병이나 장애로 인해 위험에 처한 구성원들을 보호할 수 없을 경우에 국가가 나서서 그 보호에 대한 책임을 져야 하는 복지제도의 한 내용으로 성년후견제도가 포섭될 수 있음을 보여주는 것이기도 하다.

II. 가족과 국가의 역할 변화

가족과 사회, 국가는 한 개인을 둘러싼 공동체의 범주들로서 각 공동체들은 개인의 삶에 영향을 미친다.

그리스·로마시대의 가족은 씨족 등 혈연공동체 내에서 그 생활을 유지해 왔기 때문에 그 부양의 책임도 가족(씨족)과 가산(家産)을 중심으로 이루어졌고, 그러한 가족과 가산에 의한 부양이 어려울 경우 교회나 지역공동체가 빈민에 대한 구제나 자선사업을 통해 해결하였다. 이 무렵의 국가는 아직 취약한 개별 시민들이나 빈힐지역에 대한 국가적 부양을 실행할 만한 정치적, 재정적 능력을 가지지 못하였다. 이에 더하여 취약계층 등의 빈곤에 대해서 게으름·방종·음주 등 개인적 책임을 강조하는 경향이 있어 앞서 본 바와 같이 플라톤은 빈

2) 프랑수아-자비에 메랭, 복지국가, 심창학·강봉화 역, 한길사, 2000, 35면.

민들의 보호보다 추방을 정책적 조치로 제안하기도 하였다.

중세시대를 지탱하게 해 준 제도인 장원제도와 교회제도는 사회복지에 있어서도 가족과 국가를 대신해 일정한 역할을 하였다. 장원제도는 봉건영주의 토지에 속박된 농민들이 영주를 위해 토지에서 노동을 제공하는 대신 영주는 농민들에게 제3자로부터의 보호와 생활을 유지할 수 있도록 해 주며, 그 관계 내에서 상호간에 부양과 협조가 가능할 수 있도록 하였다.[3] 교회제도 내에서는 중세 봉건지배체제의 정당성을 합리화하는 교리들을 내세우는 한편 수도원 등에서 자선사업의 일환으로 빈민구제를 위한 수용보호시설을 운영하기도 하였다. 한편으로는 중세시대 부랑자나 거지에 대한 태도는 여전히 추방과 같은 억압적인 것들이었다. 예컨대, 구빈법 제정 이전에 영국에서는 가난한 사람들과 관련된 법의 목적은 부랑자나 거리를 떠도는 거지들에 대해 직접적으로 형벌을 부과(3일 낮, 밤을 형벌기구에 매달아 두는 벌)하는 억압적인 것이었고,[4] 도시의 성문 앞에서는 거지와 부랑자들의 출입을 막기 위해 활을 쏘는 궁수를 배치하기도 하였다.

근대로 넘어오면서 산업혁명은 가족과 국가의 역할을 크게 변화시켰다. 산업화, 기술발전, 도시화는 가족이나 지역사회가 가지고 있던 기존의 운영방식을 크게 변화시키거나 해체시켰고, 기존의 집단(가족이나 지역사회)에서 해체된 역할들(의료와 생활보호)을 국가가 대신 스스

3) 예컨대, 피터 타운젠트에 따르면 "영국의 봉건제도 하에서는 시골 지역사회 내 구성원의 삶은 관습, 종교적 의식, 경제적 필요에 의해 복잡하게 얽혀 있는데, 이 세 가지는 지배엘리트들의 통치를 가능하게 하는 관계형성의 3가지 시스템(Tripartite System)으로 1) 영주 소유토지는 삶의 중심적 근거지를 제공하고, 2) 농민들은 영주 소유토지에서 농사를 지으며, 3) 영주들은 지역의 봉토 바깥에 있는 사람들과 이리저리 떠도는 빈자들로부터 재산과 부를 지켜주고, 땔감과 담요를 베풀어 주어야 하는 가부장적 의무를 이행했다"고 한다(Peter Townsend, 앞의 논문, 177면).

4) Peter Townsend, 앞의 논문, 177면.

로 만들어 내야 했다.[5)] 이러한 상황은 기존의 거지와 부랑자들을 국가가 추방하는 것과는 다른 방식의 개입이 필요함을 의미한다. 즉, 노동능력 없는 사람들에 대한 돌봄의 역할을 가족과 지역사회를 대신해 국가가 해야 하는 상황이 발생하게 된 것이다.

20세기 이후 근대적 사회보험과 공공부조를 포함한 국가 중심의 사회복지제도의 출현은 가족 내 구성원 개인들의 사회적 위험(질병, 노령, 실업, 장애 등)을 국가가 다양한 방식으로 예방하거나 해결하는 제도를 마련하게 되었으며, 이에 따라 가족 내 구성원에 대한 가족의 부양의무는 일정 정도 감소하기 시작하였고, 이것은 결국 가족 내 더 많은 구성원들(아동을 키우는 부모, 노인을 모시는 자녀 등)이 일터로 향할 수 있게 되었다는 것을 의미한다.

이렇게 사회복지제도의 발전은 근・현대의 사회적 발전의 과정과 호응하여 이루어지게 된다. 예컨대, 산업화가 이루어 낸 가족 내 노동력의 흡수는 결국 가족 내 노동능력이 없는 자에 대한 부양을 국가가 대신해야 하는 결과를 야기하였고, 산업화가 만들어 낸 정년퇴직이나 산업재해라는 사회적 위험은 사회보험제도(연금제도, 산재보험제도)를 통하여 국가가 그 이후의 노동능력이 사라진 개인에 대한 부양을 책임져야 했다.

III. 제도의 기능과 역할 변화

사회복지제도는 취약계층인 요보호자(사회적 위험에 처한 사람)에 대한 국가 또는 공적 기관의 인적, 물적 지원을 통한 인간다운 삶의 실

---

5) W. Goode, World revolution and family paterns, New York, The Free Press, 1963(프랑수아-자비에 메랭, 앞의 책, 55면에서 재인용).

현이라는 제도적 요소를 가지고 있다. 과거의 사회복지제도에서 국가의 개입방식은 행정적이고, 일방적이었다. 그 과정에서 서비스를 받는 사회복지수급자의 선택이나 의향은 고려대상이 될 수 없었고, 동질화된 일률적인 서비스가 제공되었다. 이러한 사회복지서비스를 개선하기 위한 방법으로 사회복지수급자가 자신의 선택이나 취향을 반영할 수 있도록 서비스 공급자를 선택하고, 서비스의 내용을 선택할 수 있는 사회서비스 계약제도나 사회서비스 바우처제도가 활성화되기 시작하였다. 이러한 제도의 장점은 사회서비스에 시장경쟁의 요소를 도입하여 서비스 공급자 사이에 서비스 질 향상을 위한 경쟁을 자연스럽게 도모할 수 있도록 하고, 서비스 수요자(사회복지수급자) 입장에서는 선택과 계약해지를 통하여 자신의 지위를 강화하고, 상대방으로부터 고객으로서 대접받을 수 있는 구조를 형성할 수 있게 한다. 즉, 이러한 사회서비스 제공방식은 계약적이고 쌍방적이다.

위와 같은 사회서비스의 선택, 계약체결 및 해지는 사회복지수급자가 계약체결 등 의사결정능력이 있음을 전제로 한다. 즉 사회서비스가 행정기관의 일방적 행정조치로서 이루어지던 때에는 사회복지수급자의 의사결정능력이 불필요하였으나, 사회서비스가 민간기관과의 계약체결로 이루어지는 때에는 의사결정능력이 필요하게 된다. 정신장애인의 경우 이러한 선택과 계약체결 및 해지의 능력이 부족하다.

그렇다면 정신장애인의 사회서비스 관련 계약체결이나 선택을 누가 대신해 줄 것인가? 현재 사회복지사업법 등에서 사회복지서비스의 신청 등을 일부 친족이 대신할 수 있도록 하고 있으나, 이는 법이 특별히 그러한 신청의 대행을 예외적으로 인정해 준다는 것일 뿐 일부 친족의 신청을 일반적으로 허용할 수 있는 것은 아니며, 대행할 권한이 있다고 하더라도 그 수급자 본인의 의사에 반해서까지 허용되는 것은 아니다.

그렇다면 사회복지사업법 등에 명문의 규정이 없더라도 정신적 능력의 결함이나 부족함이 있는 정신장애인의 사회서비스 신청을 합법적으로 대리할 수 있는 권한 있는 사람은 누구인가? 이 질문에 새로운 성년후견제도는 그것이 후견인이라 답하고 있다. 성년후견인은 피성년후견인의 재산관리 및 신상보호에 관해 대리권과 결정권이 있다. 성년후견인은 피성년후견인 명의의 사회보장 관련 수당 등을 수령할 은행계좌를 개설할 수 있고, 피성년후견인이 거주하여야 할 장소나 시설입소를 결정할 수 있으며, 의료적 조치나 입원을 결정할 수 있기 때문에(일부는 법원의 허가 필요) 사회서비스 관련 계약의 체결이나 해지 또한 그의 권한 중 하나라 할 것이다.

한편, 성년후견제도는 국가의 복지제도 중 사법복지제도로서 기능할 수 있다. 사법제도 내에 취약계층을 위한 제도로는 경제적 취약계층을 위한 법률구조제도가 있고, 범죄로 인해 교정시설 수용 후 사회복귀를 위한 프로그램 등을 지원하는 갱생보호제도(현재 한국법무보호복지공단 담당)가 있으며, 장애인, 치매고령자 등 취약계층을 위한 법적 조력자인 후견인을 선임해 주는 성년후견제도가 있다. 성년후견제도가 장애인, 치매고령자의 의사결정을 지원하는 후견인을 국가기관인 법원이 선임해 줌으로써 그들의 권리옹호기관이 될 수 있기 때문에 장애인 등 취약계층에 대한 다양한 권리옹호제도(옴부즈맨 등 고충해결시스템, 일상생활지원시스템, 인권옹호시스템)의 하나로 성년후견제도를 인식하기도 한다.[6)]

---

6) 이명현, 계약형 사회복지와 권리옹호시스템, 집문당, 2008, 230면 이하.

IV. 현실적 연계의 가능성

성년후견제도와 사회복지제도의 연계는 어떤 방식으로 가능할 것인지 문제된다. 양 제도의 연계가 가능하기 위해서는 1) 양 제도의 목적이 유사한 원리와 가치를 지향하여야 하며, 2) 양 제도의 대상이 어느 정도 일치하여야 하고, 3) 국가(법원)가 선임한 후견인이 사회서비스 연계를 위한 일정한 권한을 가지고 있어야 한다.

먼저, 성년후견제도가 앞서 본 바와 같이 '자기결정권의 존중', '잔존능력의 활용', '정상화'라는 이념을 바탕으로 취약계층이라 볼 수 있는 치매고령자, 발달장애인, 정신질환자를 대상으로 후견인을 선임하여 법적 의사결정능력을 지원하는 것을 목적으로 하고 있고, 사회복지제도 또한 취약계층을 대상으로 인적, 물적 자원을 제공하여 인간다운 삶을 영위할 수 있도록 하는 것이어서 성년후견제도는 사회복지제도의 하위범주인 사법복지제도의 하나로 구성될 수 있다.

다음으로, 성년후견제도는 그 자체만으로 취약계층에게 완결된 서비스를 제공하는 것이 아니라 후견인에게 일정한 권한만을 부여해 주고, 피후견인을 위하여 무엇을 할지와 관련된 것은 전적으로 후견인에게 일임되어 있다. 이 의미는 후견인이 피후견인을 위하여 무엇이든 할 수 있기도 하고, 거꾸로 무엇도 하지 않을 수 있다는 얘기이며, 여기서 보통의 사회복지제도상의 사회서비스와 다른 차이점이 있다. 예컨대, 현행 장애인활동보조 서비스나 장기요양 서비스는 일정한 시간 활동보조인이나 요양보호사가 수급자를 위한 서비스를 제공해야 할 법적 의무를 부담함에 반하여 현행 성년후견제도는 그러한 제약이 없다. 예컨대, 성년후견인은 피후견인을 위하여 장애인활동보조 서비스신청이나 장기요양 서비스신청을 할 수도 있고, 하지 않을 수도 있으며, 1년에 한 번도 피후견인의 얼굴을 보지 않을 수도 있다. 이러한 점에서 볼 때 성년후견제도는 후견인의 역할에 따라 사회복지제도상의 사회서비스들과 연계될 수도 있고, 되지 않을 수도 있다.

끝으로, 후견인이 누가 되어야 하는가라는 문제가 사회복지제도상의 사회서비스와 중요하게 연결되어 있다. 후견인이 주로 가족이 되는 경우라면 가족에 의해 사회서비스가 신청되는 현행의 사회복지법령체계에 크게 변화를 주지 않겠지만, 후견인이 사회복지사 등 전문직이 되는 경우라면 현행의 사회복지법령체계에 성년후견인을 추가하는 법령의 변화를 가져올 뿐만 아니라, 사회복지에 대한 전문적 경험을 바탕으로 피후견인을 위하여 사회복지서비스를 보다 적극적으로 활용할 수 있게 된다. 그리고 이러한 전문직이 아니더라도 가족후견인 또는 후견인보수가 저렴한 시민후견인을 교육하는 과정에서 일정한 사회복지서비스와 관련된 교육을 하는 경우 위와 같은 후견인들이 피후견인을 위하여 다양한 사회복지서비스를 활용할 수 있게 될 것이다.

제2절 성년후견제도에서 사회복지서비스 수요

Ⅰ. 성년후견에 대한 사회복지적 수요욕구

1. 본인과 가족의 이해대립 가능성

성년후견제도의 수요자가 본인인지 아니면 그 가족인지 알아둘 필요가 있다. 그 이유는 바로 장애가 있는 본인과 가족 사이에 성년후견을 받는 것과 관련하여 이해관계가 대립될 수 있기 때문이다. 이러한 이해관계 대립의 가능성은 2009년 보건복지부 연구용역의 설문조사결과에서도 찾아볼 수 있다.

위 설문조사 결과에 따르면 후견대상자가 될 본인의 경우 성년후견제도의 이용을 원하지 않는 비율이 27.3%인 데 반하여, 다른 가족(부모, 자녀, 배우자 등)들은 성년후견제도의 이용을 반대하는 비율이 6.4%(자녀) 내지 16.2%(부모)로 본인에 비해 높지 않고, 또한 가족들 사이에서도 자녀, 배우자, 부모, 본인의 순으로 성년후견제도 이용을 희망하는 비율이 조금씩 차이가 있다.[7] 위 설문조사를 통하여 알 수 있는 것은 성년후견제도가 본인의 법적 능력을 제한할 수 있음을 알고 본인들은 성년후견제도의 대상이 되는 것을 다소 기피하는 반면, 자녀 및 배우자와 같이 정신적 능력이 부족한 다른 가족을 부양해야 할 입장에 있는 사람들은 성년후견제도를 적극적으로 활용할 의지가 있음을 알 수 있다. 즉, 가족과 본인 사이의 이해관계는 대립될 가능성이 있음을 위 설문조사를 통해서 알 수 있다.

2. 성년후견제도를 통해 얻고 싶은 서비스

장애인등록제도를 통해 장애인은 국가 및 지방자치단체로부터 각종 사회복지급여와 사회서비스(장애인연금, 활동보조인, 시설입소 등)의 혜택을 얻을 수 있다. 성년후견제도도 이와 같은 사법복지서비스의 하나로 이해될 수 있는데, 성년후견을 필요로 하는 본인이나 가족의 경우 어떤 법률서비스를 받기 원하는지 알 필요가 있다.

---

7) 변용찬 외 3인, 성년후견제 사회복지분야 지원방안 연구, 보건복지가족부 및 한국보건사회연구원, 2009, 50-52면.

앞서 본 설문조사결과에 의하면[8] 이해관계 있는 가족(치매고령자 및 장애인이 있는 가족) 여부를 불문하고, 재산관리보다도 의료서비스, 시설입소 서비스, 복지서비스를 더 많이 받고 싶어함을 알 수 있는데, 이는 치매고령자나 장애인의 성년후견에 대한 수요가 재산관리보다 신상보호에 더 많은 비중을 두어야 함을 알려 주는 것이고, 더 나아가 제3자 후견인 선임시에도 재산관리 전문가보다 사회복지사 등 신상보호에 더 능력이 있는 전문가를 선임할 필요성을 제기하는 것이다.

3. 성년후견비용 부담에 관한 의견

성년후견제도 이용시 비용부담이 있을 경우 제도이용을 필요로 하는 가족과 본인이라도 그 제도 이용을 꺼리게 될 수 있다. 실제 설문조사 결과도 그러한 태도를 반영하고 있다. 성년후견제도 이용시 그 비용을 스스로 부담할 의사(자부담 의사)가 있는지 여부에 대한 설문결과를 보면, 1) 비용부담이 발생할 경우 자부담할 의사가 없다는 비율이 22% 내지 24%, 2) 일정금액만 부담하겠다는 의사가 62%, 3) 정률제라도 부담하겠다는 의사가 13% 내지 15% 정도이며, 이는 치매고령자나 장애인이 있는 가족이나 없는 가족 모두 유사하게 답하고 있다.[9]

위 설문결과를 보면 알 수 있듯이 성년후견제도가 활성화되기 위해서는 위와 같은 후견제도 이용비용의 부담이라는 장벽이 낮추어져야 한다. 후견제도 이용과 관련하여 소요되는 비용은 두 가지로 구분되는데 1) 후견심판절차에 소요되는 비용(의료감정비용 및 변호사보수),

8) 변용찬 외 3인, 앞의 보고서, 53면 표 〈3-9〉.
9) 변용찬 외 3인, 앞의 보고서, 55면 표 〈3-11〉.

2) 후견개시 이후 소요되는 비용(후견업무비용 및 후견인보수)으로 나눌 수 있다. 위와 같은 각 비용 및 보수에 대한 국고지원이 경제적으로 취약한 계층에 대해 가능해진다면 후견제도가 어느 정도 사회복지제도화될 수 있을 것이다. 참고로 독일의 경우 성년후견심판절차와 관련된 비용 및 후견인 보수와 관련한 국고지출 금액이 2008년 기준 약 9,214억 원(1유로를 1,500원으로 환산)으로,[10] 경제적 취약계층이 비용을 들이지 않고 손쉽게 성년후견심판제도를 이용할 수 있도록 하고 있다.

II. 성년후견제도의 활용가능성

1. 기존 금치산제도의 활용도

성년후견제도는 금치산제도를 대신하는 제도이며, 양 제도 모두 법원이라는 국가기관을 통해 후견인이라는 의사결정 대리자를 정하여 활용한다는 점에서 제도의 운영방식은 크게 다르지 않고, 금치산제도나 성년후견제도의 수요자도 크게 다르지 않다. 따라서 금치산제도가 과거 어느 정도 활용되었는지를 살펴보는 것도 성년후견제도가 어느 정도 활성화될지 예측하는 중요한 자료가 될 수 있다.

〈표 3-1〉은 1986년부터 2011년까지 지난 26년간 금치산·한정치산 심판을 청구한 사건의 건수이다.

〈표 3-1〉을 보면 지난 26년간 금치산·한정치산 청구 건수는 1986년 40건에서 2011년 1,290건으로 약 32배가량 증가하였다. 그러나 2011년을 기준으로 하더라도 치매고령자(약 50만 명), 정신적 장

10) 서울시립대학교 산학협력단, 앞의 보고서, 254면.

〈표 3-1〉 금치산·한정치산 청구 건수(1986년–2011년)*

연도	1986	1987	1988	1989	1990	1991	1992	1993	1994	1995	1996	1997	1998	1999	2000	계
건수	40	52	64	60	69	66	89	91	90	106	103	119	145	208	258	1,560
연도	2001	2002	2003	2004	2005	2006	2007	2008	2009	2010	2011					계
건수	323	421	433	473	529	663	747	804	944	1,024	1,290					7,651

* 1986년부터 2000년까지 통계는 이영규, "행위무능력자제도에 관한 연구", 중앙법학 제9집 제3호, 2007, 320면을 참고하였고, 2001년 이후의 통계는 2009년 사법연감(413면) 및 2011년 사법연감(823면), 2012년 사법연감(570면)을 각 참조함.

애인(뇌병변장애 포함 약 50여만 명), 중증 정신질환자(전 인구의 1%인 약 50만 명)의 숫자를 합할 경우 100만 명이 넘는데 그중 0.1%가량의 숫자만이 금치산·한정치산 청구를 한 것이다. 이는 금치산제도가 정신적 능력이 부족한 사람들이 쉽게 접근하여 활용할 수 있는 제도가 아님을 보여주고 있다.

한편, 위 통계는 금치산·한정치산을 청구한 건수만을 의미할 뿐 실제 법원에서 금치산·한정치산 선고를 받은 사람의 숫자는 이보다 더 적다. 2011년 기준으로 법원이 처리한 금치산·한정치산 사건 1,155건 중 금치산·한정치산 선고를 받은 건수는 617건으로 청구 건수 중 약 53%만이 금치산·한정치산이 선고되어 후견인이 선임되었다.[11] 이는 10건 청구하면 5건만 금치산·한정치산의 결과를 얻어 후견인이 선임되었다는 의미이다.

위 통계를 보면, 현행 금치산·한정치산제도의 활용도가 아주 낮음을 알 수 있는데, 그 이유가 무엇인지 살펴보면 다음과 같다.

① 신상보호 관련

고령자 등이 신상보호와 관련된 의료행위 동의, 시설입소나 병원입

11) 법원행정처, 2012년 사법연감, 2012, 848면.

원(강제입원 포함), 장기요양보험 등 각종 사회보장급여의 신청은 사실상 가족들의 동의나 신청으로 대부분 가능하므로 별도로 비용을 들여 금치산·한정치산 선고를 받을 필요가 없다.

② **재산관리 관련**

정신장애인의 경우 자신 명의 재산을 마련해 놓은 경우가 많지 않고, 고령자의 경우 재산이 있는 경우도 있으나 가족들이 추후 상속을 통해 재산을 분배받을 수 있고, 금치산선고를 받아 후견인을 둘 경우 상속인인 가족과 후견인 사이에 분쟁의 여지도 있어 가족들이 분쟁이 없는 경우라면 따로 재산관리를 목적으로 금치산 선고를 받을 필요도 적다.

위와 같은 이유로 인하여 정신장애인이라 하더라도 가족들이 금치산선고를 받아 신상보호를 하거나 재산관리를 할 이유는 적었고, 개별적으로 정신장애인의 의사결정을 필요로 할 때마다 가족들이 대신하거나 동의하는 형태의 의사결정 방식이 관행화되었다. 그러나 이러한 관행들은 가족들이 정신장애인을 대신할 적법한 권한이 없기 때문에 추후 문제를 제기할 경우 위법의 소지가 있어 왔다. 예컨대, 치매고령자의 시설입소는 통상 그 노인을 모시는 가족들이 시설(구체적으로는 운영하는 복지법인 등)과 시설입소계약을 체결하는데 이는 치매고령자의 의사에 반한 계약이 될 수 있고, 부양하는 가족들이라도 이를 결정할 권한은 없어 위법할 수 있다. 이러한 위법의 소지를 없애기 위해서는 성년후견제도의 활성화를 통하여 가족 등 일정한 제3자가 법적 권한을 부여받은 후견인이 되어 그러한 역할을 할 필요가 있다.

2. 성년후견제도의 대상자

가. 후견대상자 유형

후견의 대상이 되는 사람들은 누구인가? 개정민법은 '질병·장애·노령·그 밖의 사유로 인한 정신적 제약'을 공통적 요건으로 두고서 그중 1) 사무를 처리할 능력이 지속적으로 결여된 사람을 성년후견의 대상으로, 2) 사무를 처리할 능력이 부족한 사람을 한정후견의 대상으로, 3) 일시적 후원 또는 특정한 사무에 관한 후원이 필요한 사람을 특정후견의 대상으로, 4) 사무를 처리할 능력이 부족한 상황에 있거나 부족하게 될 상황에 대비해 미리 임의후견계약을 체결하고자 하는 사람은 임의후견의 대상으로 각 범주를 분류하고 있다. 위와 같은 대상자의 분류를 통하여 각 후견유형별 후견인의 권한범위 및 그로 인한 피후견인의 능력제한범위가 서로 다르게 된다.

개정민법상 공통요건에 포함되는 '질병·장애·노령·그 밖의 사유로 인하여 정신적 능력이 제약된 사람'은 정신질환자(질병), 발달장애인(장애), 치매고령자(노령), 사고 등으로 인한 인지장애환자(그 밖의 사유) 등이 포함되고, 이를 통틀어 사용할 수 있는 개념은 의학적으로 정신 및 행동장애의 범주에 포함되는 '정신장애인(person with mental disorder)'이라 할 수 있다.

국제질병분류(ICD-10)의 F코드에는 정신장애의 범주에 치매, 정신지체(발달장애, mental retardation), 정신분열병 등을 포함하고 있으며, 그 외에도 우울증, 조울증, 알코올중독 및 약물중독, 병적 도박 등도 포함하고 있다. 따라서 정신장애가 있다고 하더라도 일부의 경우에는 회복의 가능성도 있고, 의사결정능력을 보유한 경우도 많아 모든 정신장애인이 성년후견의 대상이 된다고 볼 수는 없다. 즉, 정신장애인

중 일부만이 성년후견의 대상자가 될 수 있을 뿐이다.

한편, 정신적 장애가 아닌 신체적 장애가 후견사유가 될 수 있을지와 관련하여 민법개정 과정에서 논의가 있었는데, 일부 장애인단체 등에서는 신체적 장애도 후견의 개시사유로 삼아야 한다는 의견을 개진하기도 하였다.

생각건대, 후견대상자의 범위가 너무 확대되는 것은 1) 후견의 보충성이나 필요성의 원칙에 비추어 볼 때 후견개시가 피후견인의 의사결정에 대한 제약을 가져올 수 있다는 점에서 신체적 장애만으로 후견개시를 가능하도록 하는 것은 법이 자제할 필요가 있고, 2) 역사적으로 볼 때 후견이 개시되는 이유는 일정한 법적 의사결정능력의 부족이나 결함을 사유로 해 왔으므로 그러한 결함이나 부족이 없는 신체장애인의 경우에도 후견인이 의사결정을 대신할 수 있도록 한다면 신체적 장애인의 의사결정을 침해할 위험이 있다.

나. 후견대상자 현황

후견대상자가 될 수 있는 사람들로는 대체로 발달장애인, 치매고령자, 정신질환자로 압축될 수 있다. 위의 3가지 유형의 사람들의 경우 그 능력의 정도에 따라 성년후견, 한정후견, 특정후견의 대상자가 될 수 있다.

앞서 본 판례에 나타난 계약체결의 효력을 무효화시키는 의사무능력 사례로는 지능지수 73, 사회연령 6세 수준의 경우[12]와 지능지수 58, 지적장애 3급[13]인 경우가 있는데, 이러한 상황에 있는 사람들의 경우 고액의 연대보증계약이나 근저당권설정계약 체결의 의미를 이

12) 대법원 2002. 10. 11. 선고 2001다10113 판결.
13) 대법원 2006. 9. 22. 선고 2006다29358 판결.

해할 수 없다고 보아 계약을 무효화시켰다. 위 판례가 후견대상자의 기준을 설정한 것이라 볼 수는 없으며, 후견심판을 받은 경우가 아니라면 각 계약내용이나 금액의 다과, 후견대상자의 정신적 상태 등을 개별적으로 판단하여 개별적 행위마다 유·무효를 가려야 하는 상황임을 알 수 있다.

후견대상자가 될 수 있는 사람들의 숫자가 구체적으로 얼마나 될지 살펴보면, 1) 2011. 12. 말 기준 등록장애인 약 252만여 명 중 19세 이상의 뇌병변장애(뇌성마비, 뇌졸중 등), 자폐성장애, 정신장애, 지적장애, 간질장애를 가진 사람의 숫자가 약 48만여 명,[14] 2) 2011년 치매환자 수 추계 약 51만여 명,[15] 3) 2010년 지역사회 중증 정신질환자 추정 숫자 및 입소환자 합계 약 50여만 명[16]이 있다.

이 중 모든 사람이 후견대상자가 될 요건을 갖추었다고 보기는 어렵고, 중복된 사람들도 있기 때문에 대략적인 후견이 필요한 사람의 숫자는 최소 50만 명에서 최대 100만 명으로 2012. 6. 23. 한국인구 5,000만 명 기준으로 1% 내지 2%가 될 수 있다. 참고로 독일의 경우 인구의 약 1.5% 내외, 일본의 경우 인구의 약 0.15% 내외가 후견을 받고 있으며, 일부 학자는 후견절차이용의 적정 비율을 인구의 1% 정도로 보고 있다.[17]

---

14) 보건복지부 통계포탈 참조(http://stat.mw.go.kr/front/statData/publicationView.jsp?menuId=46&bbsSeq=12&nttSeq=18349&searchKey=&searchWord=&nPage=1)(2013. 5. 1. 최종방문).

15) 서울대학교병원, 치매유병률 조사(연구용역 보고서), 보건복지부, 2008, 199면.

16) 전 인구의 1%를 중증 정신질환자로 추정하고 있음(중앙정신보건사업지원단, 2010 사업보고서, 2011, 129면).

17) 일본의 후견법 전문가인 아라이 교수는 인구의 1% 정도가 후견을 받는 것을 이상적인 후견제도의 활용으로 본다(성년후견제도연구회, 앞의 책, 137면).

3. 성년후견제도의 이용동기

성년후견제도를 이용하는 동기가 무엇인지를 알 경우 그 수요가 얼마나 될지, 어떤 사람이 후견인이 되는 게 좋을지 알 수 있다. 또한 성년후견제도는 요보호자가 직접 후견인을 선임해 달라는 후견심판청구를 하는 경우는 드물고, 대부분 가족이 청구한다는 점에서 피후견인의 복리만을 위한 것이 아닌 경우도 있다.

2000년 이후 지난 10여 년간 일본의 성년후견제도 이용실태를 보면, 일본의 고령화 상황이 반영되어 60대 이상의 피후견인이 80% 내외를 차지하고 있으며, 그로 인해 후견제도를 이용하는 동기도 신상보호보다는 주로 재산관리에 치중하여 있으며, 자녀가 후견인이 되는 비중이 높다. 재산관리를 위해 후견제도를 이용하게 되는 이유는 치매고령자의 경우 과거 노동을 통해 재산을 취득한 경우가 많고, 여자의 경우라도 남자보다 기대수명이 길기 때문에 남편의 사망 이후 재산을 상속받은 경우도 많아서 그 재산을 합법적으로 관리·처분하기 위해서는 누군가 대리권을 가진 후견인이 되어야 한다.

일본에서는 성년후견제도 이용동기를 보면, 유산분할협의를 포함한 재산관리처분을 목적으로 신청한 경우가 60% 내지 70%의 비율을 계속 차지해오고 있고, 신상보호를 목적으로 신청한 경우가 20% 내외이며, 그 밖에 소송 또는 개호보험계약을 위해서 신청한 경우도 10% 정도를 차지하고 있다.[18)]

우리의 경우 2013년 성년후견제도가 시행되면서 어떤 이용동기로 후견심판청구를 할지 예측해 보면, 신상보호나 사회복지서비스를 받

18) 서울시립대학교 산학협력단, 앞의 보고서, 301면.

기 위한 목적은 개별법령이나 실무관행을 통해 후견인 없이도 해결할 수 있기 때문에 위와 같은 신상보호나 사회복지서비스를 받기 위한 후견심판청구는 그리 많지 않을 수 있다. 그렇다면 결국 개정민법상 성년후견제도도 재산관리처분의 합법적 권한을 얻기 위한 후견심판청구가 주류를 이루게 될 가능성이 높다.

4. 후견인의 유형

후견인의 유형은 1) 친족(가족)인지 여부에 따라 친족(가족)후견인과 제3자 후견인으로, 2) 법인인지 여부에 따라 자연인후견인과 법인후견인으로, 3) 제3자 후견인 중 전문직을 가진 후견인과 교육만으로 양성된 후견인을 구분하여 전문직 후견인과 시민(공공) 후견인으로 각 구분될 수 있다. 각 후견인 유형의 특성과 장·단점을 정리하면 〈표 3-2〉와 같다.

금치산제도하에서는 원칙적으로 가족(친족)후견인 외에는 없었으나, 성년후견제도하에서는 가족(친족) 외에도 제3자인 전문직 후견인, 시

〈표 3-2〉 후견인 유형별 특성

후견유형			장 점	단 점	특 성
자연인	가족(친족)	가족(친족) 후견인	실질적 부양관계와 후견관계의 일치	가족 간 재산분쟁이나 신상침해 가능성	후견이 가족 내 제도로 기능
	제3자	전문직 후견인	전문성과 신뢰성	부양관계와 후견관계의 불일치 및 보수 부담	보수지급을 통한 전문적 서비스의 제공
		시민(공공) 후견인	공공성과 신상보호에 중점	교육양성 및 후견활동에 대한 국고지원 필요	후견이 사회복지제도로서 기능
법인		법인 후견인	지속성과 후견효율성에 중점	얼굴 없는 형식적 후견의 위험	후견관계의 추상화·제도화

민(공공)후견인, 법인후견인이 선임될 수 있다.

외국의 실태를 보면, 독일의 경우 가족(친족) 후견인 선임비율과 제3자 후견인 선임비율이 6 : 4 정도로 아직은 가족(친족) 후견인 선임비율이 높으며,[19] 독일은 원칙적으로 후견인 선임시 명예직 후견인인 가족(친족) 후견인을 우선하도록 하는 원칙을 규정해 놓고 있다. 일본의 경우 2000년 새로운 후견제도 시행 초기에는 가족(친족) 후견인이 90%가량을 차지하였으나, 2010년에는 그 비율이 약 58%로 감소하였고, 제3자 후견인 비율은 2000년 10% 내외에서 2010년에는 약 41%로 증가하였다.[20] 이는 일본에서 후견제도가 가족제도에서 점차 사회(복지)제도로 전환하고 있음을 보여주는 것이기도 하다.

2013년 성년후견제도 시행 이후 가족(친족) 후견인 선임비율과 제3자 후견인 선임비율을 예측하기는 어려우나 1) 현재까지 전문직 후견인과 시민 후견인을 교육 및 양성하는 제도가 미비하고, 2) 신뢰하기 어려운 제3자를 후견인으로 삼아 가족들과 분쟁을 일으키게 하는 것보다 가족 중에서 후견인을 선임하는 것이 피후견인의 재산 및 신상보호에 유리할 수 있고, 3) 제3자가 후견인으로 선임되는 경우 후견인보수를 지급해야 하므로 후견제도 시행초기에는 가족(친족) 후견인 선임비율이 높을 것으로 예측된다. 다만 가족 간 재산분쟁이 있는 후견심판청구의 경우라면 이해관계가 없는 제3자 후견인을 선임하여 재산관리를 맡기게 될 가능성이 있다.

19) 서울시립대학교 산학협력단, 앞의 연구보고서, 6면.

20) 서울시립대학교 산학협력단, 앞의 연구보고서, 9면.

5. 후견인의 역할과 임무

후견인의 역할과 임무는 개정민법상 성년후견, 한정후견, 특정후견, 임의후견 등 각 후견유형에 따라 다르지만, 공통적인 것을 보면 피후견인을 대신해서 일정한 대리권한을 가지거나 가질 수 있으며, 그 권한의 범위가 성년후견, 한정후견, 특정후견의 순으로 적어진다. 일본의 경우에도 우리와 같이 후견, 보좌, 보조의 유형별로 후견인(보좌인, 보조인)의 권한범위가 다른데, 일본의 성년후견제도 이용실태를 보면 후견이 85%, 보좌가 9%, 보조가 4% 정도로 권한범위가 가장 광범위한 후견이 주로 활용되고 있다.[21]

개정민법상의 성년후견제도에서 후견인의 역할을 보면, 피후견인의 재산관리와 신상보호를 하기 위해 마련된 법적 권한은 대리권, 동의권과 취소권이며, 성년후견인의 경우에는 원칙적으로 법정대리인으로서 피성년후견인의 재산적 법률행위의 대부분을 대리할 수 있다. 이하에서는 성년후견인을 위주로 개정민법상 후견인의 역할을 살펴보기로 한다.

개정민법 규정에 의하면 성년후견인의 권한으로는 1) 재산상 법률행위의 대리권(제938조)과 피성년후견인의 행위에 대한 취소권(제10조), 2) 치료 등의 목적으로 정신병원 등에 격리할 수 있는 권한(단, 가정법원의 허가 필요)(제947조의 2 제2항), 3) 신체침해 의료행위에 대한 동의권(단, 사망이나 상당한 장애의 위험이 있을 경우 가정법원의 허가 필요)(제947조의 2 제3항 및 제4항), 4) 피성년후견인의 가족법상 행위에 대한 동의권(제873조, 제902조 등)이 있다.

21) 서울시립대학교 산학협력단, 앞의 연구보고서, 8면.

한편, 판례에 의하면, 금치산제도하에서 후견인은 금치산자를 대리하여 이혼소송의 제기가 가능하다고 보았는데,[22] 이러한 판례의 태도를 보면, 성년후견인이 피성년후견인을 대리하여 재산거래를 위한 소송행위나 가족법상의 소송행위를 할 수 있다고 할 것이다.

성년후견제도에 있어서 성년후견인의 경우 재산상 법률행위의 대리권과 취소권이 있으므로, 예금계좌 개설도 가능하며, 피후견인이 사회보장법상의 각종 수급자격이 있을 경우 그 신청을 할 권한이 있고, 그러한 수급자격을 피성년후견인이 얻었을 경우 이에 근거하여 각종 수당이나 사회복지서비스 신청이나 계약을 대리할 권한이 있다.

제3절 성년후견제도의 사법복지제도화

본 절에서는 성년후견제도가 사법복지제도로서 자리매김하고, 성년후견제도 자체가 활성화되기 위한 정책적 방안을 제시해보고자 한다. 그리고 다음 절에서는 사회복지제도에서 후견인이 어떤 역할을 할 수 있는지 검토하고자 한다. 본 절의 내용은 성년후견제도 내적인 측면에서 복지제도로서의 측면을 강화하는 것이고, 다음 절의 내용은 사회복지제도 내에서 성년후견제도가 가지는 역할과 기능을 확대할 수 있는 제도적 방안을 검토하는 것이다.

---

22) 대법원 2010. 4. 29. 선고 2009므639 판결; 대법원 2010. 4. 8. 선고 2009므3652 판결.

I. 성년후견제도의 사법복지제도로서의 성격

개정된 사회보장기본법(2013. 1. 27. 시행)은 그 기본이념으로 모든 국민이 다양한 사회적 위험으로부터 벗어나 행복하고 인간다운 생활을 향유할 수 있도록 자립을 지원하며, 사회참여·자아실현에 필요한 제도와 여건을 조성하여 사회통합과 행복한 복지사회를 실현하는 것을 목표로 하고 있고(제2조), 사회보장의 개념을 '출산, 양육, 실업, 노령, 장애, 질병, 빈곤 및 사망 등의 사회적 위험으로부터 모든 국민을 보호하고 국민 삶의 질을 향상시키는 데 필요한 소득·서비스를 보장하는 사회보험, 공공부조, 사회서비스'라 정의하고 있다(제3조 제1호). 그중에서 사회서비스는 '국가·지방자치단체 및 민간부문의 도움이 필요한 모든 국민에게 복지, 보건의료, 교육, 고용, 주거, 문화, 환경 등의 분야에서 인간다운 생활을 보장하고 상담, 재활, 돌봄, 정보의 제공, 관련 시설의 이용, 역량 개발, 사회참여 지원 등을 통하여 국민의 삶의 질이 향상되도록 지원하는 제도'라 하여 사회서비스를 폭넓게 개념정의하고 있다.[23]

사회서비스 개념에 대해서는 일부 학자는 기존의 사회복지제도에서 한정된 대상과 서비스의 범주를 일부 소외계층을 넘어서서 보편적 수준과 내용으로 확대하였고, 그 내용을 사회적 보호를 비롯한 다양하고 포괄적인 개인욕구에 대한 대처필요성에 따라 사회적 복지(돌봄,

23) 기존의 구 사회보장기본법에서는 사회복지서비스와 관련복지제도를 구분하여 사회복지서비스를 '국가·지방자치단체 및 민간부문의 도움이 필요한 모든 국민에게 상담, 재활, 직업의 소개 및 지도, 사회복지시설의 이용 등을 제공하여 정상적인 사회생활이 가능하도록 지원하는 제도'로, 관련복지제도를 '보건, 주거, 교육, 고용 등의 분야에서 인간다운 생활이 보장될 수 있도록 지원하는 각종 복지제도'로 개념정의하고 있었다.

기초적 의식주 보장, 보건의료, 교육, 고용)관련 개입이 이루어지는 서비스로 정의하기도 한다.[24] 과거 사회서비스(personal social service)는 복지국가 사회정책의 중요한 목표는 아니었으나, 사적 영역에서 가족·여성·친족·이웃 등에 의한 가족 내 취약계층에 대한 돌봄이 사라지면서 점차 취약계층의 돌봄에 대한 국가적 개입의 필요성이 강화되며, 사적 영역에 대한 가족의 돌봄을 대체하는 국가지원의 시장화된 사회서비스들이 늘어나기 시작하였다.[25]

한편, 사법제도 자체를 복지제도의 하나로 편입시키기는 어렵지만, 사법제도 내에서 취약계층에 대한 국가적 지원제도를 마련해 놓고 있는 경우 사법제도와 복지제도의 중첩적 영역인 사법복지제도가 구성될 수 있다. 일본에서 사법복지제도의 예로서 들어지고 있는 것은 소년보호, 갱생보호, 범죄피해자보호, 법률구조 등과 더불어 성년후견제도도 사법복지제도의 하나로 설명하고 있다.[26]

성년후견제도가 사회보장기본법에서 말하는 사회서비스의 한 내용으로 포섭될 수 있는지 여부와 관련해 이하에서 제도의 대상 및 기능과 그 운영자를 중심으로 검토해 본다.

---

24) 장욱, "사회서비스바우처에 대한 행정법상 고찰", 법학연구, 연세대학교 법학연구원, 2011, 104면; 강혜규, "사회서비스 공급체계의 변화와 바우처사업 내실화 방안", 사회서비스바우처사업시행 2주면 기념 심포지엄 자료집, 2009, 48면; 김윤수, "한국 사회복지제도에서 사회서비스의 등장: 역사적 제도주의 분석을 중심으로", 한국정책학회 동계학술대회 논문집, 2011, 122면.

25) 정지웅·이준우, "사적 영역의 상업화·합리화로서의 사회서비스 비판: Andre Gorz의 논의를 중심으로", 사회복지연구 제41권 제1호, 2010, 229-233면.

26) 川村 匡由, 司法福祉論: 更生保護と権利擁護・成年後見(シリーズ・21世紀の社会福祉), ミネルヴァ書房, 2011, 2면.

1. 제도의 대상자

성년후견제도의 대상자는 '질병 · 장애 · 노령 · 그 밖의 사유로 인한 정신적 제약으로 사무처리능력이 부족하거나 결여된 성년자'이다. 이러한 상황에 처한 성년자에게는 직접적인 사회서비스(의료, 주거, 간병, 활동보조 등) 외에도 그러한 사회서비스의 신청, 선택 등의 의사결정을 대신해 줄 원조자가 필요하고, 후견인은 그러한 의사결정을 대신할 법적 권한을 가지고 있다. 미성년자의 경우 부모인 친권자가 그러한 의사결정을 대신할 수 있지만 성년자의 경우에는 원칙적으로 자기결정과 자기책임을 실 줄 아는 능력이 있는 인격자로 인정되어 부모나 가족이라도 의사결정을 대신해 줄 수 없다.

다른 한편으로 성년후견제도의 대상자는 사회보장에서 말하는 '노령 · 질병 · 장애 등으로 인하여 사회적 위험'에 처한 성년자들이며, 성년후견제도의 대상자는 사회보장기본법에서 말하는 '복지, 보건의료, 교육, 고용, 주거, 문화, 환경 등의 분야에서 인간다운 생활을 보장하고 상담, 재활, 돌봄, 정보의 제공, 관련 시설의 이용, 역량 개발, 사회참여 지원 등'이 필요하다. 후견인은 피후견인에 대한 신상보호의 하나로서 피후견인의 의료행위와 돌봄, 시설입소 등에 대한 결정 권한을 가지고 있으며, 후견인은 국가(법원)가 선임한 자이므로 후견인의 제공을 국가의 사회서비스 중 하나로 규정지을 수도 있다.

2. 제도의 기능

사회복지제도는 도움이 필요한 국민에게 정상적인 사회생활이 가능하도록 지원하는 제도라는 점에서, 성년후견제도 또한 사회복지제도의 하나로 자리매김할 수 있다. 특히 성년후견제도 도입의 이유로 민법 개정이유에서 명시적으로 밝히고 있듯이 '후견제도를 이용하려는 사람이 재산 행위뿐만 아니라 치료, 요양 등 복리에 관한 폭넓은 도움을 받을 수 있는 성년후견제로 확대・개편하고, 성년후견 등을 요구하는 노인, 장애인 등에 대한 보호를 강화'하고자 하는 것이 성년후견제도 도입의 취지인 점[27]을 고려해 볼 때 후견제도가 노인・장애인에 대한 복지제도로 기능할 가능성은 적지 않다.

다른 사회서비스와 비교해 볼 때, 성년후견제도는 그 기능에 있어 1) 후견인이라는 인적 서비스를 제공한다는 점, 2) 서비스 제공영역이 특정되어 있지 않고, 의료・주거・재산관리・신상보호 등 포괄적이라는 점, 3) 요양, 간호, 상담 등 직접적인 물질적 수요를 충족시키는 서비스를 제공하는 것이 아니라 의사결정을 대리하거나 지원하는 서비스라는 점, 4) 법적 권한을 보유하면서 피후견인의 권리옹호기관으로 활동할 수 있는 점이 특징이라 할 수 있다.

3. 제도의 운영자

성년후견제도 운영의 주체는 국가기관인 법원이다. 법원은 후견심판절차 등을 통해 후견인을 선임하고, 감독하며, 후견인 보수를 지급하고, 후견인에게 일정한 명령을 할 수 있다. 사회보장기본법에서 말하는 사회서비스라는 것이 국가나 지방자치단체가 일정한 역할(제도운영, 자금지원, 관리감독 등)을 담당하여 운영하는 제도라는 점에서 성년후견제도 또한 국가기관인 법원이 운영하는 사회서비스, 구체적으로

---

27) 2011. 3. 7. 성년후견제도를 도입한 개정민법(법률 10429호)의 개정이유 참조

는 사법복지서비스의 하나로 이해될 수 있다.

한편, 후견심판절차에서 절차를 개시할 수 있는 청구권자 중에는 검사와 지방자치단체장도 있기 때문에 지방자치단체 관할구역 내에서 요보호자가 발생하였을 경우 지방자치단체가 후견개시에 일정한 역할을 할 수 있다. 검사의 경우에도 수사과정에서 범죄의 피해자 또는 범죄를 저지른 요보호자가 확인될 경우 그를 위하여 후견심판청구를 할 수 있다. 일본의 경우 검사가 후견 등의 심판청구를 한 사례는 극히 드물지만(2010년에는 그 예가 없고, 2005년에는 전체 청구권자 중 검사가 차지하는 비율은 0.01%임), 지방자치단체장이 후견 등의 심판청구를 한 사례는 점차 증가하고 있다(2005년에는 전체 심판청구 건수 중 3.3%였으나, 2010년에는 전체 심판청구 건수 3만여 건 중 3,100여 건을 차지하여 약 10.3%로 증가하였다).[28]

현재 후견(감독)인 교육 및 양성, 관리감독을 책임질 구체적 국가기관은 없지만, 법무부나 보건복지부가 위와 같은 업무를 담당할 관리감독기관으로 되기 위한 정책을 마련하고 있고, 법원 또한 성년후견제도 운영의 주체로서 후견인 자격, 선임기준 및 관리감독기준 등을 내부적으로 마련하고 있다.

II. 성년후견제도 활성화 방안

성년후견제도가 활성화되기 위해서는 제도 자체 내에 취약계층을 위한 지원제도가 마련되어야 한다. 후견제도가 과거에는 가족제도 내에서 피후견인의 재산을 관리하기 위한 것이었기 때문에 그 비용 또

28) 서울시립대학교 산학협력단, 앞의 연구보고서, 230면.

한 가족 내에서 또는 피후견인의 재산을 통해 해결하여야 했으나, 새로운 성년후견제도에서는 취약계층의 신상보호라는 목적이 있고, 가족 아닌 제3자가 후견인으로 선임될 수 있기 때문에 이에 대한 국가의 인적・물적 지원이 필요하다. 이하에서는 성년후견제도 활성화 방안으로 후견서비스 전달체계의 수립, 물적 지원으로 후견심판절차비용 및 후견인보수에 대한 국고지원, 인적 지원으로 절차보좌인, 전문직후견인 및 시민후견인 양성, 지방자치단체장의 청구 활성화 방안을 검토해 보기로 한다.

1. 후견서비스 전달체계의 수립

성년후견제도를 정신장애인에 대해 국가가 제공하는 인적 법률지원서비스로 규정짓는다면 그 서비스전달체계를 어떻게 수립할지 고민이 필요하다. 특히 지난 10여 년간(2002년부터 2011년까지) 금치산(한정치산)제도를 이용하여 후견인이 선임된 사건이 3,000여 건 내외(2010년 약 500건)밖에 되지 않는 점에서 2013년 시행되는 새로운 성년후견제도에서는 경제적 취약계층도 쉽게 접근하여 후견인을 통한 법률서비스가 확대될 수 있도록 후견서비스전달체계를 새롭게 수립할 필요성이 있다.

후견서비스 전달체계에서는 1) 사회서비스 전달체계와 유사하게 공공성, 효율성 등의 강조, 2) 법률지원 서비스를 제공하는 후견인이라는 인적 자원의 확보, 3) 후견심판절차비용과 후견인보수 등 재정을 지원하는 물적 자원의 확보, 3) 법원 등 국가기관을 통한 후견서비스 관리감독체계의 수립, 4) 후견제도 활성화를 위한 후견절차지원제도의 수립이 필요하다.

후견서비스 전달체계가 다른 사회서비스 전달체계와 가진 차이점으로는 1) 가족이 후견인으로 선임될 경우가 많기 때문에 국가나 제3자에 의한 서비스제공과 다른 제도적 위치를 차지할 수 있고, 2) 국가기관 중 일반적인 급부행정의 주체인 행정부(보건복지부)가 아닌 사법부의 후견인 선임 및 관리감독을 통한 후견서비스가 제공되며, 3) 피후견인이 재력이 있는 경우라면 원칙적으로 그의 재산이 후견서비스 이용비용의 부담을 맡게 되며, 재력이 없는 경우에 비로소 국가의 비용지원이 이루어질 수 있고, 4) 최근의 사회서비스들은 수급자가 시장에서 여러 공급자들 사이에서 각종 사회서비스를 선택할 수 있는 것임에 반해 후견제도에서는 피후견인이 후견인 선임에 있어 자신의 의사를 표현하고, 법원이 이를 참고하도록 하고 있으나, 피후견인의 의사에 법원이 구속하지는 않는다.

후견서비스 전달체계는 1) 경제적 자력의 유무에 따라 심판절차비

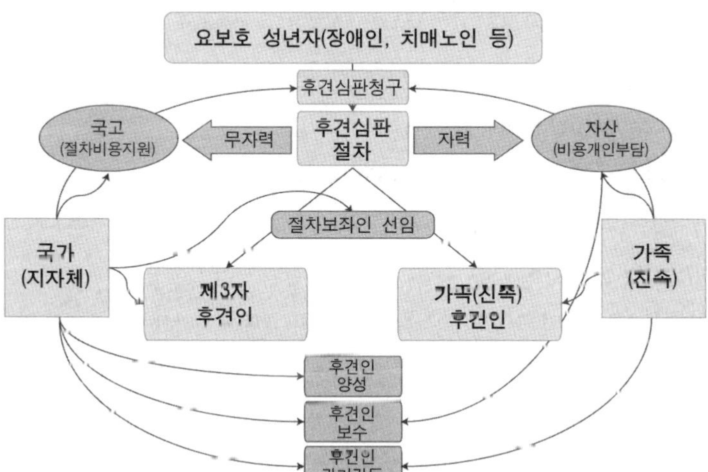

〈그림 3-1〉 후견서비스 전달체계의 유형

용 및 후견인보수에 대해 국고지원을 지급받는 경우와 지급받지 않는 경우로 구분될 수 있고, 2) 가족(친족)이 후견인으로 선임되는지 여부에 따라 가족(친족) 후견인 시스템과 제3자 후견인 시스템으로 구분될 수 있다. 이를 도식화하면 〈그림 3-1〉과 같다.

2. 후견심판절차비용의 국고지원

통상적으로 사회서비스 지원을 받는 과정은 수급자격이 있는 신청인이 행정기관에 수급신청을 하고, 행정기관이 수급자격을 심사하여 자격을 갖춘 자에 대해 수급자격을 부여하면, 수급자가 자신의 수급자격에 기하여 사회서비스를 제공하는 공급자를 선택하여 사회서비스 이용계약을 체결해 서비스를 이용하고, 그 서비스이용비용은 공급자가 행정기관에 청구해 지급받는 형태로 이루어지고 있다.

사회서비스 이용에 있어 수급자격을 얻는 과정은 바로 후견심판절차를 이용해 피후견인이 후견인을 제공받는 과정과 유사하다. 그런데 후견심판절차를 이용하기 위해서는 변호사보수를 지급해야 하고, 정신감정 등 의료감정비용을 지급해야 한다. 그 비용은 적게는 200 내지 300만 원에서 많게는 700 내지 800만 원에 이르기도 한다. 이러한 다액의 후견심판절차 이용비용은 경제적 취약계층에게는 커다란 부담이 되어 절차이용을 막는 제도적 걸림돌이 된다.

위와 같은 후견제도 이용비용 자체를 낮추기 위해서는 고액의 감정비용이 드는 정신감정제도의 개선(현재는 2주일 이상의 정신병원 등의 입원을 통한 정신과 전문의 감정의 방식으로 처리하고 있으나, 비용을 낮추기 위해서는 법원이 후견심판을 위한 정신과 전문의를 각 법원 관할구역별로 위촉하고, 병원 또는 재택방문진료를 통한 진단으로 감정비용을 낮추는 방안)이 필요하다.

변호사보수와 관련해서도 1) 대한법률구조공단 등 법률구조기관이 파산제도를 이용하려는 사람에 대해 적은 비용만 받고 파산절차를 진행해 주는 제도를 마련해 놓은 것과 유사하게 후견심판절차를 이용하고자 하는 사람에 대해서도 적은 비용만 받고 후견심판절차를 진행해 주는 제도를 마련해 줄 필요성이 있고, 2) 후견심판절차를 법원이 신속하고 간이하게 정형적으로 처리하여 변호사가 보수 자체를 많이 책정할 수 없게 후견심판절차를 간소화할 필요가 있다.

한편, 앞서 본 바와 같이 경제적 취약계층의 경우에는 개정 가사소송법에 따라 후견심판절차에서 변호사보수 및 의료감정비용에 대해 법원으로부터 절차구조를 받아 그 비용을 면제받거나 유예받을 수 있는 제도가 시행된다. 따라서 경제적 취약계층의 경우에는 후견심판절차를 진행하기에 앞서(또는 진행함과 동시에) 법원에 절차구조신청을 하여 변호사보수 및 의료감정비용에 대한 구조결정을 받아 그 비용을 내지 않거나 유예받을 수 있다.

3. 절차보조인 지원

앞서 본 변호사보수는 후견심판청구를 한 청구인의 대리인인 변호사에게 지급되는 것이고, 정신감정 등의 비용을 지급해야 하는 사람도 후견심판청구를 한 청구인이다. 후견심판절차에서 피후견인이 될 사건본인은 청구인의 변호사로부터 법률적 지원을 받는 것이 아니다.

후견심판절차에서 피후견인이 될 사건본인은 정신적 능력이 부족하거나 결함이 있어 절차진행에 있어 누군가의 도움이 필요하다. 후견심판 청구인이 사건본인의 이익을 대변할 만한 사람이 아닌 경우도 많고, 실제 재산관리처분 등의 목적 때문에 이해관계가 대립되는 경우도 있어 후견심판청구인이 사건본인의 이익을 대변할 수 없는 경우도 있다. 이 경우 후견심판절차에서 사건본인의 절차진행과 의사표현을 도와줄 사람이 필요한데, 현재 우리 성년후견제도에서는 이러한 사건본인의 절차적 보조자를 마련해 두고 있지 않다. 독일의 경우 성년후견심판절차에서 변호사를 사건본인의 절차보좌인으로 선임해 주고, 그 비용도 국가가 지급하고 있다. 이러한 절차보좌인 제도는 후견제도가 피후견인의 권리를 침해할 위험이 있어 절차진행 과정에서부터 그의 권리를 옹호하고, 절차에서의 의사전달을 위한 절차적 조력자를 국가가 제공하도록 한 것이다.

4. 후견인보수의 지원

개정민법상의 성년후견제도는 후견인보수 및 후견사무 필요비용을 모두 피후견인의 재산 중에서 지급(지출)하도록 규정하고 있다(개정민법 제955조 및 제955조의 2). 아울러 후견감독인의 보수 및 후견감독사무 필요비용에 관해서도 위 규정들을 준용하고 있다. 위 개정민법 외에 후견인보수에 대해 언급하는 규정은 없어 현행 법령하에서는 후견인보수에 대한 국고지원은 법령상 근거가 없다.

과거 금치산제도하에서는 배우자, 직계혈족 등 친족이 법정후견인이 되었기 때문에 보수지급 근거규정이 있음에도 불구하고 실제 보수지급을 청구하는 사례는 극히 드물었다. 그러나 개정민법하에서는 제3자 후견인이 선임될 수 있다는 점에서 후견인 보수의 지급문제에 대해 대비해 둘 필요가 있다. 이하에서는 차례로 1) 피후견인이 무자력자인 경우, 2) 후견개시 이후 피후견인이 무자력자가 되는 경우, 3)

피후견인이 충분한 자력이 있는 경우로 나누어 문제상황을 살펴보도록 한다.

가. 피후견인이 무자력자인 경우

피후견인이 무자력자일 경우, 즉 재산이 없는 경우라면 후견인 보수를 피후견인의 재산에서 지급할 수 없게 되는 문제에 직면한다. 가족(친족)에게 제3자인 후견인에게 보수를 지급하도록 강제할 수 있는 법적 근거도 없으므로 법원이 가족(친족)에게 제3자인 후견인의 보수 지급을 명하는 것도 곤란하다.

피후견인이 각종 사회보장법령상의 수급자(국민기초생활보장, 장애인연금, 노령연금 등)로서 매월 일정한 금액을 수급하는 경우 그중 일부를 후견인 보수로 지급할 수 있는 가능성이 있으나, 위와 같은 사회보장 법령상의 수급액은 그 금액이 적고, 양도 및 담보가 금지되는 권리인 점을 고려해 볼 때 위 수급액을 피후견인의 생활에 사용하지 않고 후견인보수로 지급할 경우 피후견인에게 실질적인 경제적 타격이 적지 않을 수 있기 때문에 사회보장에 기한 수급금액을 후견인보수로 활용하는 것은 문제가 될 수 있다.

위와 같은 문제점을 해결하는 방법으로는 먼저, 피후견인이 무자력자일 경우 후견인보수 지급을 요구하지 않을 가족을 후견인으로 선임하는 방법을 생각해 볼 수 있다. 가족의 경우 통상 피후견인과 부양의무의 관계(민법상 부양의무자는 직계혈족 및 그 배우자, 생계를 같이 하는 친족)에 있고, 피후견인의 무자력상황을 알고 있는 가족후견인의 경우 특별한 사정이 없는 한 별도의 후견인보수를 청구하지 않는 경우가 일반적이기 때문이다.

다음으로, 피후견인이 무자력에다가 후견인이 되어 돌봐 줄 가족도 없는 경우에는 국가가 후견인보수를 지원해 주는 방법을 고려해 볼 수 있다. 후견인보수에 대한 국고지원제도는 현행 법령상 근거가 없기 때문에 별도의 법령규정을 두어야 하는 상황이다. 그 국고지원형태는 ① 법원이 주체가 되어 후견인보수를 지급하는 방법, ② 후견감독행정기관을 두어 지급하는 방법, ③ 지방자치단체가 주체가 되어 지급하는 방법 등을 생각해 볼 수 있다. 이하에서 보다 구체적으로 살펴본다.

① 법원이 주체가 되어 후견인보수를 지급하는 방법

개정민법은 후견인의 청구에 의하여 법원이 피후견인의 재산상태 기타 사정을 참작하여 피후견인의 재산 중에서 상당한 보수를 후견인에게 수여할 수 있도록 규정하고 있고(제955조), 가사소송법은 후견인의 위와 같은 보수청구를 라류 가사비송사건으로 다루고 있으므로, 후견인보수 지급은 법원의 결정사항이다. 이러한 현행 후견인보수 지급시스템을 유지하면서 무자력인 피후견인이 후견인보수를 지급하는 방법은 결국 법원의 피후견인 무자력여부 판단기준에 따른 결정과 일정한 기준에 따른 정액의 후견인보수 국고지급결정 등을 통해 국고에서 보수를 후견인에게 지급하는 것이어야 한다. 그리고 이는 법령의 제정이나 개정을 필요로 하는 사항이다.

② 후견감독행정기관을 두어 후견인보수를 지급하는 방법

개정민법은 별도의 후견감독행정기관을 상정하지 않고 있으나, 후견인 교육, 양성 및 관리감독의 역할을 할 수 있는 후견감독행정기관을 둘 경우 그곳에서 무자력 피후견인의 후견인에 대한 보수지급 문제를 관리할 수도 있다. 법무부의 2011년 연구용역보고서가 제안한 공인성년후견인등의 관리 및 지원에 관한 법률안[29]에 의하면, 법무부가 공인후견인 교육 및 자격, 관리감독의 역할을 하면서 동시에 공인후견(감독)인의 보수나 지출비용을 무자력 피후견인을 대신하여 법무부장관이 직접 그 일부 또는 전부를 후견인에게 지급하도록 하는 근거규정을 두고, 그 구체적 절차와 내용은 대통령령으로 정하도록 하고 있다(위 법률안 제9조). 위와 같은 개정은 개정민법 및 가사소송법이 법원이 후견인보수 및 비용지급을 결정하도록 하고 있는데, 이와 다른 보수지급절차와 체계가 노입되어 후견인보수 지급체계가 법원 및 법무부장관으로 이원화되는 문제점이 있다.

③ 지방자치단체가 후견인보수를 지급하는 방법

지방자치단체장은 개정민법상 후견심판청구를 할 수 있는 청구권자 중의 하나이며, 지역사회 내에서 사회복지를 담당하는 기관이어서 관할 내 담당사회복지사 등을 통하여 후견대상자가 될 사람들을 쉽게 발굴할 수 있다. 더 나아가 지역 내 장애인단체 등을 통하여 적은 보수를 받고서 후견인으로 활동할 수 있는 시민(공공)후견인을 양성할 수도 있다.

가족의 도움도 받기 어렵고, 자력도 없는 후견대상자를 각 지방자치단체에서 발굴하여 지방자치단체장 이름으로 후견심판청구를 하고, 그의 후견인으로 지방자치단체가 양성한 시민(공공)후견인을 후견후보자로 추천하여 법원이 그러한 시민(공공)후견인을 선임하며, 시민(공공)후견인은 피후견인이 무자력이므로 법원에 후견인보수를 청구하는 것이 아니라 지방자치단체가 실비변상적인 정액의 후견인보수를 위

29) 박정훈, "후견관리의 제도적 기반 구축과 후견제도 이용의 현실화를 위한 연구", 법무부 연구용역보고서, 2011, 99면 이하.

와 같은 시민(공공)후견인에게 지급하는 방식을 마련해 둘 필요성이 있다. 이 경우 현행 민법 등 법령의 개정이 필요하지 않고, 각 지방자치단체별로 조례를 제정하여 규율할 수도 있다. 후견인 보수지급 관련 조례를 제정할 경우 유의할 점은 후견인보수지급방식 및 재원의 근거마련, 후견인보수를 지원할 피후견인의 무자력기준과 관할의 범위, 후견인교육 및 양성방식과의 연계 등을 함께 고려해야 한다.

나. 후견개시 이후 피후견인이 무자력자가 되는 경우

후견개시 당시에는 피후견인이 자력이 있었으나, 후견진행 과정에서 재산의 손실, 비용(의료비, 주거비, 생활비 등)의 지출로 무자력이 되는 경우 후견인보수를 어떻게 지급할 것인지도 문제가 된다. 후견개시 당시부터 무자력자일 경우 앞서 본 국고나 지방자치단체의 비용지원을 활용할 수 있는 방안을 검토할 수 있으나, 후견개시 이후 피후견인이 무자력자가 되는 경우에는 그 이후부터 국가나 지방자치단체가 어떤 방식으로 후견인보수를 지원할 수 있는지 논의가 필요하다.

후견인보수에 대한 국가(지방자치단체)지원제도는 1) 후견인이 후견인보수를 지급받을 수 없다는 이유로 스스로 사퇴하는 상황을 막기 위한 제도적 장치로서 필요할 뿐만 아니라 2) 후견제도의 공공성과 비영리성을 유지하기 위한 제도로서, 즉 후견에 있어 국가화·사회화를 촉진하기 위한 제도로서 필요하다.

후견인이 후견업무를 진행하는 중에 보수를 지급받을 수 없는 사정이 발생한 경우 법원에 이를 알려 법원이 1) 후견인을 변경(전문직 후견인에서 보수가 적게 드는 시민(공공)후견인으로)하거나, 2) 후견사무를 변경(재산이 없음을 이유로 후견업무를 재산관리에서 신상보호로 전환)하도록 할 필요가 있고, 이러한 변경이 이루어진 이후 앞서 본 무자력 피후견인에 대한 국가(법원) 또는 지방자치단체의 후견인보수 국고지원시스템을 가동할 필요가 있다.

다. 피후견인의 자력이 충분한 경우

피후견의 자력(재산)이 충분한 경우라면 그 재산에서 후견인보수를 지급할 수 있기 때문에 별다른 문제가 발생하지 않는 것처럼 보이나, 이 경우에도 몇 가지 고려해야 할 사항이 있다.

먼저, 후견인보수 지급은 통상 장기적인 것이기 때문에 피후견인의 재산을 잠식하게 된다. 따라서 후견인보수의 지급으로부터 피후견인의 재산잠식을 막을 필요가 있다. 다음으로, 피후견인 재산의 잠식은 그 재산을 상속받을 상속인의 권리에 대한 잠재적 위험이 될 수 있다. 예컨대, 예금 1억 원이 있는 피후견인이 매월 50만 원씩 후견인보수(후견업무 지출비용은 별개임)를 위 예금의 원금으로 지급할 경우 17년쯤 지나면 위 예금은 고갈되고, 상속인들은 후견이 개시된 이후 17년이 지나면 피후견인 사망시 상속받을 돈이 하나도 없게 되므로, 상속인과 후견인의 이해관계는 대립될 수 있다.

이러한 피후견인 재산의 잠식과 상속인의 상속권 침해위험성을 막기 위해서는 후견인보수가 적정화되어야 할 뿐 아니라, 원본이나 원금의 잠식이 없도록 후견인보수지급방식을 설계할 필요가 있다. 예컨대, 위와 같이 1억 원이 예금이 있는 경우라면 후견인보수는 위 예금의 이자금액 이하로 한정하여 원금을 보호할 수 있도록 하고, 후견인도 위 예금의 처분을 마음대로 할 수 없도록 법원이 제한을 가하는 등의 방식이 필요하다. 그렇지 않을 경우 후견인이 피후견인의 재산을 자신의 보수나 후견업무비용으로 지출하는 것을 막기 어렵고, 이는 후견인 권한남용의 대표적 문제이기도 하다.

5. 전문직후견인 및 시민후견인의 양성

후견대상자는 질병이나 장애로 의사결정능력이 부족한 장애인·노인이기 때문에 대체로 가족의 보호부담이 크다. 가족의 경우라도 성년의 장애인·노인을 대신해서 그들의 재산과 신상을 결정할 법적 권한은 없기 때문에 그러한 권한은 후견을 통해서만 얻을 수 있게 된다. 가족 중에 위와 같은 후견인의 자질과 능력을 갖춘 사람이 없는 경우가 있을 수 있고, 피후견인에 따라서는 자신의 가족이 그러한 결정권한을 가지게 되는 것에 대해 반대의사를 표시할 수도 있으며, 피후견인의 재산이나 신상을 돌볼 가족이 없는 경우도 있기 때문에 가족 아닌 제3자 후견인은 새로운 후견제도에서 필수적인 상황이다.

후견인이 가지고 있는 다양한 권한(재산관리 및 신상보호)은 일반인의 통상적 지식만으로 행사하기 어렵고, 그 결정이 가지고 있는 중요성(의료행위 동의, 시설입소 결정, 재산처분 등)을 고려해 볼 때 고도의 판단과 신뢰를 요구하게 되므로, 후견인이 되기 위해서는 일정한 지식이 필요하다. 그렇다고 변호사, 법무사, 사회복지사와 같이 기존의 다른 자격을 취득한 사람만 후견인이 될 수 있도록 제한할 경우 가족이나 일반시민이 봉사목적으로 후견인이 될 기회가 박탈되는 문제점이 발생한다. 더 나아가 전문직을 가진 사람만이 후견업무를 더 잘하고, 피후견인의 권리옹호기관으로 더 잘 활동한다는 보장도 없다. 후견업무에서 가장 중요한 부분 중의 하나는 바로 피후견인과의 개인적 접촉과 욕구의 파악, 신뢰관계의 형성 등이기 때문이다.

변호사, 법무사, 사회복지사 등과 같은 기존에 전문직을 가진 사람이라 하더라도 후견업무를 맡기 위해서는 새로운 제도 및 후견인의 기능과 역할을 배울 필요가 있고, 시민후견인과 같이 비영리적 활동을 목적으로 하는 사람이라 하더라도 후견업무의 중대성과 피후견인 권리 및 신상에 대한 침해가능성을 고려해 볼 때 일정한 교육을 이수하도록 하거나 자격을 부여하는 국가적 관리시스템이 필요하다. 이러한 교육과 자격관리시스템이 양질의 후견인 후보자를 양성해 낼 수 있고, 법원이 적정한 선임기준을 정하여 피후견인에 적합한 후견인을 선임해 줄 때 피후견인의 재산과 권리를 보호하는 국가의 법률서비스 기관으로 후견인이 역할해 줄 수 있게 된다.

후견인 교육 및 양성과 관련해 현재는 각 자격사단체들(변호사단체, 법무사단체, 사회복지사단체 등)이 주로 활동을 하고 있고, 사회복지법인들에서도 부설기관 등을 설립하여 후견인 교육 및 양성을 맡으려 한다. 후견인 교육 및 양성기관은 기본적으로 비영리성과 공공성을 지향하여야 하고, 후견인 후보자 및 후견인에 대해 회원조직으로서 적절한 관리감독기관의 역할도 함께 수행하여야 하며, 그 회원의 피후견인에 대한 권리침해에 대해 손해배상 등을 연대하여 부담할 수 있는 조직과 재산을 갖춘 기관이어야 한다.

6. 지방자치단체장 청구의 활성화

개정민법이 후견심판청구권자 중의 하나로 기존의 금치산제도에서 없던 청구권자인 지방자치단체장을 추가하게 된 이유는 장애인·노인 등에 대한 국가의 복지담당기관으로서 지방자치단체가 역할을 할 수 있도록 한 것이다. 이는 후견개시 자체를 행정기관인 지방자치단체장이 주도할 수 있도록 하여 후견이 가족제도 내에서 맴돌지 않고 복지제도의 하나로 포섭되어 정착할 수 있게 만든다. 지방자치단체장의 후견심판청구가 활성화되기 위해서는 후견지원시스템, 예산, 인력 등 몇 가지 전제조건들이 필요하다.

가. 후견지원시스템

지방자치단체장이 후견심판청구를 하기 위해서는 1) 관할구역 내 후견대상자를 담당 사회복지사 등을 통해 발굴하고, 대상자의 욕구와 수요를 확인하여 적정한 후견유형(성년후견, 한정후견, 특정후견)을 정해 변호사를 통해 후견심판을 법원에 청구하고, 2) 후견인으로 선임될 적당한 가족(친족)이 없는 경우에는 관할 내에서 시민(공공)후견인으로 양성된 후보자를 법원에 추천하며, 3) 법원이 시민(공공)후견인을 선임하여 후견관계가 성립된 이후에는 시민(공공)후견인에 대한 감독과 무자력 피후견인의 후견인에 대한 보수지급도 대신 담당할 필요가 있다. 이와 같은 후견지원시스템은 지방자치단체 내의 일정한 부서(예컨대, 복지국·과)가 총괄적으로 관리하고, 교육 등 특정업무는 위탁하는 것도 가능할 것이다.

나. 후견지원예산

예산지원의 경우 지방자치단체의 후견지원시스템에 필요한 예산으로는 1) 후견심판절차비용(후견심판청구 변호사위임비용, 정신감정비용), 2) 후견인보수 및 후견업무비용(무자력 피후견인의 후견인보수 지급비용, 후견업무 수행시 필요한 비용), 3) 후견인 교육 및 양성비용(시민후견인 교육지원비용, 시민후견인 관리비용)이 필요하다.

다. 후견지원인력

후견지원인력으로는 1) 관할지역 내 후견대상자를 찾아내는 것을 지원하고, 그 수요와 욕구를 확인하는 담당 사회복지사, 2) 법원에 후견심판청구를 법률적으로 대리할 수 있는 변호사, 3) 관할지역 내 시민후견인 양성을 담당할 기관 및 담당사, 4) 시민후견인으로 양성된 후견인 후보자들, 5) 위 각 기관과 전문인력을 연결시키는 지방자치단체 내 공무원 또는 부서 등이 필요하다.

위와 같은 후견지원인력은 모두 네크워킹으로 연결되어 있어야 할 필요성이 있고, 만약 지방자치단체 내에서 위와 같은 모든 것을 담당하기 어렵다고 한다면, 성년후견지원업무를 관할지역 내 정신보건센터나 사회복지사협의회 등에 위탁하여 그 센터나 협의회의 지역정신보건복지서비스 업무 중의 하나로 성년후견지원업무를 담당하도록 할 수도 있다.

제4절 사회복지제도에서 후견인의 권한과 역할

사회복지제도 내에서 후견인은 어떠한 역할을 할 수 있을 것인가? 역사적으로 보면 성년후견제도는 정신적 능력이 부족한 가족의 가산(家産)을 가족 중 하나가 후견인이 되어 관리하는 제도였기 때문에 후견인의 역할은 피후견인의 재산관리에 치중하였고, 피후견인의 신상보호 업무는 중요하게 여겨지지 않았다. 그러나 현대에 들어서 장애와 노령으로 인해 가족 또는 시설로부터 재산이나 신체를 침해당하는 사람들이 늘어나면서 국가가 선임하는 후견인이 그러한 피후견인에 대한 침해를 막고, 피후견인의 권리를 옹호해 줄 수 있는 제도적 기능이 있다고 여겨져 왔다.[30] 그러나 아직까지 사회복지제도를 규율하는 법령들은 후견인의 역할과 기능에 대해 알지 못하고 있다. 사회복지사업법, 노인복지법, 장애인복지법, 정신보건법 등에서 각종의 사회서비스 신청을 할 수 있는 자들 중에 후견인이 신청권자로 규정되어 있지 않거나, 후견인이 가족보다도 후순위로 밀려나 있는 것을 보면 사회복지입법에서 후견인의 기능과 역할에 대한 인식이 아직 부족함을 알 수 있다.

이하에서는 이러한 문제점을 인식하고서, 후견인이 각종 사회복지제도에서 어떠한 역할을 할 수 있는지 개별법령을 통해 구체적으로 살펴보고, 현행 법령의 문제점들과 개선방안을 검토해 보기로 한다. 먼저 사회보장입법에서 기본법이라 할 수 있는 사회보장기본법과 사회복지사업법을 살펴보고, 사회복지서비스 전달체계의 하나로 최근 제정·시행된 '사회서비스 이용 및 이용권에 관한 법률'을 본 후 각 개별 사회보장입법들(아동복지법, 노인복지법, 장애인복지법, 정신보건법, 노인장기요양보험법 등)을 살펴본다.

Ⅰ. 사회보장기본법 등

1. 사회보장기본법

가. 사회보장 및 사회보장수급권의 개념

2012. 1. 26. 전문개정된 사회보장기본법(2013. 1. 27. 시행)은 모든 국민이 사회보장 관계법령에서 정하는 바에 따라 사회보장급여를 받을 권리를 '사회보장수급권'이라 하고 있으며,[31] '사회보장'의 개념

30) 사회복지제도에서 권리옹호 시스템에 대한 구체적 내용으로는 이명현, "사회복지에서의 이용자 지원을 위한 권리옹호시스템에 대한 고찰", 한국사회복지학 제56권 제2호, 2003, 29면 이하를 참조할 것.

을 전문개정 전에는 '질병, 장애, 노령, 실업, 사망 등'의 사회적 위험만을 두고 있다가 '출산, 양육, 빈곤'을 사회적 위험에 추가하고, 사회보장의 영역으로 '사회보험, 공공부조, 사회복지서비스 및 관련복지제도'를 두던 것을 '사회보험, 공공부조, 사회서비스'로 개정하였다.[32] 한편 사회서비스의 내용에 대해서는 '국가·지방자치단체 및 민간부문의 도움이 필요한 모든 국민에게 복지, 보건의료, 교육, 고용, 주거, 문화, 환경 등의 분야에서 인간다운 생활을 보장하고 상담, 재활, 돌봄, 정보의 제공, 관련 시설의 이용, 역량 개발, 사회참여 지원 등을 통하여 국민의 삶의 질이 향상되도록 지원하는 제도'로 설명하고 있다.[33]

나. 사회서비스와 성년후견제도의 역할

사회서비스의 개념 범주는 위에서 본 바와 같이 그 범주와 내용이 포괄적이고, 도움이 필요한 모든 국민을 그 대상으로 하기 때문에 법원이 운영하는 성년후견제도까지도 사회서비스의 한 내용으로 포섭될 수 있다. 성년후견제도가 위와 같은 사회서비스의 한 내용이 될 수 있는 또 다른 이유는 사회서비스전달체계에서 후견인이 보호필요성이 있는 피후견인과 사회서비스 공급자 사이를 계약 등을 통해 연결해 주는 중간매개자로서의 역할을 해 줄 수 있고, 후견인은 가족관계에서 자연발생적으로 되는 것이 아니라 국가(법원)가 신임방식을 통해 일정한 권한과 의무를 부여한 기관이기 때문이다.

---

31) 사회보장수급권의 개념과 내용에 대해서는 신권철, 앞의 논문, 209-212면을 참고할 것.

32) 사회보장기본법 제3조 제1호.

33) 사회보장기본법 제3조 제4호.

성년후견제도가 사회서비스의 한 내용으로 포섭될 경우 법원으로부터 후견인을 제공받을 권리가 후견대상자의 '사회보장수급권'의 한 내용으로 보호받을 수 있을지는 논란의 여지가 있다. 개정민법상 성년후견제도가 현재까지는 피후견인의 재산에서 후견인보수 및 후견업무비용을 지출하도록 하고, 별다른 후견인보수 지원제도를 마련하지 않고 있는 점, 후견대상자에게 구체적으로 특정 후견인 선임에 대한 권리를 보장하지는 않고 있는 점을 고려해 볼 때 아직까지는 관계법령에서 피후견인에게 후견인 선임 및 보수 등과 관련해 사회보장수급권으로서 보호하는 범위까지 이르렀다고 보기는 어렵다. 다만, 후견제도와 관련해 피후견인에게 절차보좌인 지원시스템이나 후견인보수 지원시스템을 마련할 경우 후견대상자로서는 이러한 지원을 요구할 수 있는 사회보장수급권이 보장될 수 있다.

다. 사회서비스의 신청방식

사회서비스가 필요한 사람이 그 서비스를 받기 위해서는 두 가지 방식이 있는데, 하나는 국가측에서 수급자의 의사와 무관하게 일방적으로 행정조치로서 서비스나 수급자격을 부여하는 방식(직권방식), 다른 하나는 수급자가 서비스나 수급자격에 대한 신청을 하여 국가측에서 이에 대한 심사 등을 거쳐 서비스나 수급자격을 부여하는 방식(신청방식)이다. 전자의 경우 신청능력이 없는 수급자도 혜택을 누릴 수 있는 장점이 있으나, 일률적 서비스제공이 수급자의 수요나 욕구에 반할 수 있는 단점이 있다. 후자의 경우 신청인의 수요와 욕구에 적합한 서비스제공이 가능하나, 신청능력이 없는 사람들의 경우 사회서비스 제공 자체를 얻을 수 없는 위험이 있다.

이러한 양 방식의 문제점을 감안하여 사회보장기본법은 원칙적으로 사회보장급여(사회서비스 포함)를 받으려는 사람이 국가나 지방자치단체에 신청하도록 하고, 예외적으로 관계법령에서 정하는 경우 국가나 지방자치단체가 신청을 대신할 수 있도록 하였다.[34] 이는 질병·장애·노령 등의 이유로 사회보장급여 신청이 누락될 수 있는 사람을 방지하기 위한 규정이라 할 수 있다.

다만 문제점으로 지적될 수 있는 것은 1) 관계법령이 이를 정해놓지 않고 있는 경우에는 여전히 사회서비스 신청을 국가나 지방자치단체가 대신 할 수 없는 것이 아닌가라는 의문이 있고, 2) 사회복지관계법령은 대체로 국가나 지방자치단체가 아닌 가족 등을 사회보장급여 신청자로 추가해 놓고 있으며, 3) 국가나 지방자치단체는 사회보장급여의 제공자로서 역할을 하여야 하는데, 수급자를 대신하여 신청자로서의 역할도 대신하도록 하는 것은 수급자의 자율성을 침해할 소지도 있다. 예컨대, 장애나 질병이 있다고 하여 국가가 의사결정능력이 부족한 사람을 대신해 병원이나 시설의 사회서비스를 받기 위해 입소(입원)라는 사회서비스를 신청할 경우, 이는 사실상 의사에 반한 강제적 조치를 띨 여지가 있기 때문이다.

사회서비스의 신청권자로서 사회보장기본법이 명시하지 않고 있는 후견인은 피후견인을 대신하여 사회서비스를 신청할 수 있는가? 사회보장기본법은 명문으로 사회보장급여를 받으려는 사람만을 그 신청권자로 하고 있기 때문에 후견인에게 그러한 권한이 있는지 여부가 법령상 명시적으로 나타나 있지는 않다.

생각건대, 후견의 유형 중 성년후견인은 원칙적으로 사회서비스 신청의 적법한 대리권자가 될 수 있다고 보아야 한다. 그 이유는 1) 성

---

34) 사회보장기본법 제11조 제1항.

년후견인은 피후견인의 신상보호를 위해 필요한 조치를 할 권한이 있는데(개정민법 제947조), 사회서비스 신청은 그러한 보호를 실현하는 것이고, 2) 성년후견인은 원칙적으로 피후견인에 대해 법정대리권이 있어(개정민법 제938조 제1항 및 제2항) 행정법상의 법률행위인 신청행위도 위와 같은 법정대리권에 따라 대리할 수 있기 때문이다. 다만 개정민법이 성년후견인의 대리행위를 제한하는 경우로 1) 가정법원이 신상에 관한 결정의 범위를 제한해 둔 경우(개정민법 제938조 제3항)가 있고, 2) 성년후견인이 피성년후견인을 치료 등의 목적으로 정신병원이나 그 밖의 다른 장소에 격리하려는 경우, 신체침해 의료행위의 직접적 결과로 사망 또는 상당한 장애를 입을 수 있는 상황에서 피성년후견인이 동의할 수 없는 경우에는 가정법원의 허가를 받고서 후견인이 대신할 수 있다(개정민법 제947조의 2 제2항 내지 제4항).

한정후견의 경우 법원으로부터 일정한 범위의 대리권을 수여받을 수 있는데, 법원의 대리권한 수여범위 내에 사회보장급여(사회서비스)의 신청이 포함되는 경우라면 한정후견인도 사회서비스 신청의 대리권이 있다고 볼 것이다.

성년후견, 한정후견 모두 사회서비스 신청 중 치료나 격리 목적의 복지시설입소, 사망이나 중대한 장애를 일으킬 수 있는 신체침습적 의료서비스를 신청하는 경우라면 법원의 허가를 필요로 한다고 볼 것이다. 사회서비스 중 노인요양시설, 장애인복지시설 등의 시설급여신청 및 생명 등 침해의 위험이 있는 의료서비스의 신청은 사실상 장기간의 격리 또는 생명의 위협 등 피후견인의 재산·신체를 침해할 우려가 있어 후견인에 대해 법원의 사법적 통제가 필요하다.

라. 국가와 가정의 관계

사회보장기본법은 선언적이기는 하지만, 국가와 국민의 책임, 가정과의 관계 등을 명시적으로 규정해 놓고 있다. 먼저 국가와 지방자치단체가 국민의 인간다운 생활을 유지·증진하는 책임이 있고(사회보장기본법 제5조 제1항), 국민은 자신의 능력을 최대한 발휘하여 자립·자활할 수 있도록 노력할 의무가 있다(같은 법 제7조 제1항). 다음으로 국가와 지방자치단체는 가정이 건전하게 유지되고 그 기능이 향상되도록 노력하고, 사회보장제도를 시행할 때에 가정과 지역공동체의 자발적인 복지활동을 촉진할 것을 규정하고 있다(같은 법 제6조 제1항 및 제2항).

위와 같은 사회보장기본법을 보면 성년후견제도 또한 어느 정도 사회보장적 성질을 띠고 있음을 알 수 있다. 위와 같은 원칙적 규정들을 성년후견제도와 관련해 적용해 보면, 1) 성년후견제도에서 피후견인은 자신의 능력을 최대한 발휘하여 자립·자활할 수 있도록 노력하고, 국가와 지방자치단체는 이를 보장할 책임이 있고, 2) 가정 및 지역공동체의 자발적 후견활동을 우선하고, 성년후견제도의 시행 시에는 가정이 건전하게 유지되고, 그 기능이 향상되도록 노력할 필요가 있음을 의미한다. 이는 독일 등 외국의 예에서 보는 바와 같이 후견의 최소필요성과 보충성을 고려해 후견개시를 하며, 후견인 선임에 있어 가정 내 후견이 기능하도록 가족(친족)후견인의 자발적 후견활동을 촉진할 것을 의미하는 것이기도 하다.

보다 구체적으로 말하면, 1) 먼저 후견이 필요한지 여부에 대해 피후견인의 욕구나 필요를 후견인을 통해서만 충족시킬 수 있는지 검토하면서 다른 대체적 수단, 예컨대 가족에 의한 보호만으로 기능하다면 후견을 제한할 필요가 있고, 2) 다음으로, 후견의 유형을 선택할 경우에는 권리의 박탈이나 제한이 가장 적은 특정후견을 원칙으로 할 수 있도록 그 기준을 설정하는 것이 필요하며, 3) 끝으로, 후견인 선임에 있어서는 가족후견인을 우선적으로 고려하는 것이 후견인 보수 문제나 가족과 제3자 후견인과의 분쟁을 막을 수 있는 방법임을 인식하는 것이다.

2. 사회복지사업법

가. 사회복지사업의 범주

사회복지사업법은 사회복지사업의 개념을 다음과 같이 규정하여 그 구체적 내용과 범위를 한정짓고 있다.

> 「"사회복지사업"이란 다음 각 목의 법률[35]에 따른 보호 · 선도(善導) 또는 복지에 관한 사업과 사회복지상담, 직업지원, 무료 숙박, 지역사회복지, 의료복지, 재가복지(在家福祉), 사회복지관 운영, 정신질환자 및 한센병력자의 사회복귀에 관한 사업 등 각종 복지사업과 이와 관련된 자원봉사활동 및 복지시설의 운영 또는 지원을 목적으로 하는 사업을 말한다(사회복지사업법 제2조 제1호).」

---

35) 법률의 명칭은 다음과 같다. 가. 「국민기초생활 보장법」, 나. 「아동복지법」, 다. 「노인복지법」, 라. 「장애인복지법」, 마. 「한부모가족지원법」, 바. 「영유아보육법」, 사. 「성매매방지 및 피해자보호 등에 관한 법률」, 아. 「정신보건법」, 자. 「성폭력방지 및 피해자보호 등에 관한 법률」, 차. 「입양특례법」, 카. 「일제하 일본군위안부 피해자에 대한 생활안정지원 및 기념사업 등에 관한 법률」, 타. 「사회복지공동모금회법」, 파. 「장애인 · 노인 · 임산부 등의 편의증진 보장에 관한 법률」, 하. 「가정폭력방지 및 피해자보호 등에 관한 법률」, 거. 「농어촌주민의 보건복지증진을 위한 특별법」, 너. 「식품기부 활성화에 관한 법률」, 더. 「의료급여법」, 러. 「기초노령연금법」, 머. 「긴급복지지원법」, 버. 「다문화가족지원법」, 서. 「장애인연금법」, 어. 「장애인활동 지원에 관한 법률」, 저. 「노숙인 등의 복지 및 자립지원에 관한 법률」, 처. 「보호관찰 등에 관한 법률」, 커. 「장애아동 복지지원법」.

사회복지사업이란 위 법규정에 따를 경우 1) 사회복지 관련법령에서 2) 보호를 요하는 요보호자(장애인, 노인, 노숙인, 아동, 영유아, 장애아동, 한부모가족, 다문화가족, 성폭력피해자, 농어촌주민, 출소자, 정신질환자, 한센병력자 등)를 상대로 3) 상담 · 보호 · 선도 · 직업지원 · 무료숙박 · 사회복귀 등의 서비스를 제공하는 사업과 사회복지관 운영, 복지사업 관련 자원봉사활동 및 복지시설 운영 · 지원을 목적으로 하는 사업을 의미한다.

한편, 사회복지사업법은 사회보장기본법과 달리 사회서비스가 아닌 사회복지서비스와 보건의료서비스의 개념을 구분하여 규정하고 있다.[36] 이는 사회보장기본법이 사회서비스를 '복지, 보건의료, 교육, 고용, 주거, 문화, 환경 등의 폭넓은 분야로 확장한 것에 비해 사회복지사업법은 사회복지서비스와 보건의료서비스만을 떼어내어 복지와 보건의료분야만으로 한정한 것으로 보인다. 이는 결국 사회보장기본법을 사회보장법상 최상위의 기본법으로 사회서비스 전체 범주에 적용되도록 하고서, 그중 사회복지서비스나 보건의료서비스는 사회서비스의 하위범주를 구성하는 것으로 두어 사회복지사업법을 이에 대한 기본법으로 적용되도록 하고, 그 아래에 다양한 사회복지법령을 규율하도록 한 것이라 이해할 수 있다.

나. 사회복지서비스의 신청

2012년 개정된 사회복지사업법은 그 기본이념으로 1) 사회복지를

---

36) 사회복지사업법 제2조 제6호 "사회복지서비스"란 국가 · 지방자치단체 및 민간부문의 도움을 필요로 하는 모든 국민에게 상담, 재활, 직업 소개 및 지도, 사회복지시설의 이용 등을 제공하여 정상적인 사회생활이 가능하도록 제도적으로 지원하는 것을 말한다. 제7호 "보건의료서비스"란 국민의 건강을 보호 · 증진하기 위하여 보건의료인이 하는 모든 활동을 말한다.

필요로 하는 사람은 누구든지 자신의 의사에 따라 서비스를 신청하고 제공받을 수 있고, 2) 사회복지법인 및 사회복지시설은 공공성을 가지며 사회복지사업을 시행하는 데 있어서 공공성을 확보하여야 하며, 3) 사회복지사업을 시행하는 데 있어서 사회복지를 제공하는 자는 사회복지를 필요로 하는 사람의 인권을 보장하여야 한다는 규정을 신설하였다. 위와 같이 사회복지사업법에 기본이념을 신설한 취지는 당시 사회복지시설에서 이루어진 인권침해행위를 다룬 영화로 인해 사회복지법인 및 시설 대표자의 전횡, 시설이용자에 대한 인권침해 및 범죄행위 등이 사회문제로 대두됨에 따라 시설이용자의 인권보호와 사회복지법인 및 시설운영의 공공성을 강화할 목적으로 기본이념 규정을 신설한 것이다.

신설된 사회복지사업법상의 기본이념 중 하나는 사회복지서비스의 신청은 사회복지서비스가 필요한 사람 누구든지 자신의 의사에 따라 신청하도록 한 것인데, 이는 서비스가 필요한 사람의 결정과 선택에 따라 서비스를 제공하여야 하는 이른바 서비스 수요자의 자기결정권 존중을 확인하는 의미라 볼 수 있다.

구체적으로 사회복지서비스 신청방식을 보면 1) 사회복지서비스를 필요로 하는 사람(보호대상자)과 그 친족, 그 밖의 관계인은 관할 시장 · 군수 · 구청장에게 보호대상자에 대한 사회복지서비스의 제공을 신청할 수 있고, 2) 시 · 군 · 구 복지담당공무원도 법에 따른 보호대상자가 누락되지 아니하도록 하기 위하여 관할지역에 거주하는 보호대상자의 서비스 제공을 직권으로 신청할 수 있으며, 이 경우 보호대상자의 동의를 받아야 하고, 동의를 받은 경우에는 보호대상자가 신청한 것으로 본다(사회복지사업법 제33조의 2 제1항 및 제2항).

사회보장수급권이 실현되는 절차적 메커니즘에 있어 사회복지서비스 신청은 그 수급권 실현의 첫 단계라는 점에서 중요한 의미가 있다. 2003년 사회복지사업법 개정을 통해 입법화된 사회복지서비스 신청제도는 사회복지서비스의 수령에 있어 당사자의 의사 또는 동의에 따른 신청을 기본적인 출발점으로 하고 있다. 이와 관련하여 그 구체적 내용을 차례로 살펴본다.

① 신청주체

사회복지서비스 수급자 중의 일부(아동, 장애인, 노인, 정신질환자 등)는 서비스신청을 할 능력이 부족하거나 결여되어 있어 그 보호자가 신청을 할 수도 있고, 복지담당공무원이 직권으로 신청할 수도 있다. 이러한 신청의 경우 사회복지서비스신청권자와 그 서비스수급권자의 사실상 분리가 일어나게 되며, 수급권자의 의사에 반하거나 의사에 기하지 않는 사회복지서비스의 실현이 일어날 수 있다. 예컨대, 장애아동이나 치매고령자에 대한 시설입소신청에 있어 그러한 일이 발생할 수 있다. 생각건대, 특히 시설입소 등의 사회복지서비스 신청은 수급권자의 자기결정권을 존중하여야 하며, 그러한 자기결정권을 행사할 능력이 부족할 경우에는 그러한 의사결정능력을 보완해 주려는 노력(교육이나 경험을 통한 선택권 보장)이 필요하고, 그것마저 어려운 경우에는 수급자의 이익을 위하여 의사결정을 대신할 후견인을 통한 결정이 필요할 것이다.

⑵ 신청내용

사회복지사업법은 사회복지서비스를 필요로 하는 자가 관할 시장·군수·구청장에게 사회복지서비스의 제공을 신청할 수 있도록 규정하고 있으며, 과거 같은 법 시행규칙에 의한 사회복지서비스 신청서 서식에는 ⓐ 생활비 지원, ⓑ 의료재활 서비스, ⓒ 주거지원서비스, ⓓ 취업지원, ⓔ 상담·후원서비스 ⓕ 시설이용·입소서비스 등을 규정하고 있었으나, 2009. 11. 30. 위 시행규칙상의 서식은 삭제되었다. 사회복지서비스 신청권자(그 밖의 관계인을 포함하고 있음)나 신청내용이 어떠한 것이어야 하는지 구체적인 규정이 없는 점을 고려해 볼 때, 위에서 본 서식에서 규정하고 있던 내용 외에도 사회복지사업법이 그 내용으로 하고 있는 상담, 보호, 선도, 직업지원, 무료숙박, 사회복귀 등도 포함된다고 할 것이다.

③ **신청 및 서비스 제공절차**

사회복지서비스 제공절차를 사회복지사업법의 조문내용에 따라 구체적으로 정리하면 다음과 같다(사회복지사업법 제33조의 2 내지 7).

a) 사회복지서비스 제공(변경)신청: 복지서비스를 필요로 하는 당사자가 시장·군수·구청장(이하 '시장등'이라 한다) 복지서비스의 제공 또는 변경을 신청
b) 복지요구조사: 시장등이 복지담당공무원에게 복지요구와 관련된 보호대상자 및 그 부양의무자의 재산, 근로능력, 취업상태, 복지서비스 수혜이력 등을 조사
c) 의견청취: 보호대상자 및 그 친족, 관련 기관 및 단체의 의견청취
d) 서비스 제공여부 및 유형 결정: 보호대상자의 서비스 제공여부 및 서비스 유형 결정
e) 보호대상자별 서비스 제공계획 수립: 보호대상자의 경제상황, 가정상황 및 건강상황을 종합적으로 고려하여 사회복지 및 보건의료서비스가 제공될 수 있도록 개별화된 서비스 제공계획 수립

f) 서비스 제공: 보호대상자별 서비스 제공계획이 수립되면 서비스를 실시하며, 보호대상자에 대한 서비스 제공은 현물제공을 원칙으로 함

g) 서비스 이용방식: 시장등은 국가나 지방자치단체 외의 자로 하여금 서비스를 실시하게 하는 경우에는 보호대상자에게 '사회복지서비스 이용권'(이른바, '바우처')을 지급하여 그 이용권으로 서비스를 받게 할 수 있음

다. 사회복지서비스 신청절차에서 후견인의 역할

사회복지사업법은 후견인을 알지 못하고 있지만, 사회복지서비스 신청에 있어서도 후견인은 일정한 역할을 할 수 있다. 먼저 개정민법상 후견유형 중 성년후견인의 경우 앞서 본 바와 같이 법정대리권이 있고, 신상보호 업무도 후견인의 업무 중 하나이기 때문에 사회복지서비스 신청을 피후견인을 대신하여 대리할 수 있다. 그 밖에 한정후견인의 경우에도 앞서 본 바와 같이 법원으로부터 일정한 범위의 대리권을 수여받았을 경우 그 범위 안에 사회복지서비스 신청이 포함되어 있다면 피후견인을 대리하여 사회복지서비스 신청이 가능하다. 다만 후견인이 사회복지서비스와 관련해 대리신청을 할 경우 피후견인의 의사에 의하지 아니한 시설입소서비스 신청은 가정법원의 허가를 필요로 한다고 해석되어야 할 것이다.

사회복지서비스 신청절차에서는 1) 복지요구의 조사과정에서 보호대상자에게 의견진술기회를 부여하고(사회복지사업법 제33조의 3 제5항), 2) 보호대상자별 서비스 제공 계획을 작성할 때에는 보호대상자 또는 친족의 의견을 고려하도록 규정하고 있다(사회복지사업법 제33조의 5 제1항). 이는 사회복지서비스 신청제도를 이용하여 보호대상자를 의사에

반해 사실상 강제로 시설에 입소시키는 등의 문제를 막고자 보호대상자에게 의견진술기회 등을 보장하려는 취지를 가지고 있는데, 후견인은 위 절차에서 의견진술의 기회가 보장되어 있지 않다. 후견인이 사회복지서비스 신청의 대리권이 있고, 피후견인의 신상을 보호할 임무가 있는 이상 적어도 서비스 제공 계획을 작성하거나, 복지요구 조사과정에서 후견인의 의견진술 기회도 함께 보장할 필요성이 있다. 이는 가족에 의한 시설입소과정을 피후견인의 권리옹호기관으로서 후견인이 적절히 통제할 수 있는 기회를 제공하는 것이기도 하다.

후견인이 가족이나 피후견인 본인에 의한 사회복지서비스 신청을 변경·취소(철회)할 수 있는지 논란의 여지가 있다. 피성년후견인의 법률행위에 대해 성년후견인은 법정대리권 외에도 피성년후견인의 법률행위를 취소할 수 있는 취소권을 가지고 있는 점(개정민법 제10조 제1항), 피성년후견인에 대한 신상보호의무가 있는 점을 고려해 볼 때 성년후견인은 가족이나 피성년후견인 본인의 사회복지서비스 신청을 취소(철회)할 권한이 있다고 할 것이다. 한정후견인의 경우에는 가정법원이 한정후견인의 동의를 얻어야 하는 법률행위의 범위를 정할 수 있으므로 법원이 정한 범위에 사회복지서비스 신청·변경이 포함되어 있는 경우 그 동의를 얻지 않고 한 피한정후견인의 사회복지서비스 신청행위는 취소가능하다(개정민법 제13조 제4항).

3. 사회서비스 이용 및 이용권 관리에 관한 법률

가. 사회서비스 이용

2011. 8. 4. 제정되어 2012. 2. 5. 시행된 '사회서비스 이용 및 이용권 관리에 관한 법률(이하 '사회서비스이용법'이라 한다)은 사회서비스

의 범주를 '사회복지서비스와 보건의료서비스, 그 밖에 이에 준하는 서비스로서 대통령령이 정하는 서비스'로 규정하고 있다. 사회서비스이용법은 사회서비스 이용자가 사회서비스이용권(바우처)을 사회서비스 제공자에게 제시하면 일정한 사회서비스를 제공하고, 그 사회서비스 비용의 전부나 일부를 국가나 지방자치단체가 부담하는 이른바 바우처제도를 규율하고 있다.

사회서비스는 사회복지사업법이 정한 사회복지서비스(상담, 재활, 직업 소개 및 지도, 사회복지시설의 이용 등을 제공하여 정상적인 사회생활이 가능하도록 제도적으로 지원하는 것) 외에 보건의료서비스, 기타 대통령령이 정하는 서비스를 추가하여 사회서비스의 범주를 정책적 판단에 따라 확대할 수 있도록 하고 있다. 이러한 사회서비스는 행정서비스(공공서비스)와 달리 국민들의 일상생활과 관련되어 있고, 경제활동을 직접 지원하는 경제서비스가 아닌 가족과 공동체를 위한 생활서비스이다.[37]

사회서비스이용법 제정 이전부터 보건복지부는 2006년 사회서비스 혁신추진단을 만들어서 2007년 4월부터 노인돌보미 바우처사업, 중증장애인 활동보조사업, 산모·신생아도우미사업, 지역사회서비스 혁신사업 등을 총 1,539억여 원의 예산을 들여 15만여 명의 사람에게 서비스를 시행하기로 계획하였고,[38] 2012년 기준으로 약 132만 명의 사람들이 바우처제도를 이용한 사회서비스를 제공받았고, 그 지급액만도 9,005억 원에 이른다.[39] 2012년 현재 시행중인 사회서비

37) 이재원, 사회서비스 전자바우처(연구총서 08-1), 재단법인 사회서비스관리센터, 2008, 9면.

38) 이재원, 앞의 책, 41면.

39) 보건복지부 사회서비스 전자바우처 홈페이지(http://www.socialservice.or.kr/user/htmlEditor/statistic/view.do?p_sn=15)(2013. 5. 1. 최종방문).

스 사업은 노인돌봄종합서비스, 장애인활동지원사업, 장애아동재활치료사업, 산모·신생아도우미사업, 가사간병방문사업, 지역사회서비스투자사업, 임신·출산진료비지원사업, 아이사랑보육서비스 등이다.

나. 사회서비스 이용의 법적 구조

사회복지서비스 이용권을 통하여 국가나 지방자치단체가 아닌 사회복지서비스를 제공하는 기관 또는 단체(사회서비스 제공자)로부터 사회복지수급권자가 서비스 등을 제공받고, 국가나 지방자치단체가 그 실시기관에 그 서비스 비용을 제공하는 방식으로 무상의 사회복지수급권이 실현된다. 사회복지서비스 이용권(바우처)이 사회복지수급권자가 일정한 서비스를 제공받을 수 있는 권리라는 점에서 재산적 가치가 인정되고, 사회서비스 제공자는 위 이용권자에게 서비스를 제공할 의무가 발생하게 된다는 점에서 민사상 권리의무관계와 유사하게 된다. 또한 사회서비스 제공자는 국가 등과의 관계에서는 공법상 계약에 따른 금전적 권리의무관계가 형성된다.

이와 같이 구체적 사회복지서비스 실현과정에서 그 서비스실시기관이 국가가 아닌 사인(私人)이라는 점에서 사회복지수급권자와 서비스 제공자의 관계가 對 사인적 관계로 전환되면서 발생하는 다양한 문제에 대해서도 새로운 이해가 필요하게 된다. 즉 사회복지수급권이 국가에 대한 주관적 공권에서 사인에 대한 사법(私法)적 청구권으로 전환되는 과정에서 발생하는 문제점을 고려할 필요가 있는 것이다.

다. 사회서비스 이용에 있어 후견인의 역할

앞서 본 사회서비스 중 노인돌봄종합서비스, 장애인활동지원사업, 장애아동재활치료사업, 가사간병방문사업 등은 피후견인을 위해서 유용한 서비스로 활용될 수 있고, 법원으로부터 권한을 받은 후견인은 피후견인을 위하여 사회서비스 이용권 발급을 신청하고, 사회서비스 이용관 관련된 본인부담금을 납부하며, 피후견인을 대신하여 사회서비스 제공자와 이용계약을 체결할 권한이 있다.

현행 사회서비스이용법은 사회서비스이용권 발급의 신청권자로 1) 발급대상자(본인), 2) 발급대상자의 친족, 3) 발급대상자의 법정대리인을 규정하고 있으므로(위 법 제9조) 법원으로부터 권한을 부여받은 후견인은 발급대상자의 법정대리인으로서 사회서비스이용권 발급을 신청할 수 있다.[40][41]

한편, 사회서비스를 이용하기 위해 본인부담금을 지방자치단체 등이 지정한 은행에 납부할 필요가 있는 경우(예컨대, 장애인활동지원사업의 경우 기초생활수급자는 본인부담금이 면제되나, 가구평균소득과 등급에 따라 6% 내지 15%의 본인부담금을 지급하여야 함) 그 납부행위(비용지출행위)도 위와 같이 권한을 부여받은 후견인이 대신할 수 있다.

그 밖에 사회서비스 이용권을 발급받은 발급대상자(이용자)의 후견인은 법원으로부터 권한을 받은 범위 내에서 사회서비스 제공자를 선

---

40) 성년후견인은 개정민법 제938조에서 이 명문으로 법정대리권을 인정하고 있으나, 가정법원이 성년후견인이 가지는 법정대리권의 범위를 정할 수 있고, 성년후견인이 피성년후견인의 신상에 관하여 결정할 수 있는 권한의 범위를 정할 수 있기 때문에 사회서비스 이용권 발급신청 대리권 여부도 가정법원이 결정할 수 있다고 해석할 수 있다. 한편, 한정후견인의 경우 가정법원이 한정후견인에게 대리권을 수여하는 심판을 할 수 있고, 신상결정에 관한 권한범위도 정할 수 있고 (개정민법 제959조의 4), 특정후견인의 경우에도 피특정후견인의 후원을 위하여 필요하다고 인정하면 가정법원은 기간이나 범위를 정하여 특정후견인에게 대리권을 수여하는 심판을 할 수 있기 때문에(개정민법 제959조의11) 가정법원의 권한범위 결정여부에 따라 사회서비스 이용권 발급신청을 대리할 수 있다.

41) 신청서식은 각 사회서비스마다 구분되는데, 대체로 사회복지서비스 급여 제공(변경)신청서, 사회복지서비스 이용권(바우처) 제공(변경) 신청서, 바우처 카드발급 신청 및 개인신용정보의 조회 · 제공 · 이용 동의서를 제출하도록 되어 있다.

택하여 사회서비스 제공(이용)계약(예컨대, 장애인 활동지원급여 제공계약)을 체결할 수 있고, 계약의 해지, 변경, 취소 등도 할 수 있다.

II. 개별 사회복지법

위에서 본 기본적 사회보장입법 외에도 개별 사회복지법에서의 복지서비스의 신청 및 수급과 관련해 현재 후견인을 명시적으로 신청권자 등으로 권한을 부여한 법령은 많지 않다. 개별 사회복지법에서 후견인의 역할과 법적 권한들을 이하에서 살펴보도록 한다.

1. 노인복지법

가. 노인복지법상의 사회복지서비스 및 기초노령연금

노인복지법은 노인[42]에 대한 사회복지서비스 등의 내용으로 아래와 같은 것들을 규정하고 있다. 노인에게 지급되는 기초노령연금은 노인복지법이 아닌 독립된 기초노령연금법에 규정되어 있지만 역사적으로 볼 때 현재의 기초노령연금은 노인복지법의 노령수당, 경로연금이 변화한 것이어서[43] 여기서 함께 검토해 보기로 한다.

---

42) 원칙적으로 65세 이상 노인이나, 예외적으로 65세 미만자라도 노쇠현상이 현저하여 특별한 보호 필요가 있을 경우에는 대상자로 된다(노인복지법 제28조 제2항).

43) 1989년 노인복지법 개정으로 신설된 노령수당을 1997년 법개정을 통하여 경로연금(65세 이상 국민 중 소득 및 재산이 일정 금액 이하인 자)으로 그 명칭을 바꾸게 되었고, 다시 2007. 7. 경로연금을 폐지하고서 기초노령연금법을 제정하여 기초노령연금으로 명칭을 변경하였다. 경로연금은 65세 이상의 기초생활보장 대상자에게 지급하던 소득보장급여이며, 국민연금법의 노령연금이나 국민기초생활보장법상의 급여와는 다른 노인복지법 특유의 소득급여 형태였다(이흥재, “고령자의 사회보장법적 지위-국민연금법과 노인복지법을 중심으로”, 한일법학 제20권, 한일법학회, 2001, 197면).

① 홀로 사는 노인에 대하여 방문요양서비스 등의 서비스와 안전 확인 등의 보호조치(노인복지법 제27조의 2)

② 상담 및 지도(노인복지법 제28조)

③ 시설입소(제32조 및 제34조)

- 노인주거복지시설(양로시설, 노인공동생활가정, 노인복지주택)
- 노인의료복지시설(노인요양시설, 노인요양공동생활가정)

④ 재가노인복지서비스(제38조)

- 방문요양서비스
- 주·야간보호서비스
- 단기보호서비스
- 방문목욕서비스
- 그 밖의 보건복지부령이 정하는 서비스

⑤ 생업지원(제25조), 경로우대(제26조), 건강진단 등(제27조), 장례 등의 조치(같은 법 제28조)

⑥ 기초노령연금(65세 이상인 자로서 소득인정액이 일정 금액 이하인 자에게 지급, 2007. 7. 제정) 지급(기초노령연금법)

⑦ 노인학대 신고의무(제39조의 6) 및 응급조치의무(제39조의 7)

나. 노인복지서비스 등 관련 실태

① 노인복지시설 입소현황

노인복지서비스와 관련하여 2000년부터 지난 11년간 노인복지시설입소실태를 보면 아래와 같다. 아래에서 보겠지만 치매·중풍 등 노인성질환으로 심신장애가 있는 노인의 경우 노인의료복지시설 입소대상이고, 그렇지 않은 노인의 경우 노인주거복지시설 입소대상이며, 공동생활가정(노인공동생활가정, 노인요양공동생활가정)은 5인 내지 9인

〈표 3-3〉 노인복지시설 수 및 생활자 현황(2001-2011)

연도	노인주거복지시설				노인의료복지시설			
	양로시설		노인 공동생활가정		노인요양시설		노인 요양공동생활가정	
	시설수	현원	시설수	현원	시설수	현원	시설수	현원
2001	122	6,114	-	-	162	10,147	-	-
2002	120	5,997	-	-	120	8,630	-	-
2003	119	5,887	-	-	232	13,754	-	-
2004	131	6,024	-	-	357	18,070	-	-
2005	270	8,033	-	-	543	24,195	-	-
2006	351	8,829	-	-	815	32,314	-	-
2007	384	9,402	-	-	1,114	40,630	-	-
2008	306	8,236	21	109	1,332	56,736	422	2,595
2009	285	7,744	56	325	1,642	65,476	1,009	5,893
2010	300	8,589	75	430	2,429	85,538	1,346	8,572
2011	303	8,993	87	485	2,496	111,768	1,583	11,097

출처: 보건복지부, 2012 보건복지통계연보(제58호), 2012, 322-323면.

사이의 입소정원을 가진 시설이다.

〈표 3-3〉을 보면, 2011년 기준으로 노인주거복지시설 생활자는 약 9,500여 명(그중 양로시설이 9,000여 명)이고, 노인의료복지시설 생활자는 약 12만여 명(그중 노인요양시설이 11만여 명)으로 노인요양시설 입소자가 노인복지시설 입소자 총 132,343명 중 84%로 상당부분을 차지하고 있다.

② 재가노인복지서비스 현황

노인장기요양보험법에 의한 장기요양급여수급자는 국가 및 지방자치단체의 비용지원을 받아 재가노인복지시설로부터 방문요양, 방문목욕, 주야간보호, 단기보호 등의 서비스를 제공받을 수 있는데, 그 현황은 〈표 3-4〉와 같다.

〈표 3-4〉 재가노인복지시설 총괄표(2011. 12. 31. 기준) (단위: 개소, 명)

	65세 이상 노인인구 (2011.12.31 주민등록 인구기준)	합계				방문요양서비스				주야간보호서비스				단기보호서비스				방문목욕서비스			
		시설수	이용인원		종사자수	시설수	이용인원		종사자수	시설수	이용인원		종사자수	시설수	이용인원		종사자수	시설수	이용인원		종사자수
			정원	현원			정원	현원			정원	현원			정원	현원			정원	현원	
합계	5,700,972	2,750	16,084	57,822	36,249	1,180	-	40,236	22,472	842	15,154	11,115	4,951	95	930	562	396	633	-	5,909	8,430

출처: 보건복지부, 2012년 노인 복지시설 현황, 2012, 11면.

③ 기초노령연금 지급현황

2008. 1. 1.부터 시행된 기초노령연금법은 65세 이상으로 일정한 소득인정액 이하인 노인에게 매월 일정금액의 연금을 지급하도록 규정하고 있다. 2010년 기준으로 65세 이상 전체 노인 550만여 명 중 약 373만여 명이 기초노령연금을 받아 65세 이상 전체 노인의 67.7%가 기초노령연금을 받고 있으며, 그 지급금액도 국비 약 2조 6,793억 원, 지방비 9,751억 원, 합계 3조 6,544억 원에 이른다. 2012년 4월 기준으로 기초노령연금 단독 수급자는 9만 4,600원, 부부 수급자의 경우 15만 1,400원을 지급받고 있다.

④ 노인학대에 대한 지원서비스 현황

노인학대란 '노인에 대하여 신체적·정신적·정서적·성적 폭력 및 경제적 착취 또는 가혹행위를 하거나, 유기 또는 방임을 하는 것'을 말한다(노인복지법 제1조의 2 제4호). 노인학대에 대해서는 누구든지 노인보호전문기관이나 수사기관에 신고할 수 있고, 일정한 자(의료인, 노인복지시설의 장과 그 종사자, 노인복지상담원, 장애인복지시설에서 장애노인에 대해 상담 등을 행하는 자 등)는 그 직무상 노인학대를 알게 된 때 신고의무가 있다(노인복지법 제39조의 6).

이러한 노인학대신고를 접수한 노인보호전문기관의 직원이나 사법경찰관리는 노인학대의 현장에 출동하여야 하고, 학대받은 노인을 행위자로부터 분리하거나, 치료를 위해 의료기관 등에 인도하여야 하고(노인복지법 제39조의 7), 노인의 법정대리인 등은 노인학대사건의 심리에 있어 보조인이 될 수 있다(노인복지법 제39조의 8).

2010년 중앙노인보호전문기관의 '2009 노인학대현황보고서'에 의하면, 2009년 노인학대 신고접수 건은 6,159건이며, 그중 학대사례는 2,674건으로 전체 신고접수 건수의 43.4%를 차지하고 있고, 재신고 사례도 10.0%를 차지하고 있다.[44] 전체 학대사례 2,674건의 학대신고자의 유형은 〈표 3-5〉와 같다.

〈표 3-5〉를 보면, 피해노인 본인이나 그 친족의 신고가 약 50%, 타인이나 관련기관의 신고가 약 32%인 데 반하여, 신고의무자의 신고비율은 20%에 미치지 못하고 있다.

한편, 노인학대가 발생하는 장소는 2009년 기준으로 가정이 88.2%로 가장 높고, 생활시설(2.1%), 이용시설(0.6%), 병원(2.4%), 공공장소(3.1%), 기타(3.6%)로 시설 내 노인학대의 비율은 전체적으로 5.1%

〈표 3-5〉 노인학대신고 신고자 유형(2009년 기준)

구분	신고의무자						비신고의무자						총계
	의료인	노인복지 시설 종사자	장애인시설·장애노인 상담원	가정폭력 상담원 및 보호시설 종사자	사회복지전담 공무원	소계	학대피해 노인본인	학대 행위자 본인	친족	타인	관련 기관	소계	
건수(건)	43	221	2	42	190	498	673	10	643	321	529	2,176	2,674
비율(%)	1.6	8.3	0.1	1.6	7.1	18.6	25.2	0.4	24.0	12.0	19.8	81.4	100

출처: 중앙노인보호전문기관, 2009 노인학대현황보고서, 50면 표 1-12 및 53면 표 1-14.

44) 중앙노인보호전문기관, 2009 노인학대현황보고서, 2010, 34면.

정도이다.[45] 노인학대의 유형은 정서적 학대(40.4%)가 가장 큰 비중으로 차지하고, 신체적 학대(24.6%), 방임(17.6%), 경제적 학대(12.1%) 등의 순서로 높게 나타나고 있다.[46] 피해노인은 90% 이상이 무직이며(2,674건 중 2,442건이 무직임), 약 47%가 노인성 질병 등을 가지고 있으며, 그중 치매를 앓고 있거나 치매의심이 있는 노인도 399명으로 전체 학대노인의 14.9%를 차지하고 있다.[47] 노인학대를 하는 가해자의 유형은 〈표 3-6〉과 같다.

노인학대에 대한 조치로서 신고에 따른 현장조사가 실시되는 경우는 2009년 기준으로 72%로 2005년 50%에 비해 매년 지속적으로 증가하고 있고,[48] 학대피해노인에게 제공되는 서비스로는 상담서비스(76%), 복지서비스(2.4%), 법률서비스(0.3%), 의료서비스(1.1%), 보호서비스(2%), 정보제공서비스(18.2%)로 상담과 정보제공서비스가 약 94% 정도를 차지하고 있으며, 실질적인 복지 · 법률 · 의료 · 보호서비스는 약 5% 내외밖에 되지 않고 있다.[49]

〈표 3-6〉 노인학대 가해자와 피해노인과의 관계

구분	피해노인본인	친족								타인	기관	계
		배우자	아들	며느리	딸	사위	손자녀	친척	소계			
건수(건)	128	279	1,544	291	342	28	58	59	2,601	228	62	3,109
비율(%)	4.2	9.2	51.1	9.6	11.3	0.9	1.9	2.0	86.2	7.6	2.1	100

출처: 중앙노인보호전문기관, 앞의 책, 113면 표 5-4.

45) 중앙노인보호전문기관, 앞의 책, 58면.
46) 중앙노인보호전문기관, 앞의 책, 58면.
47) 중앙노인보호전문기관, 앞의 책, 96-99면.
48) 중앙노인보호전문기관, 앞의 책, 74면.
49) 중앙노인보호전문기관, 앞의 책, 126면.

다. 노인복지서비스에서 후견인의 역할

노인복지서비스에 있어서도 앞서 본 사회복지서비스 또한 사회서비스에 대한 신청과 마찬가지로 후견인이 적법한 대리권자로 대리할 수 있다. 예컨대, 노인복지법상의 방문목욕서비스를 이용하려 할 경우 후견인은 그 시설이용 대상자로 피후견인(예컨대, 치매고령자)이 수급자가 되도록 신청(예컨대, 장기요양급여신청)을 하고, 수급자격을 취득한 이후에는 재가노인복지시설 이용계약을 대리하여 체결해 그 서비스를 이용할 수 있다.

노인의 경우 그 주거 및 의료와 관련하여 생활유지능력이 없어 시설에 입소하여 생활할 경우가 많은데, 그 과정에서 후견인이 어떤 역할을 할 수 있는지 각 노인복지시설별(노인주거복지시설, 노인의료복지시설, 재가노인복지시설)로 나누어 살펴보고, 노인학대행위에서 후견인의 역할을 검토하도록 한다.

① 노인주거복지시설(양로시설, 노인공동생활가정 등)

a. 시설의 개념과 유형

노인주거복지시설은 노인의료복지시설과 달리 의료적 목적이 아닌 급식과 그 밖의 일상생활에 필요한 편의를 제공하기 위한 시설이다. 노인주거복지시설로는 양로시설(입소정원 10명 이상), 노인공동생활가정(입소정원 5명 내지 9명), 노인복지주택(30세대 이상)이 있다(노인복지법 시행규칙 별표 2).

b. 입소대상자와 입소비용

노인주거복지시설 중 양로시설 및 노인공동생활가정의 입소대상자는 65세 이상의 자로서 1) 국민기초생활보장법 제2조의 수급권자, 2)

부양의무자로부터 적절한 부양을 받지 못하는 자, 3) 본인 및 그 생계를 같이 하는 부양의무자의 1인당 월평균 소득액이 일정금액 이하인 자, 4) 본인 전액 입소비용 부담자 등이다(위 시행규칙 제14조 제1항 제1호 가. 나. 다.목).

1), 2)의 경우는 국가 및 지방자치단체가 그 시설입소비용을 전액 부담하고, 3)의 경우는 국가 및 지방자치단체가 일부 부담하며, 4)의 경우는 입소자 본인이 전부 부담한다(위 시행규칙 제15조의 2).

c. 입소절차

위의 유형 구분 중 1), 2)의 경우 노인주거복지시설(양로시설 및 노인공동생활가정)에 입소하기 위해서는 시장・군수・구청장・특별자치도지사(이하, '시장등'이라고 한다)에게 입소신청사유 등을 적은 입소신청서를 제출하여야 하고, 시장등은 입소대상자의 건강상태와 부양의무자의 부양능력 등을 심사해 입소여부와 입소시설을 결정한다(노인복지법 시행규칙 제15조 제2항 및 제3항). 3), 4)의 경우(입소자가 입소비용을 일부부담하거나 전액부담하는 경우)에는 노인주거복지시설과 입소대상자 사이의 입소계약을 통하여 입소가 가능하며, 입소대상자가 계약을 체결할 수 없는 부득이한 사유가 있다고 시장등이 인정하는 경우 입소대상자의 부양의무자가 입소대상자를 대신하여 계약당사자가 될 수 있다(위 시행규칙 제15조 제7항).[50]

50) 재가노인복지시설 이용계약의 경우에도 입소대상자를 대신하여 부양의무자가 대신 계약당사자가 될 수 있는 것을 허용하고 있다(위 시행규칙 제27조 제3항이 제15조 제7항의 규정을 준용하고 있음).

d. 시설입소의 법적 성질

위 시설입소 형태를 보면 ① 1), 2)는 국가 및 지방자치단체가 그 비용을 전액 부담하기 때문에 사회복지서비스 제공신청과 시장등의 입소여부 및 입소시설의 결정이 이루어지는 것이고, ② 3)의 경우는 국가 및 지방자치단체가 그 비용을 일부 부담하는 것이기는 하나, 기본적으로 입소대상자와 노인주거복지시설(실제 법적 당사자는 시설운영주체) 간의 계약을 통해 시설입소가 이루어지는 것이며, ③ 4)의 경우는 사실상 국가나 지방자치단체의 비용지원 없이 입소대상자와 노인주거복지시설 간의 사법(私法)상의 계약형태로 이루어진다.

e. 후견인의 권한

후견인이 법원으로부터 주거변경이나 시설입소와 관련된 권한을 부여받은 경우라면 위와 같은 입소신청이나 입소계약체결의 대리권을 가진다고 볼 것이며, 이러한 권한은 앞서 본 부양의무자의 입소신청권한이나 계약체결권한보다 우선한다. 왜냐하면 ① 부양의무자의 입소신청권한이나 계약체결권한은 입소대상자가 신청을 할 수 없는 불가피한 경우에 예외적으로 당사자로서의 지위를 인정한 것이어서 적법한 대리권한을 가진 후견인이 있는 경우에는 그러한 예외를 인정할 필요가 없고, ② 부양의무자의 계약체결권한 부여는 법에 의한 것이 아니라 보건복지부의 시행규칙에 의한 것이어서 후견인의 합법적 대리권한을 침해할 수 없기 때문이다.

그러나 후견인이 위와 같은 합법적 대리권한이 있다고 하더라도 성년후견인과 한정후견인은 개정민법 제947조의 2(피후견인의 신상결정 등)의 적용을 받아, 피후견인은 자신의 신상에 관하여 그의 상태가 허락하는 범위에서 단독으로 결정할 수 있고, 후견인이 피후견인을 치료 등의 목적으로 정신병원이나 그 밖의 다른 장소에 격리하려는 경우에는 가정법원의 허가를 받아야 하기 때문에 노인주거복지시설이 사실상 외부로의 출입이 제약되어 있는 경우라면 가정법원의 허가를 받은 후 입소신청이나 입소계약을 대리하여 체결할 수 있다. 이러한 해석이 필요한 이유 중의 하나는 개정민법 제947조의2 제5항은 피성년후견인이 거주하는 건물의 처분 등에는 가정법원의 허가를 받아야 하는데, 피성년후견인의 시설입소를 법원의 통제 없이 성년후견인의 권한만으로 허용할 경우 성년후견인이 시설입소의 방식으로 피성년후견인의 주거를 이전시킨 후 그 거주하던 건물을 법원의 허가 없이도 처분할 수 있게 되는 위험을 막을 필요도 있기 때문이다. 특정후견인의 경우에는 해석상 다툼의 여지는 있으나, 피후견인의 신상결정에 관한 위 규정을 준용하지 않고 있는 점을 고려해 볼 때 법원이 권한을 부여하지 않는 이상 입소신청이나 입소계약을 대리할 권한은 원칙적으로 없다고 볼 것이다.

한편 후견인에게 입소신청이나 입소계약을 대리할 합법적 권한이 있는 경우라면 입소신청이나 입소계약의 철회, 해지 등의 권한도 함께 보유하고 있다고 볼 것이나, 입소계약의 기간을 연장하거나 입소시설을 변경하는 것은 별도의 대리권을 부여받아야 한다고 볼 것이다. 그 이유는 시설입소가 피후견인의 신체의 자유를 제약하는 위험이 크기 때문에 입소기간을 추가로 연장하거나 입소시설을 변경하는 것에 대해서는 법원의 별도의 권한부여나 허가를 통한 사법심사가 필요하기 때문이다.

② **노인의료복지시설**(노인요양시설 및 노인요양공동생활가정)

a. 시설의 개념과 유형

노인의료복지시설은 치매·중풍 등 노인성질환 등으로 심신에 상당한 장애가 발생하여 도움이 필요한 노인에게 급식, 요양과 일상생활에 필요한 편의를 제공함을 목적으로 하는 시설로 노인요양시설과 노인요양공동생활가정으로 나누어진다(노인복지법 제34조 제1항). 노인요양시설과 노인요양공동생활가정의 기본적 차이점은 입소정원으로 5인 내지 9인의 입소정원을 가지는 경우는 노인요양공동생활가정으로, 10인 이상의 입소정원을 가지는 경우 노인요양시설로 분류된다(노인복지법 시행규칙 별표 4).

b. 입소대상자와 입소비용

노인의료복지시설 입소대상자는 1) 노인장기요양보험법 제15조에 따른 수급자(장기요양급여수급자), 2) 65세 이상인 국민기초생활보장법 제2조의 수급권자(기초수급권자), 3) 65세 이상으로 부양의무자로부터 적절한 부양을 받지 못하는 자, 4) 60세 이상인 자로서 본인 전액 입소비용 부담자(자비입소자) 등이다(위 시행규칙 제18조 제1항 제1호 가. 나. 다. 라.목).

위 시설입소비용 부담과 관련해서는 1) 장기요양급여수급자의 경우 노인장기요양보험법령이 정하는 바에 따르고, 2) 기초수급권자인 경우와 3) 부양의무자로부터 적절한 부양을 받지 못하는 자는 국가 및 지방자치단체가 그 시설입소비용을 전액 부담하고, 4) 자비입소자의 경우는 입소자 본인이 전액 부담한다(노인복지법 시행규칙 제19조의 2).

c. 입소절차

위의 유형 구분 중 1) 장기요양급여수급자와 4) 자비입소자의 경우에는 모두 입소대상자와 노인의료복지시설 사이의 입소계약을 통하여 입소가 가능하며, 입소대상자가 계약을 체결할 수 없는 부득이한 사유가 있다고 시장등이 인정하는 경우 입소대상자의 부양의무자가 입소대상자를 대신하여 계약당사자가 될 수 있다(위 시행규칙 제19조 제6항이 제15조 제7항을 준용).

2) 기초수급권자와 3) 부양의무자로부터 적절한 부양을 받지 못하는 자가 노인의료복지시설에 입소하기 위해서는 시장등에게 건강진단서, 입소신청사유서 등을 첨부한 입소신청서를 제출하여야 하고, 시장등은 입소대상자의 건강상태와 부양의무자의 부양능력 등을 심사해 입소여부와 입소시설을 결정한다(위 시행규칙 제19조 제3항).

d. 시설입소의 법적 성질

위 시설입소 형태 중 기초수급권자와 부양받지 못하는 자는 국가 및 지방자치단체가 그 비용을 전액 부담하기 때문에 앞서 본 노인주거복지시설과 마찬가지로 사회복지서비스 제공신청절차와 시장등의 입소여부 및 입소시설의 결정이 이루어진다.

이와 달리 자비입소자의 경우는 국가나 지방자치단체의 비용지원 없이 입소대상자와 의료주거복지시설 간의 사법(私法)상의 계약형태로 이루어지고, 장기요양급여수급자의 경우는 국가 및 지방자치단체가 그 비용을 일부 부담하기는 하지만, 기본적 법적 성질은 입소대상자와 노인의료복지시설(실제 법적 당사자는 시설운영주체) 간의 계약을 통해 시설입소가 이루어진다.

e. 후견인의 권한

노인의료복지시설은 치매나 중풍 등 노인성질환으로 심신에 상당한 장애가 발생한 노인을 대상으로 한 시설이기 때문에 그 시설입소 대상자들은 노인주거복지시설 입소 대상자들에 비하여 후견을 받을 필요성이 상당히 높다. 특히 위와 같은 노인의료복지시설은 입소노인 등이 거리를 배회하거나 외부 출입과정에서 신체적 손상을 입을 위험이 있음을 고려해 사실상 외부출입 및 외부인의 접근을 통제하고 있다. 즉, 노인의료복지시설은 사실상 입소대상자들을 격리하고 있다.

따라서 노인주거복지시설과 달리 노인의료복지시설 입소는 다른 장소에 격리하려는 경우에 해당하여 원칙적으로 개정민법 제947조의 2 (피후견인의 신상결정 등)에 따라 성년후견인과 한정후견인은 입소신청이나 입소계약체결 이전에 가정법원의 허가를 받아야 한다고 볼 것이다. 또한 후견인이 법원으로부터 주거변경이나 시설입소와 관련된 권한을 부여받은 경우라면 친족인 부양의무자의 입소신청권한이나 계약체결 권한에 우선하는 것은 앞서 노인주거복지시설에서 본 내용과 동일하다.

③ 재가노인복지시설서비스

a. 서비스의 개념과 유형

재가노인에 대한 복지서비스를 제공하는 재가노인복지시설은 방문요양서비스, 주·야간보호서비스, 단기보호서비스, 방문목욕서비스, 그 밖에 재가노인에게 제공하는 보건복지부령이 정하는 서비스(재가노인지원서비스)를 제공함을 목적으로 하는 시설이다(노인복지법 제38조). 재가노인복지시설은 각 서비스를 제공하는 내용별로 시설기준 및 직원배치기준이 다르고, 각 서비스 제공시설별 구체적인 시설기준 및 운영기준은 노인복지법 시행규칙 별표 9와 10에 규정해 놓고 있다.

b. 서비스대상자와 비용

재가노인복지시설 이용대상자는 1) 장기요양급여수급자, 2) 심신이 허약하거나 장애가 있는 65세 이상의 자(자비이용자의 경우 60세 이상의 자)로서 방문요양서비스 등이 일정시간 또는 일정기간 필요한 자이다.[51] 위 서비스이용 부담과 관련해서는 1) 장기요양급여수급자의 경우 노인장기요양보험법령이 정하는 바에 따르고, 2) 기초수급권자인 경우와 부양의무자로부터 적절한 부양을 받지 못하는 자는 국가 및 지방자치단체가 그 서비스 이용비용을 전액 부담하고, 3) 자비이용자의 경우는 입소자 본인이 서비스 이용비용을 전액 부담한다(위 시행규칙 제27조의 2).

c. 서비스이용절차

재가노인복지시설의 이용은 시설이용 대상자와 재가노인복지시설(운영자) 사이의 계약에 의하고, 시설이용대상자가 계약을 체결할 수 없는 부득이한 사유가 있다고 시장등이 인정하는 경우 입소대상자의 부양의무자가 입소대상자를 대신하여 계약당사자가 될 수 있다(노인복지법 시행규칙 제27조 제3항이 제15조 제7항을 준용).

d. 서비스이용계약의 법적 성질

재가노인복지시설과 서비스이용자 사이의 서비스이용계약은 양사

51) 구체적인 이용대상자는 노인복지법 시행규칙 제27조 제1항 제2호 각 목의 내용(가. 방문요양서비스: 1일 중 일정시간 동안 가정에서의 보호가 필요한 자, 나. 주·야간보호서비스: 주간 또는 야간 동안의 보호가 필요한 자, 다. 단기보호서비스: 월 1일 이상 15일 이하 단기간의 보호가 필요한 자, 라. 방문 목욕서비스: 가정에서의 목욕이 필요한 자, 마. 재가노인지원서비스: 가목부터 라목까지의 서비스 이외의 서비스로서 상담·교육 및 각종 지원 서비스가 필요한 자)에 규정되어 있다.

간의 사법(私法)상의 계약형태로 이루어진다. 1) 장기요양급여수급자의 경우는 국가 및 지방자치단체가 그 비용 일부를 부담하고(나머지는 본인부담), 2) 65세 이상의 기초수급권자와 부양받지 못하는 노인의 경우 국가 및 지방자체단체가 전액 비용을 부담하며, 3) 자비이용계약자는 이용자가 전액 그 비용을 부담한다.

재가노인복지시설의 서비스에 대해 위에서 본 바와 같이 장기요양급여수급자, 65세 이상의 기초수급권자 및 부양받지 못하는 자는 무료나 일정한 비율의 부담금을 제공하고서 이용할 수 있지만, 그 외의 사람들은 자비로 위 서비스를 이용하여야 한다. 이와 관련하여 자비(自費)이용자의 서비스 비용 부담을 낮추기 위해 2007년부터 사회서비스의 일환으로 노인돌봄종합서비스를 시행하여 노인장기요양보험법상의 수급자격이 없는 등급외 판정(A, B)을 받고, 가구소득이 전국가구 평균소득 150% 이하인 거동불편한 노인들도 일정한 부담금을 지급하고서 위와 같은 서비스를 이용할 수 있도록 하고 있다.[52]

e. 후견인의 권한

후견인이 피후견인을 위하여 재가노인복지시설이 제공하는 서비스(방문요양, 주야간보호, 단기보호, 방문목욕)를 얻기 위해서는 원칙적으로 노인장기요양보험법에 따른 수급자격을 얻는 것이 필요하다(이에 관하여는 노인장기요양보험법을 다룰 때 더 자세히 살펴보기로 한다). 후견인은 피후견인이 장기요양급여수급자가 된 후에 재가노인복지시설(운영자)과 서비스이용계약을 체결하고, 피후견인을 위하여 본인부담금 등도 지

52) 보건복지부, 2010 보건복지백서, 2011, 207면(한편, 2010년 기준으로 사회서비스이용법상의 바우처 제도를 통한 노인돌봄종합서비스를 이용한 숫자는 약 34,000여 명, 정부보조금 767억 원, 본인부담금 47억 원이 지출되었다).

급할 수 있다. 다만 단기보호서비스의 경우 1일 내지 15일의 기간 동안 피후견인을 시설에 보호해 두는 것이어서 앞서와 같은 시설입소로 보아 후견인의 권한을 통제할 필요성이 있기는 하지만, 이 경우까지 후견인에게 별도의 권한이나 법원 허가를 요구할 경우 단기보호서비스를 활용하기 곤란해지는 문제가 있다.

④ 기초노령연금 수급에서 후견인의 역할

65세 이상 노인 중 일정한 소득인정금액 이하의 소득이나 재산을 가진 사람은 기초노령연금을 신청할 수 있는데, 그 신청권자는 본인 외에 친족, 그 밖의 관계인을 포함하고 있다(기초노령연금법 제6조). 기초노령연금법 시행령은 이를 바탕으로 거동이 불편한 홀로 사는 노인 등의 연금지급신청을 관계공무원이 대신 신청할 수 있도록 규정하고 있다(기초노령연금법 시행령 제6조 제1항). 법원으로부터 권한을 받은 후견인은 위와 같은 기초노령연금 신청을 본인을 대리하여 할 수 있으며, 그 밖에 변경신고, 수급권자 자격인정 등 처분에 대한 이의신청을 본인을 대리하여 할 수 있다.

기초노령연금은 매월 수급자 계좌에 입금하는 방법으로 지급되는데, 현행 법령은 1) 한정치산·금치산 선고를 받은 경우, 2) 채무불이행으로 인하여 금전채권이 압류된 경우, 3) 치매 또는 보건복지부장관이 정하는 거동불가의 사유로 인하여 본인 명의 계좌개설이 어려운 경우에는 배우자나 직계혈족 또는 3촌 이내의 방계혈족 명의의 계좌로 입금할 수도 있다(기초노령연금법 시행령 제8조 제1항). 개정민법에 의한 후견인이 있는 경우라면 통상 본인 명의 통장을 대리하여 개설할 수 있을 것이므로 별도로 배우자나 친족의 계좌를 기초노령연금 수령계좌로 할 필요는 없다고 보인다.

기초노령연금을 본인 명의 계좌로 수령할 경우 후견인은 이를 지출하여 어떤 용도로 써야 하는지 명확하지는 않다. 비록 금액이 2013년 기준으로 매월 약 10만 원(단독수급) 내지 15만 원(부부수급) 정도로 많지 않지만 이를 후견인이 자신의 후견사무비용이나 후견인 보수로 사용하는 것을 허용하여서는 아니 될 것이다. 그 이유는 기초노령연금이 일정 수준 이하의 소득을 가진 노인에게 생활보전적 급여를 제공하는 것인데, 그러한 사회보장급여가 그 금액의 입출금 권한이 있는 후견인에게 그 보수나 후견사무비용으로 들어가게 되면 사실상 사회보장급여로서의 기능은 상실되기 때문이다. 특히 기초노령연금과 같은 사회보장급여는 채권자들로부터 보호받기 위하여 압류나 양도, 담보제공이 금지되는 점(기초노령연금법 제13조)을 고려해보더라도 그러하다.

⑤ 노인학대행위에 대한 후견인의 역할

후견인은 피후견인에 대한 신상보호의무가 있으므로 후견인 스스로 피후견인인 노인에 대해 학대행위를 할 경우 신상보호의무위반이 될 수 있다. 그 밖에 후견인은 가족이나 제3자의 피후견인에 대한 학대행위에 대해 신고나 보호조치를 취해야 할 의무가 있다. 이는 후견인이 권리옹호기관으로서도 역할해야 함을 의미하는 것이기도 하다.

후견인은 가족 등이 피후견인을 학대하는 행위로부터 보호하고, 학대행위 발생시 이를 제지하고, 신속하게 신고나 응급조치 등 피해를 막기 위한 조치를 취하여야 하는데, 이는 노인복지법에 의해 신고의무나 응급조치의무가 있기 때문이 아니라(노인복지법은 신고의무자로 후견인을 규정하고 있지 않다) 민법상 후견인으로서 피후견인에 대해 부담하는 신상보호의무가 있기 때문이다.

2. 장애인복지법

가. 장애인복지법 등의 사회복지서비스

장애인복지법, 장애인연금법 및 장애인활동지원에 관한 법률(이하 '장애인복지법등'이라 한다)은 장애인에 대한 사회복지서비스 등의 내용으로 아래와 같은 것들을 규정하고 있다.

① 장애인에 대한 검진 및 재활상담(장애인복지법 제34조. 이하 법령명 생략)
② 장애인복지시설에서의 주거편의, 상담 · 치료 · 훈련 · 직업훈련 · 취업알선 등의 서비스제공(제34조)
③ 장애유형 · 장애정도별 재활 및 자립지원 서비스 제공 등(제35조)
④ 의료비 지급(제36조), 산후조리도우미 지원 등(제37조), 자녀교육비 지급(제38조), 장애인이 사용하는 자동차 등에 대한 지원(제39조), 장애인보조견의 훈련 · 보급 지원 등(제40조), 자금 대여 등(제41조), 생업 지원(제42조), 자립훈련비 지급(제43조), 생산품 구매 및 인증(제44조 및 제45조), 고용촉진(제46조), 공공시설의 우선이용(제47조), 국유 · 공유 재산의 우선매각이나 유상 · 무상 대여(제48조)
⑤ 장애수당(제49조), 장애아동수당 및 보호수당(제50조)의 지급[53]
⑥ 중증장애인에 대한 장애인연금 지급(장애인연금법)
⑦ 중증장애인에 대한 활동지원급여(장애인활동 지원에 관한 법률)
⑧ 장애인 대상 성범죄의 신고(장애인복지법 제59조의 2)

---

53) 장애수당은 2010. 4. 장애인연금법 제정으로 18세 이상의 일정 소득인정액 이하의 중증장애인에게는 장애수당을 폐지하고, 장애인연금을 지급하고 있다.

나. 장애인복지서비스 관련 실태

위에서 본 장애인복지법등의 사회복지서비스 및 연금지급 등과 관련된 실태를 시설입소, 직업재활, 장애인연금, 장애인 활동지원, 장애인 권리옹호로 구분하여 살펴본다. 이러한 유형의 서비스에서는 후견인이 일정한 역할을 담당할 수 있어 먼저 실태를 살펴본 후 각 서비스에서 후견인의 역할을 검토하기로 한다.

① 장애인 거주시설 이용현황

장애인 거주시설은 장애인 복지시설의 하나로 일반가정에서 생활하기 어려운 장애인에게 일정기간 동안 거주·요양·지원 등의 서비스와 지역사회생활을 지원하는 시설이다. 2010년 기준 등록장애인수 2,517,312명 중 약 1%인 24,395명이 장애인 거주시설(기존명칭은 장애인 생활시설)에 있다.[54] 이 중 발달(지적)장애인 시설이나 중증장애인 거주시설의 이용자는 후견이 필요할 수 있다.

2010년 기준으로 지적장애인 시설은 196개소, 이용자 14,338명이 생활하고 있고, 중증장애인 요양시설은 182개소, 이용자 4,813명이 생활하고 있다.[55] 지적장애인 시설의 경우 2003년 70개소, 이용인원은 7,685명이었는데, 매년 증가하고 있는 추세이다.

② 장애인 직업재활시설 이용현황

장애인 직업재활시설은 장애인 보호작업장과 장애인 근로사업장으로 나뉘는데, 장애인 보호작업장은 최소인원 10명 이상으로 고용시장이나 근로사업장에서 생산능력을 발휘하기 어려운 장애인을 대상

54) 보건복지부, 2011 보건복지통계연보(제57호), 2011, 214면 및 226면.
55) 보건복지부, 앞의 책, 227면.

으로 하고, 장애인 근로사업장은 최소인원 30명 이상으로 경쟁적인 고용시장에서 취업이 어려운 장애인을 대상으로 한다. 2010년 기준으로 장애인 직업재활시설(보호작업장 및 근로사업장, 작업활동, 직업훈련 등) 이용인원은 11,770명이며, 373개의 보호작업장과 44개의 근로사업장이 있다. 이러한 직업재활시설에서 일하는 장애인은 근로계약 체결, 임금의 지급과 관련되어 후견인의 역할이 필요할 수 있다.

③ 장애인연금 시급현황

2010. 7. 시행된 장애인연금법은 중증장애인 등이 장애인연금을 신청하면 자산소사를 실시하여 국가 및 지자체의 비용부담으로 일정 금액의 급여(기초급여[56] + 부가급여[57])를 매월 지급하는 장애인연금제도를 규정하고 있다. 2010년 통계에 따르면 2010년 7월부터 6개월 간 257,968명이 장애인연금을 수급하였으며, 그중 기초생활보장수급자가 145,007명으로 전체의 56%를 차지하고 있다.

④ 장애인 활동지원 현황

2011. 10. 5. 시행된 장애인활동지원에 관한 법률(이하 '장애인활동지원법'이라 한다)은 혼자서 일상생활과 사회생활을 하기 어려운 장애인에게 활동지원급여(방문목욕, 방문간호, 활동보조 등)를 제공하는 필사

---

56) 기초급여액은 장애인연금법 제6조에 따라 국민연금 가입자 평균소득의 5%에 해당하는 금액을 지급하는데, 2012. 4. 기준으로 단독수급자 94,600원, 부부수급자 151,400원이다(보건복지부, 2012. 3. 13.자 보도자료 "국민연금 급여 4월부터 4.0% 더 받는다").

57) 부가급여액은 장애인연금법 시행령 별표에 의하여 연령, 국민기초생활보장법상의 수급자나 차상위계층 여부, 보장시설 입소 여부 등에 따라 2만 원 내지 15만 원의 정액으로 정해져 있다(2012년 기준으로 기초생활수급자는 6만 원, 차상위계층은 5만 원임).

와 내용을 규정하고 있다.

2012. 3. 31. 현재 성인 및 아동장애인 합계 48,786명(성인장애인 35,441명, 아동장애인 13,345명)이 활동지원급여를 받고 있으며, 그중 지적장애인이 28%, 자폐성장애인이 10%, 뇌병변장애인이 19%, 정신장애인이 0.58%를 차지하고 있다.[58] 장애인 활동지원급여에 대한 본인의 평균부담금은 31,171원(기초생활수급자를 제외할 경우 52,148원)이며, 활동보조인으로 등록된 사람은 34,634명(실제 활동인원은 25,347명)이다.[59]

⑤ 장애인 권리침해 현황

2011년 장애인생활시설에서의 성폭력 등 인권침해를 다룬 영화로 인해 보건복지부는 2011. 10. 28.부터 2011. 12. 22.까지 200여 개 장애인생활시설에 대한 인권실태조사를 하여 총 59건의 인권침해사례를 확인하고서 〈표 3-7〉과 같이 형사고발 등의 조치를 취하였다.

위와 같은 장애인생활시설에서의 성폭행 등 인권침해 문제를 계기

〈표 3-7〉 2011년 장애인생활시설 인권실태조사 최종결과* (단위: 건)

구 분	계	성폭력	성추행	폭행	체벌	학대	수치심	위생 환경	회계 등	미신고
	59	1	5	6	12	5	6	15	9	
형사고발	7	1	1	1				2	2	
폐쇄·전환	18					1		3		14
시설장 교체	1	1								
징계조치	2	1		1						
경고 등 교육	39	1	5	4	11	4	2	8	4	

*: 보건복지부 2012. 2. 10. 보도자료 "장애인생활시설 인권침해 최종결과" 2면(중복조치 포함).

58) 보건복지부 장애인연금팀, 장애인활동지원 주요통계자료, 2012. 3., 2면 및 4면.
59) 보건복지부 장애인연금팀, 장애인활동지원 주요통계자료, 2012. 3., 19면 및 22면.

로 2012. 1. 26. 장애인대상 성범죄에 대한 신고의무, 성범죄자의 장애인복지시설 취업제한(장애인복지법 제59조의 2, 3) 등의 규정이 신설되었다. 아울러 보건복지부는 2011. 12. 28. 대한변호사협회, 장애인인권침해예방센터와 장애인법률구조를 위한 양해각서를 체결하여 장애인인권침해에 대한 법률상담, 소송구조 등을 지원하기로 하였다.[60] 한편 위와 같은 장애인생활시설에서의 인권침해는 신체적·정서적·성적 폭력 외에도 장애인들에게 지급되는 장애수당 등을 시설의 운영자가 횡령하는 금전적 피해사례도 적지 않다.[61]

다. 장애인복지서비스에서 후견인의 역할

① 장애인등록절차

장애인등록은 장애인복지법, 장애인연금법, 장애인활동지원법 등에 규정된 각종 장애인복지서비스 및 장애수당, 장애인연금 등을 받을 수 있는 자격을 부여한다. 따라서 장애인등록은 각종 장애급여 수급의 전제가 된다. 장애인등록은 장애인, 그 법정대리인(친권자나 후견인), 그 밖에 대통령령으로 정하는 보호자가 등록신청을 할 수 있다(장애인복지법 제32조 제1항). 위 법상의 대통령령으로 정하는 보호자는 장애인복지시설의 장, 그 밖에 장애인을 사실상 보호하고 있는 자를 말한다(장애인복지법 시행령 제20조). 따라서 친권자나 후견인이 아니더라도 장애인을 보호하고 있는 친족이나 친구 등도 장애인등록신청을 할 수 있다. 이렇게 장애인등록신청자의 범위를 확대한 이유는 장애인등록이 사회복지급여를 받을 수 있는 수급자격을 얻을 수 있도록 하는 것

---

60) 보건복지부 2012. 12. 29. 보도자료 "장애인 법률구조, 변협이 나선다" 1-3면.
61) 보건복지부 2012. 7. 12. 보도자료 "인권위, 장애수당착취 시설장 검찰수사 의뢰 보도자료 관련".

이기 때문에 그 신청자 범주가 확대되어 있다.

성년후견인은 피후견인의 법정대리인이기 때문에(개정민법 제938조) 가정법원에 의한 권한범위 제한을 받지 않는 한 장애인복지법상의 장애인등록신청권자가 될 수 있다. 한정후견인 또는 특정후견인은 가정법원에 의해 권한을 부여받은 경우 그 권한범위 내에서 대리권이 있기 때문에 장애인등록신청을 할 수 있다.

② 장애인거주시설 입소

a. 장애인거주시설의 이용절차

장애인거주시설의 이용신청은 본인과 친족, 그 밖의 관계인이 할 수 있고, 이러한 신청을 받은 시장 · 군수 · 구청장은 신청자의 시설이용 적격성(서비스의 필요성, 대상자 여부 등)을 심사해 시설이용 여부와 본인부담금을 결정한다. 이 경우 시설운영자는 이용신청자와 서비스 이용조건, 본인부담금 등을 포함한 계약을 체결하되, 지적 능력 등을 이유로 장애인 본인이 계약을 체결하기 어려운 경우에 한하여 대통령령으로 정하는 자가 계약절차의 전부 또는 일부를 대행할 수 있다(장애인복지법 제60조의 2 제1항 내지 제6항). 계약절차의 전부나 일부를 대신할 수 있는 사람은 1) 민법에 따른 장애인의 후견인, 2) 장애인의 배우자 또는 부양의무자인 1촌의 직계혈족, 3) 장애인의 주소지(주소지 알 수 없는 경우 현재지) 관할 특별자치도지사 · 시장 · 군수 · 구청장(이하 '시장등'이라 한다)이 지명하는 사람이다(장애인복지법 시행령 제36조의 2).

시장등은 당해 장애인에 대한 검진, 상담, 가정실태 조사 등을 행하여 시설이용을 결정할 경우 해당 시설장에게 입소의뢰를 하게 되는데, 시설이용 여부가 확정되기 전에 이용대상자에게 시설제공 서비스 및 이용에 대한 정보를 제공해야 한다.[62] 시설 운영자는 시장등으로부터 의뢰된 이용대상자(또는 앞서 본 대행자)와 계약을 체결하고, 이를 시장등에게 보고해야 한다(장애인복지법 제60조의 2).[63]

b. 장애인거주시설 입소대상자와 입소비용

장애인거주시설 입소대상자는 등록장애인이면 누구나 가능하며, 국민기초생활보장법에 따른 수급권자, 부양을 받을 수 없는 자, 입양기관 보호아동 등은 무료입소 대상자이며, 그 외에는 실비입소 대상자이다.[64] 2012년 기준으로 실비입소자는 각 거주시설별(무료거주시설, 실비거주시설)로 일정 한도액 이하(실비거주시설의 경우에는 594,000원, 무료거주시설의 경우에는 320,000원)의 비용을 납부하여야 하는데, 입소장애인 중 일정한 소득기준 이하의 경우에는 월 27만 원의 입소이용료 지원비를 시장등이 당해 시설에 지원한다.

c. 장애인거주시설 입소계약의 법적 성질

장애인거주시설 입소계약은 원칙적으로 입소하려는 당해 장애인 본인과 시설(구체적으로는 시설을 운영하는 법인등) 사이에 체결된다. 다만 장애인 본인이 지적 능력의 부족 등으로 계약체결 능력이 없다면 그의 대리인으로서 후견인, 배우자, 1촌 이내의 직계혈족 등도 계약체결 권한이 있다. 무료입소자가 아닌 실비입소자라면 매월 입소비용을 납부할 의무, 퇴소시 입소보증금[65]을 반환받을 권리를 가진다. 계약

62) 보건복지부, 2012년도 장애인거주시설 사업안내, 2102, 24면.

63) 구체적인 입소계약의 내용과 이용절차는 장애인복지법 시행규칙 제44조의2(장애인 거주시설 이용 절차 등)에 규정되어 있다.

64) 보건복지부, 2012년도 장애인거주시설 사업안내, 2102, 24면.

65) 입소시 지급하였다가 퇴소시 반환받는 것으로 매월 입소비용의 미지급시 보증금에서 공제되며, 통상 월 입소비용의 1년분 이내에서 수납되며, 보증금액은 시장

체결을 대리한 후견인, 배우자, 1촌 이내의 직계혈족은 매월 입소비용을 납부할 의무나 퇴소시 입소보증금을 반환받을 받을 권리는 가지지 않는다. 장애인복지법은 계약체결의 대리(대행)권한만을 후견인, 배우자, 1촌 이내의 직계혈족에게 부여하였을 뿐 그에 따른 권리의무까지 귀속시키거나 계약체결 외의 행위에 대한 대리권한까지 부여한 것은 아니기 때문이다. 다만 후견인은 위 장애인복지법의 규정과 무관하게 법원으로부터 권한을 부여받았을 경우 장애인 본인을 대리할 수 있다. 개정민법에 의하면 법원은 신청을 받거나 또는 직권으로 후견인의 권한을 축소하거나 확대하는 것이 가능한데, 법원이 피후견인이 필요한 서비스가 무엇인지 구체적으로 심사하여 정하는 것이 필요하고, 여기에는 피후견인의 욕구를 사정하는 제도적 조치로서 사회복지사 자격 등이 있는 가사조사관의 조사 등이 필요하다.

d. 후견인의 권한과 역할

후견인은 법원으로부터 권한을 받은 경우 시설입소계약을 체결하거나 시설입소신청을 할 수 있다. 후견인이 장애인 거주시설입소계약 또는 거주시설입소신청을 할 경우 개정민법 제947조의2 제2항(치료 등의 목적으로 정신병원이나 그 밖의 다른 장소에 격리하려는 경우)에 의해 가정법원의 허가를 받아야 하는지 의문이 있다. 생각건대, 거주시설의 격리여부에 따라 외부와의 소통이 자유롭고, 시설 생활자들이 통제받지 않고서 자유롭게 출입할 수 있다면 위 조항의 격리라는 개념에 포함되지 않으므로 가정법원의 허가를 받을 필요가 없다고 할 것이지만, 시설 생활자들의 외부 출입이 엄격히 통제되는 시설이라면 격리

등의 승인을 받아 설정됨(보건복지부, 2012년도 장애인거주시설 사업안내, 2102, 93면).

에 해당할 수 있기 때문에 가정법원의 허가를 필요로 한다고 볼 것이다. 특히 앞서 본 바와 같이 장애인을 주거에서 다른 시설로 옮기는 경우 그 주거용 재산을 법원의 허락 없이 후견인이 마음대로 처분할 위험도 함께 발생하기 때문에 적절한 사법적 통제를 할 필요가 있다.

후견인은 피후견인에 대한 신상보호의무가 있기 때문에 장애인거주시설에 입소한 피후견인이 시설측 직원이나 시설생활자 등으로부터 학대나 폭행, 방임 등의 불법행위가 발생하여 이를 확인하였을 경우 권리옹호기관으로서 시설입소계약의 해지 및 다른 주거로의 변경, 불법행위자에 대한 형사고소나 행정기관에 민원 등의 조치를 취하여야 한다.

③ 장애인직업재활시설 이용

a. 장애인직업재활시설 이용절차

장애인직업재활시설은 장애인에게 근로의 기회를 제공하고, 그 대가로 임금을 지급하는 사업장(작업장)을 말한다. 장애인직업재활시설은 장애인의 노동능력을 기준으로 장애인 보호작업장과 장애인 근로사업장을 두고 있다.

장애인복지법 시행규칙은 장애인의 노동능력에 따라 직업재활의 단계를 3단계로 나누어 1) 장애인 보호작업장에서도 노동활동을 하기 어려운 장애인에게는 작업활동 프로그램 참여(훈련수당 지급), 2) 경쟁적 고용시장이나 근로사업장에서 생산능력을 발휘하기 어려운 장애인에 대해서는 장애인 보호작업장에서 근로(임금지급), 3) 경쟁적 고용시장에서 취업이 어려운 장애인에 대해서는 근로사업장에서 근로(임금지급)하도록 한다(장애인복지법 시행규칙 별표 5 장애인복지시설의 종류별 사업 및 설치 · 운영기준).

장애인 직업재활시설 중 어떤 시설에서 근로할지 여부에 대해서는 전문가들이 참여한 위원회에서 신청장애인의 직업능력, 심리, 교육평가, 면접 등의 자료를 토대로 1) 작업활동 프로그램(교육·훈련, 일상생활 및 가사생활 훈련, 사회적응훈련, 작업훈련, 통근훈련, 취미 및 여가활동 등), 2) 장애인 보호작업장, 3) 장애인 근로사업장 중 하나를 정하게 된다(위 별표 5 참조).

위와 같은 훈련과 장애인 직업재활시설에서의 경험을 바탕으로 장애인의 경쟁적 고용시장 취업에 있어서는 1) 차별금지(장애인차별금지 및 권리구제에 관한 법률), 2) 취업알선, 3) 장애인 고용의무, 4) 장애인 고용지원금 및 고용부담금, 5) 장애근로자를 위한 근로지원인 서비스 제공 등(각 장애인고용촉진 및 직업재활법)을 지원하고 있다.

b. 장애인 직업재활시설에서의 보수

장애인 직업재활시설은 근로의 대가로서 임금을 지급하여야 한다. 다만 장애인 보호작업장에서 작업활동 프로그램에 참여하는 장애인이나 장애인 직업능력개발훈련시설에서 훈련을 받은 장애인에게는 임금이 아닌 훈련수당을 지급할 수 있다.[66]

장애인 보호작업장이나 근로사업장 모두 장애인을 고용하였음을 전제로 하여 최저임금 이상의 금액을 지급하도록 하고 있고, 최저임금액 이하의 금액을 월 보수로 지급하려 할 경우 최저임금법 적용제외인가신청을 하여 인가를 받아야만 최저임금법의 적용제외를 받을 수 있다.

66) 보건복지부, 2012 장애인복지 사업안내 II, 62면 및 장애인복지법 시행규칙 별표 5 IV. 7. 라.항 참조; 장애인고용촉진 및 직업재활법 제12조 제3항.

c. 장애인직업재활시설 이용계약의 법적 성질

장애인직업재활시설 이용계약은 결국 장애근로자가 노무를 제공하고, 보수를 받는 근로계약의 성질을 가진다. 이러한 점을 고려해 장애인복지법 시행규칙 별표 5에서 1) 장애인 근로사업장은 장애인 근로자와 근로계약을 체결하고, 이 경우 근로기준법에 따른 근로조건을 명시하며, 근로시간과 휴게시간 등 근로관계에 필요한 사항은 근로기준법을 따르도록 규정하고 있으며, 2) 장애인 직업재활시설에서 장애인 근로자의 임금은 최저임금 이상의 임금을 지급하기 위해 노력하며, 그 밖에 임금지급방법 등에 관해서는 근로기준법에 따르도록 규정하고 있다.

장애인 직업재활시설(보호작업장, 근로사업장)에서 일하는 장애인이 근로자인지 여부에 관해 2011. 10. 19. 서울행정법원은 장애인 보호작업장에서 근로계약서를 작성하고 출판업무 보조일을 하며 매월 일정액의 보수 및 4대 보험을 적용받아 온 지적 장애인들이 근로자임을 인정하고서, 최저임금적용 제외인가의 대상이 되는 근로자가 아니라며 불인가한 서울지방고용노동청 남부지청장의 처분을 취소하라고 판결하였다.[67]

d. 후견인의 권한과 역할

장애인의 근로생활을 위해서는 근로계약의 체결과 해지, 노무의 제공과 임금의 수령 등이 필요하다. 근로계약은 근로자가 노무제공의무를 부담하기 때문에 제3자가 장애인을 대리하여 근로계약을 체결할

67) 서울행정법원 2011. 10. 19. 선고 2011구합15374 판결(1심 확정됨); 이 판결에 대한 평석으로는 서정희, "보호고용된 장애인의 근로자성에 관한 소고", 2012. 6. 16. 서울대학교 사회보장법연구회 발표자료 참조.

경우 장애인의 노무를 통한 제3자의 임금착취가 발생할 위험이 있다. 특히 장애인의 가족들이 장애인을 대신해 근로계약을 체결하고서 장애인의 노무제공으로 얻은 임금은 가족들이 모두 소비해 버리는 사례들도 있어 일정한 제약이 가해져야 할 필요성도 있다.

근로기준법은 친권자나 후견인이 미성년자의 근로계약을 대리할 수 없으며, 친권자, 후견인 또는 고용노동부장관은 근로계약이 미성년자에게 불리하다고 인정하는 경우에는 이를 해지할 수 있도록 규정하고 있다(근로기준법 제67조). 나아가 행위능력이 없는 미성년자라 할지라도 임금은 독자적으로 청구할 수 있도록 규정하고 있다(근로기준법 제68조).

위와 같은 근로기준법의 입법취지를 고려해 볼 때 개정민법상의 후견인도 장애가 있는 피후견인을 대리해 근로계약을 체결할 수 없도록 할 필요가 있지 않은가라는 의문이 있다. 생각건대, 1) 일률적으로 이러한 제약(근로계약 대리체결 금지)을 가할 경우 장애가 있는 피후견인이 근로계약을 체결할 능력이 없으면 결국 근로생활 자체도 근로계약을 통한 법적 보호를 받지 못하게 될 위험이 있고, 2) 장애인 보호작업장이나 장애인 근로사업장의 경우 장애인의 사회적 생활을 지원하기 위한 서비스기관인 점을 고려해 볼 때 적어도 장애인 직업재활시설과의 이용계약(근로계약)은 후견인이 대리하여 체결할 수 있다고 보는 것이 타당하다.

다만 피후견인을 위한 후견인의 근로계약 대리체결이 일반적으로 허용된다면, 후견인의 권한남용 우려가 있으므로 모든 근로계약 체결에 대리권이 있다고 보기는 곤란하며, 근로기준법 개정을 통해 입법적으로 문제를 해결하는 것도 필요할 수 있다. 예컨대, 현행 근로기준법 제67조 및 68조를 〈표 3-8〉과 같이 개정하는 것이다.

〈표 3-8〉 개정민법상 후견인 도입으로 인한 근로기준법 개정안

현행 근로기준법	개정안
第67조(근로계약) ① 친권자나 후견인은 미성년자의 근로계약을 대리할 수 없다.	第67조(근로계약) ① 친권자나 후견인은 미성년자 또는 피후견인의 근로계약을 대리할 수 없다. 다만, 친권자나 후견인이 가정법원으로부터 근로계약 체결 또는 해지의 대리권한을 부여받은 경우에는 그러하지 아니하다.
② 친권자, 후견인 또는 고용노동부장관은 근로계약이 미성년자에게 불리하다고 인정하는 경우에는 이를 해지할 수 있다. <개정 2010.6.4> ③ 생략	② 친권자, 후견인 또는 고용노동부장관은 근로계약이 미성년자 또는 피후견인에게 불리하다고 인정하는 경우에는 이를 해지할 수 있다.
第68조(임금의 청구) 미성년자는 독자적으로 임금을 청구할 수 있다.	第68조(임금의 청구) 미성년자 또는 피후견인은 독자적으로 임금을 청구할 수 있다.

④ 장애인연금 수령

장애인연금법에 의하면 18세 이상의 중증장애인으로 소득인정금액이 대통령령으로 정하는 금액 이하인 경우 장애인연금(기초급여 + 부가급여)을 지급하는데, 장애인연금을 신청할 수 있는 사람은 1) 수급권자, 2) 특별자치도 · 시 · 군 · 구 소속 공무원(단, 수급권자의 동의 필요)이다(장애인연금법 제8조 제1항 및 제2항). 장애인연금 신청은 수급권자가 제3자에게 그 신청을 위임할 수도 있다(장애인연금법 시행규칙 제7조 제5호).

한편, 장애인연금 수급권자가 위와 같은 신청절차를 거쳐 연금지급이 확정된 경우 매월 지급받을 연금을 수령할 계좌가 필요한데, 수급자 명의의 금융회사 계좌가 아닌 다른 제3자 명의 계좌로 연금지급이 허용되는 경우로는 1) 한정치산 또는 금치산선고를 받은 경우, 2) 채무불이행으로 인하여 금전채권이 압류된 경우, 3) 치매 또는 보건복지장관이 정하는 거동불가의 사유로 인하여 본인 명의의 계좌를 개설하거나 사용하기 어려운 경우 등이다(장애인연금법 시행령 제11조 제3

항). 이러한 대리수령을 엄격히 제한하는 이유는 장애인연금이 장애인 본인의 생활지원비로 사용되지 않고, 제3자의 사적 용도로 사용되는 것을 막기 위한 것이다.

법원으로부터 권한을 받은 후견인의 경우 1) 피후견인으로부터 별도의 위임장을 받을 필요 없이 그의 대리권한 범위 내에서 장애인연금 신청을 할 수 있을 뿐만 아니라 2) 피후견인 명의의 장애인연금 수급계좌 개설 대리, 3) 피후견인 명의의 장애인연금 수급계좌에서 금전인출도 가능하다. 다만 인출된 금전은 연금의 수령목적, 피후견인의 수요 등에 맞게 사용되어야 할 것이다.

⑤ 장애인 활동지원급여 이용

a. 장애인 활동지원급여 수급대상자

장애인 활동지원급여(활동보조, 방문목욕, 방문간호 또는 주간보호 등)의 수급자격을 가진 사람은 원칙적으로 65세 이하로 이와 유사한 급여를 수령하고 있거나 국민기초생활보장법 제32조의 보장시설에 입소하지 아니한 중증장애인(혼자서 일상생활과 사회생활을 하기 어려운 1급 이상의 등록장애인)이다.

65세 이상 노인의 경우 원칙적으로 노인장기요양보험법에 따른 재가노인 복지시설의 서비스(방문요양서비스, 주·야간보호서비스, 단기보호서비스, 방문목욕서비스, 재가노인지원서비스 등)를 받기 때문에 제외되고, 각종 급여(생계급여, 주거급여, 의료급여, 교육급여, 해산급여, 장제급여, 자활급여)를 제공하는 사회복지사업법상의 사회복지시설 중 대통령령으로 정하는 보장시설에 입소한 사람들의 경우는 그 시설 내에서 통상적인 급여들이 제공되기 때문에 재가 장애인을 위한 활동지원급여를 따로 지급하지 않는다.

b. 장애인 활동지원급여 신청 및 계약절차

장애인 활동지원급여 수급신청, 갱신, 변경 등은 급여신청 등을 받으려는 본인(수급자)이 신청하는 것이 원칙이고, 그 본인이 신체적·정신적 사유로 직접 할 수 없는 때에는 본인의 가족이나 친족, 그 밖의 관계인이 대리할 수 있으며, 사회복지전담공무원도 본인 또는 가족의 동의를 받아 대리할 수 있다. 위와 같은 대리신청도 불가능한 경우에는 시장 등이 지정하는 자가 대리할 수 있다(장애인활동지원법 제15조). 위와 같은 신청이 있을 경우 신청인의 신체·정신 기능상태 등에 대한 조사와 수급자격심의위원회의 심의를 거쳐 수급자격 결정통지(수급자격 인정여부, 활동지원등급, 활동지원급여의 종류 및 내용, 본인부담금 등)가 이루어진다.

수급자격을 취득한 수급자는 1) 활동지원급여 이용권(利用券)의 지급을 신청할 수 있고, 2) 활동지원기관과 사이에 활동지원급여 제공계약을 체결하여 본인부담금[68]을 납부하고서 위 활동지원기관의 활

---

68) 장애인활동지원법 제33조(본인부담금) ① 수급자는 해당 급여비용의 100분의 15 한도에서 대통령령으로 정하는 수급자와 그 부양의무자의 소득 및 재산 등 생활수준에 따라 그 비용의 일부(이하 "본인부담금"이라 한다)를 차등 부담한다.
② 다음 각 호의 활동지원급여에 대한 비용은 수급자 본인이 전부 부담한다.
1. 이 법에 따른 급여의 범위 및 대상에 포함되지 아니하는 활동지원급여
2. 제18조에 따른 활동지원급여의 월 한도액을 초과하는 활동지원급여
③ 제1항에도 불구하고 다음 각 호의 어느 하나에 해당하는 사람에게는 정액의 본인부담금을 부담하도록 할 수 있다.
1. 「의료급여법」 제3조제1항제2호부터 제9호까지의 규정에 따른 수급자
2. 「국민기초생활 보장법」 제2조제11호에 따른 차상위계층
3. 소득 및 재산 등 생활수준이 보건복지부장관이 정하는 금액 이하인 사람. 다만, 섬·외딴곳·농어촌 등의 지역에 거주하는 사람에 대하여는 따로 금액을 정할 수 있다.
4. 천재지변 등 보건복지부령으로 정하는 사유로 생계가 곤란한 사람
④ 제1항과 제3항에도 불구하고 「국민기초생활 보장법」에 따른 수급자는 본인부담금을 부담하지 아니한다.

동지원인력으로부터 활동지원급여를 받을 수 있다. 활동지원기관은 활동지원급여를 제공하고서 시장등에게 활동지원급여비용을 청구하여, 시장등으로부터 급여비용을 지급받는다.

c. 후견인의 권한과 역할

법원으로부터 권한을 부여받은 후견인은 수급을 희망하는(또는 수급자) 장애인인 피후견인을 대리하여 장애인활동지원 수급자격, 갱신, 변경 등을 신청할 수 있고, 활동지원기관과 사이에 장애인활동지원급여 제공계약을 수급자인 피후견인을 대리하여 체결하고, 본인부담금을 대리납부 할 수 있다. 이 과정에서도 피후견인의 자기결정권을 존중해야 하기 때문에 활동지원급여의 내용이나 횟수, 활동지원인력의 변경요구 등에 관한 피후견인의 의사를 존중하여야 한다.

⑥ 장애인 권리옹호

앞서 장애인 권리침해의 실태에서도 보았듯이 장애인의 경우 시설입소 생활, 장애인연금 수령, 근로계약의 체결 및 노무제공 과정에서 가족이나 제3자(시설운영 직원, 사용자 등)에 의해 신상이나 재산을 침해당할 위험이 있다. 후견인 또한 앞서 본 다양한 피후견인에 대한 대리권한을 가지고 있어 후견인 스스로에 의해서도 피후견인의 신상이나 재산이 침해될 수 있기도 하다.

---

⑤ 제1항과 제3항에 따른 본인부담금의 산정 방법, 유효기간, 변경절차 및 납부절차 등에 관하여 필요한 사항은 보건복지부령으로 정한다.

3. 아동복지법

가. 아동복지법상 후견인 선임 및 해임 청구

아동복지법은 가정의 보호를 받지 못하는 18세 미만의 요보호아동에 대해 국가와 지방자치단체가 보호조치(아동 또는 보호자에 대한 상담·지도, 보호양육에 필요한 조치, 가정위탁, 아동복지시설에 입소, 전문치료기관 또는 요양소 입원 및 입소, 입양특례법에 따른 조치)(아동복지법 제15조)를 실시하거나, 그 아동의 복지를 위하여 지방자치단체장이 친권상실(친권행사제한) 선고청구 또는 후견인 선임 및 해임청구를 할 수 있는 규정을 두고 있다(아동복지법 제18조 및 제19조).

한편 보호시설에 있는 미성년자가 고아인 경우에는 1) 국가·지방자치단체가 설치·운영하는 보호시설의 경우에는 그 시설의 장이 후견인이 되고, 2) 그 외의 자가 설치·운영하는 보호시설의 경우에는 그 보호시설 소재지 시장등이 후견인을 지정한다(보호시설에 있는 미성년자의 후견직무에 관한 법률 제3조 제1항 및 제2항). 보호시설에 있는 고아 아닌 미성년자의 경우에는 그 시설의 장(국가·지방자치단체가 설치·운영하는 보호시설)이나 시장등이 지정한 후견인(그 외의 자가 설치·운영하는 보호시설) 예정자가 법원의 허가를 받아야만 후견인이 될 수 있다(위 법률 제3조 제3항 및 위 법률 시행령 제3조 제2항).

위 각 법에서 말하는 후견인은 개정민법상 성년후견이 아닌 미성년자 후견인이기는 하지만, 미성년자 또는 아동의 후견인에 대해서도 개정민법은 성년후견과 동일하게 미성년후견인도 미성년피후견인의 법정대리인이 되어 가정법원이 정한 대리권이나 신상에 관한 결정권한 범위 내에서(가정법원이 그 권한범위를 정하지 않았을 경우에는 일반적 사항에 대해 모두) 대리권을 가진다(개정민법 제938조). 다만 미성년자 후견인은 친권자의 미성년자에 대한 보호・교양의 권리의무(개정민법 제913조), 거소지정권(개정민법 제914조), 징계권(개정민법 제915조)과 관련하여 친권자와 동일한 권리의무가 있다(개정민법 제945조). 이는 성년후견인이 피성년후견인에 대하여 가지는 권한과 다른 점인데, 이는 미성년자의 보호와 교양을 위한 부모의 친권을 후견인이 대신 넘겨받은 것으로 이해할 수 있다.

아동복지법은 보호자를 친권자, 후견인, 아동을 보호・양육・교육하거나 그 의무가 있는 자, 사실상 아동을 보호・감독하는 자로 규정하고서, 보호대상아동을 1) 보호자가 없거나 보호자로부터 이탈된 아동, 2) 보호자가 아동을 학대하는 경우 등 그 보호자가 아동을 양육하기에 부적당하거나 양육할 능력이 없는 경우의 아동이라 하고 있다(제3조 제3호).

성년후견제도와 달리 미성년후견제도는 친권자인 부모가 없거나 친권자가 그 권한을 남용해 친권이 상실되었을 경우 친권자 이외의 제3자가 친권자를 대신해 미성년자를 후견해 주는 것으로 친권에 대해 보충적인 것이어서 1) 성년에 달할 경우 친권을 대신해 온 후견관계는 소멸되고, 2) 친권이 회복되는 경우에도 후견관계는 소멸된다. 다만 장애 등으로 인한 정신적 능력의 부족으로 성년이 되어서 후견이 필요한 경우라면 1) 친권자인 부모도 자녀가 성년이 될 무렵 성년후견심판 청구를 할 수 있고, 2) 친권자가 없는 경우 또는 미성년후견인이 있는 경우라면 지방자치단체장 등도 그 피후견인이 성년이 될 무렵 성년후견심판 청구를 할 수 있다.

나. 아동학대 현황과 후견인 선임

아동복지법은 위에서 본 바와 같이 아동의 복지를 위하여 지방자치단체장이 부모에 대해 친권상실선고를 청구하거나 제3자인 후견인을 선임해 달라고 청구할 수 있다. 그러나 현실에서 이러한 청구가 이루어진 적은 거의 없다.

2011년 전국아동학대 현황보고서에 의하면, 2011년 한 해 동안 아동학대신고가 10,146건 접수되어 그중 아동학대로 판정된 사례가 6,058건(방임 1,783건, 정서학대 909건, 신체학대 466건, 성학대 226건, 유기 53건, 중복학대 2,621건)이며, 그중 부모에 의한 학대가 83.1%(5,039건)를 차지하고 있다.[69] 아동학대에 대해 부모 등 학대행위자에 대한 아동보호전문기관의 조치로는 1) 지속관찰 83.5%(5,058건), 2) 고소·고발 6.4%(389건), 3) 학대행위자를 만나지 못한 경우 6.1%(367건), 4) 타기관 의뢰 4.0%(244건) 등이 이루어졌고, 학대아동에 대한 조치로는 1) 원가정보호 65.3%(3,956건), 2) 격리보호(장기보호, 일시보호, 친인척 보호, 가정위탁, 기타) 1,585건(26.2%), 3) 가정복귀 413건(6.8%), 4) 타기관 의뢰 91건(1.5%), 5) 사망 0.2%(13건) 등이 이루어졌다.[70]

위 현황보고서를 보면 아동학대에 대한 조치로 부모에 대한 친권상실선고 청구를 하거나 별도의 제3자 후견인을 선임한 사례는 확인되지 않는다. 그러나 성학대·폭력 등에 아동이 지속적으로 노출되고, 향후에도 아동의 부양이나 복리를 책임질 능력이나 의지가 없다고 판단될 경우 그 학대행위를 한 부모에 대한 고소·고발보다 친권을 상실시켜서 아동의 복리를 위하여 아동권리옹호기관의 직원 등을 미성년후견인으로 선임하는 조치를 취할 필요가 있다. 특히 아동의 신체적·정신적·정서적 장애를 이유로 한 가정 내 폭력 등의 학대가 지속되는 경우라면 감독기관의 역할을 할 수 있는 권리옹호기관으

69) 중앙아동보호전문기관, 2011 전국아동학대 현황보고서, 2012, 35-40면.
70) 중앙아동보호전문기관, 앞의 책, 41-42면.

로서의 미성년후견인을 선임할 필요가 있으며, 그 아동이 성년이 된 후에도 정신적 장애 등을 이유로 같은 후견인이 성년후견인으로 다시 선임될 경우 아동의 입장에서는 한 사람으로부터 지속적 보호를 받게 되는 장점도 있다.

Ⅲ. 정신보건법

1. 정신보건법의 법적 성격

정신보건법은 사회복지사업법에 의해 사회복지사업의 한 내용으로 포함되어 있지만, 그 입법목적을 정신질환의 예방과 정신질환자의 의료 및 사회복귀에 두고 있어 보건의료와 사회복지가 중첩되는 법 분야이기도 하다. 그리고 자·타해 위험을 가진 정신질환자에 대한 강제입원시스템을 두고 있는 정신보건법은 실질적으로 범죄예방과 치안목적의 수용까지 포함하고 있어 그 성격을 단순히 사회복지입법이라 단정하기는 어렵다.

정신보건법은 정신의료기관 외에도 정신요양시설, 정신질환자 사회복귀시설(정신질환자생활시설, 정신질환자지역사회재활시설, 정신질환자직업재활시설, 중독자재활시설, 정신질환자생산품판매시설, 정신질환자종합시설)을 두어 정신질환자에 대한 직업지도·직업 및 재활훈련을 하도록 규정하고 있는데, 퇴원 또는 퇴소한 정신질환자가 희망하는 경우에 한하여 사회복지시설이나 사회복귀시설에 일시적으로 보호조치할 수 있다(정신보건법 시행령 제5조).

위와 같이 정신보건법은 치안입법(강제입원), 의료입법(치료), 복지입법(사회복귀 지원)의 성격을 모두 갖추고 있으며, 역사적으로 초기에는 치안입법의 성격이 강했으나 점차 의료 및 복지입법의 성격이 강화되는 경향을 보이고 있다.

2. 강제입원에 있어 보호의무자 순위 문제

정신보건법에 의한 강제입원 중 가장 많이 행해지는 유형이 보호입원(보호의무자에 의한 입원)이다. 보호입원은 민법상 부양의무자, 후견인 또는 시장·군수·구청장이 정신보건법상 보호의무자가 되어 보호의무자 2인(2인이 안 될 경우 1인도 가능)의 동의하에 정신질환자가 강제입원되는 구조를 가지고 있다.

정신보건법 제21조 제1항에 의하면, “정신질환자의 민법상의 부양의무자 또는 후견인은 정신질환자의 보호의무자가 된다”라고 규정하고 있다. 보호의무자가 될 수 없는 결격사유로는 1) 금치산자 및 한정치산자, 2) 파산선고를 받고 복권되지 아니한 자, 3) 당해 정신질환자를 상대로 한 소송이 계속 중인 자 또는 소송한 사실이 있었던 자와 그 배우자, 4) 미성년자, 5) 행방불명자를 규정하고 있다(정신보건법 제21조 제1항 단서).

보호의무자가 여럿 있을 경우 보호의무의 순위는 부양의무자, 후견인의 순위에 의하며 부양의무자가 2인 이상인 경우에는 민법 제976조의 규정[71]에 따르도록 하고 있으며(정신보건법 제21조 제2항), 보호의

71) 민법 제976조 (부양의 순위) ① 부양의 의무 있는 자가 수인인 경우에 부양을 할 자의 순위에 관하여 당사자간에 협정이 없는 때에는 법원은 당사자의 청구에 의하여 이를 정한다. 부양을 받을 권리자가 수인인 경우에 부양의무자의 자력이 그 전원을 부양할 수 없는 때에도 같다. ② 전항의 경우에 법원은 수인의 부양의무자 또는 권리자를 선정할 수 있다.
민법 제974조 (부양의무) 다음 각호의 친족은 서로 부양의 의무가 있다.
1. 직계혈족 및 그 배우자간

무자가 없거나 부득이한 사유로 인하여 보호의무자가 그 의무를 이행할 수 없는 경우에는 당해 정신질환자의 주소지(주소지가 없거나 알 수 없는 경우에는 현재지)를 관할하는 시장・군수 또는 구청장이 그 보호의무자가 된다(정신보건법 제21조 제3항).

위 규정에 의하면, 보호의무자는 1) 1차적으로 정신질환자의 민법상의 부양의무자 또는 후견인(그 순위는 부양의무자, 후견인의 순서에 의함), 2) 2차적・보충적으로 주소지(또는 현재지) 관할 시장・군수・구청장이다. 그런데 위 보호의무자 조항은 다음과 같은 문제점이 있다.

① 정신보건법에 의한 보호의무자는 직계혈족 및 배우자, 생계를 같이하는 친족 등 통상 여러 사람이 되므로 그에 대한 순서를 법정해 놓는 것이 타당해 보이나, 현재는 민법을 준용하여 법원에 청구하는 방식으로 보호의무자의 순위를 정하도록 규정해 놓고 있는데, 민법상으로도 부양의무자 순위를 정하는 청구는 실제 거의 활용되지 않고 있다.[72] 게다가 보호의무자 2인의 동의를 요구하고 있기 때문에 특별히 순위를 정할 이유도 없다.

② 보호의무자 순위를 민법상 부양의무자를 먼저 두고, 그 다음으로 후견인을 두고 있으나, 민법상으로는 후견인이 통상 피후견인의 재산과 신상보호 의무가 있어 부양의무자의 지위보다 앞

---

2. 삭제<1990.1.13>
3. 기타 친족간(생계를 같이 하는 경우에 한한다.)

72) 보호의무자 순위를 정하도록 한 규정은 과거 일본 정신보건법에서도 확인할 수 있으나, 현행 일본 정신보건복지법은 보호자가 다수인 경우 그 의무를 수행하는 순서를 1) 후견인 또는 보좌인, 2) 배우자, 3) 친권을 행사하는 자, 4) 전 2호의 자 이외의 부양의무자 중에서 가정법원이 선임한 자로 법정해 두고 있고, 다만 이해관계인의 주장에 의해 2), 3), 4)호의 순서는 가정법원이 변경할 수 있도록 규정하고 있다(일본 정신보건복지법 제20조).

서는 점을 고려해 볼 때 후견인을 부양의무자의 후순위로 설정한 것은 문제가 있다.[73)]

따라서 위 보호의무자 조항은 다음과 같이 개정하여야 한다.

① 보호의무자 순위를 개정민법에 따라 미성년자후견인 또는 성년후견인을 제1순위로 하여야 하고,[74)] 그에 대한 순위변경은 허용하지 않아야 한다. 그 이유는 후견인은 민법에 의해 법정되거나 당사자가 선임하거나 법원이 선임(개임)할 수 있고, 그 임무 또한 피후견인의 재산관리 및 신상보호이므로 다른 부양의무자와 달리 민법상 피후견인(정신질환자)에 대해 사법상의 다양한 권리의무를 보유하고 있기 때문이다.

② 부양의무자가 2인 이상인 경우 민법 규정에 따라 그 순위를 정하도록 한 규정은 삭제되어야 한다. 그 이유는 위 규정이 보호의무자가 1인이 될 것을 전제로 하여 그 순위를 정하도록 한 것이나, 현행 정신보건법이 2인의 보호의무자 동의를 얻어야 보호입원이 가능하도록 하고 있어 그 순위를 정하도록 하는 것은 2인의 동의를 요구하는 보호입원의 체계와 맞지 않기 때문이다.

---

73) 일본의 2013년 개정 전 정신보건복지법도 보호자로서의 지위를 수행하는 순서를 후견인 또는 보좌인이 가장 먼저 하도록 되어 있고, 후견인 또는 보좌인의 보호자 지위는 다른 보호자(배우자, 친권을 행사하는 자, 가정법원이 선임한 부양의무자)와 달리 이해관계인의 주장에 의해서도 가정법원이 변경할 수 없도록 하고 있다(일본 구 정신보건복지법 제20조 참조).

74) 같은 취지의 하명호, "정신보건법상 보호의무자에 의한 입원", 안암법학 제36호, 2011, 73면.

3. 강제입원에 있어 후견인의 권한과 역할

먼저, 모든 후견인이 강제입원을 시킬 수 있는 동의권한을 가진다고 볼 것인지는 논란의 여지가 있다. 일본의 경우 정신보건복지법상 우리의 성년후견과 한정후견에 해당하는 후견인과 보좌인만 동의권한이 부여되어 있고, 우리의 특정후견에 해당하는 보조인은 동의권한이 부여되어 있지 않다. 우리 개정민법도 특정후견의 경우에는 후견인이 가정법원의 허가를 받아 치료 등을 목적으로 정신병원 등에 입원시키거나 의료행위에 대한 동의를 하는 조항을 준용하지 않고 있다. 따라서 특정후견인은 정신보건법상 강제입원의 동의권한을 가지지 않는다고 볼 것이다. 한편, 법원으로부터 권한을 부여받은 성년후견인이나 한정후견인은 위 개정민법 규정(제947조의 2)이 적용되므로 정신보건법상 강제입원의 동의권한을 가진다고 볼 것이다.

다음으로, 후견인(여기서는 특정후견인을 제외한다)이 있을 경우 그 후견인만이 정신보건법상 강제입원의 동의권을 가지게 되는지, 아니면 부양의무자인 가족들이 우선하여 동의권을 가지는지 문제될 수 있다. 앞서 본 바와 같이 현행 정신보건법은 부양의무자인 가족들의 동의권이 우선하는 것으로 규정하고 있으나, 개정민법은 후견인에게 피후견인에 대한 신상보호에 관한 결정권을 부여하고 있고, 법원의 치료 목적의 입원 등의 경우 가정법원의 허가를 통한 사법심사도 행해지고 있으므로, 정신보건법을 개정하여 후견인이 있을 경우 민법상 부양의무자는 보호의무자로서 강제입원의 동의권한을 부여하지 않는 것으로 할 필요가 있다.

끝으로, 후견인은 피후견인의 가족인 경우가 많은데 후견인이 민법상 부양의무자이면서 동시에 국가로부터 선임된 후견인으로서의 지위를 겸유하는 경우 부양의무자인 가족의 지위에서 강제입원의 동의 권한이 있고, 이러한 지위에서 동의하는 경우에는 후견인의 임무수행이 아니므로 가정법원의 허가가 필요 없다고 볼 것인지 문제가 있다. 생각건대, 후견인의 지위와 부양의무자로서의 지위를 함께 겸유하는 가족이라도 후견인의 지위가 우선한다고 보아 강제입원에 있어서는 후견인의 임무를 수행하는 것이라고 보아 개정민법이 요구하는 가정법원의 허가를 받아야 한다고 해석해야 할 것이다. 즉, 국가가 선임한 후견인의 임무는 공적인 것으로 이해하여야 하고, 가족이라는 사적인 관계에 우선한다.

IV. 노인장기요양보험법

1. 노인장기요양보험법의 개관

2008. 7. 1.부터 시행된 노인장기요양보험법은 고령이나 노인성 질병 등의 사유로 일상생활을 혼자 수행하기 어려운 노인에게 신체활동이나 가사활동 지원 등의 장기요양급여를 지급하는 절차와 내용을 담고 있다. 장기요양급여를 받는 수급자가 되기 위해서는 건강보험과 같이 장기요양보험료를 납부해야 한다는 점에서 사회보험의 형식을 취하고 있어 앞서 본 사회복지서비스들과 제도운영방식에 있어 차이가 있다.

장기요양급여의 종류는 재가급여(방문요양, 방문목욕, 방문간호, 주·야간보호, 단기보호, 기타재가급여)와 시설급여(노인의료복지시설 등에 장기간 동안 입소)로 구분되는데(노인장기요양보험법 제23조), 급여제공의 기본원칙으로 노인이 가족과 함께 생활하면서 가정에서 장기요양을 받는 재가급여를 우선적으로 제공하도록 하고 있다(노인장기요양보험법 제3조 제2항).

장기요양급여를 수급받는 절차는 다음의 단계로 구분된다.

① 장기요양수급자 인정절차

장기요양보험료를 납부하는 보험가입자와 그 피부양자(의료급여수급권자는 보험료를 납부하지 않지만 신청자격이 부여됨)는 장기요양인정 신청자격이 부여되고, 장기요양인정신청 조사 후 장기요양등급판정위원회의 장기요양등급판정이 이루어지면 장기요양인정 결정을 통해 장기요양수급자가 된다.

장기요양인정 신청, 갱신, 변경절차에서 수급자나 신청자가 신체적·정신적 사유로 직접 위와 같은 신청을 직접 수행할 수 없는 때에는 가족·친족·그 밖의 이해관계인이 대리할 수 있고, 사회복지전담공무원 또한 본인 또는 가족의 동의를 받아 대리할 수 있으며, 위와 같은 대리도 불가능한 경우에는 시장·군수·구청장이 지정하는 자가 대리할 수 있다(노인장기요양보험법 제22조).

② 장기요양기관과의 계약절차

장기요양인정을 받은 장기요양수급자는 장기요양기관과 장기요양급여계약을 체결하여 장기요양급여를 제공받게 된다. 수급자는 급여비용의 일부를 본인부담금으로 납부하여야 하는데(재가급여는 15%, 시설급여는 20%), 기초생활수급권자 등 일부 경제적 취약계층은 감면신청을 하여 위 본인부담금을 감면받을 수 있다(노인장기요양보험법 제40조). 장기요양기관은 국민건강보험공단에 수급자의 본인부담금을 제외한 나머지 급여비용 등을 청구하면 심사를 거쳐 청구한 급여비용을 지급받는다.

2. 노인장기요양보험법에 따른 장기요양급여 수급현황[75)]

2010년 노인장기요양보험 주요통계에 따르면, 2010년 기준 장기요양보험 인정 신청자 수는 622,346명(그중 기초생활수급자는 144,393명)인데, 그중 장기요양인정자 수는 315,974명(1등급 46,994명, 2등급 73,833명, 3등급 195,167명)이다. 위와 같은 수급자 외에 장기요양기관 전문인력으로 요양보호사 25만여 명, 사회복지사 5,900여 명, 의사 1,100여 명, 간호사 8,100여 명, 물리치료사 1,400여 명이 활동하고 있다.

한편, 노인장기요양보험법에 따라 2010년 기준으로 국민건강보험공단이 부과한 장기요양보험료는 1조 8,316억 원이며, 국민건강보험공단이 지급한 장기요양급여는 2조 4,023억 원인데, 그중 재가급여(방문요양, 방문목욕 등의 서비스)로 지급한 요양급여비가 1조 3,740억 원이고, 시설급여(노인요양시설, 노인요양공동생활가정)로 지급한 요양급여비가 1조 283억 원이다. 수급자 실인원 1인당 월평균 요양비도 65만 6,410원(연평균으로 하면 약 788만 원임)이며, 요양일수도 평균 211일에 이른다.

3. 장기요양급여 수급절차에서 후견인의 권한과 역할

치매 등의 질병으로 일상생활을 스스로 수행하기 어려운 노인은 개정민법상 후견의 대상이 될 수 있다. 따라서 이러한 노인의 후견인

75) 이하의 현황은 보건복지부, 2010년 장기요양보험 주요통계를 참조하였다(http://stat.mw.go.kr/front/statData/publicationView.jsp?menuId=41&bbsSeq=7&nttSeq=17692&searchKey=&searchWord=&nPage=1)(2013. 5. 1. 최종방문).

이 된 사람은 위에서 본 노인장기요양보험법상의 각종 신청과 장기요양보험계약을 체결할 권한이 있는지 문제될 수 있다. 노인장기요양보험법은 후견인을 신청권자나 계약체결의 대리권자로서 명시하고 있지 않기 때문에 개정민법의 해석을 통하여 후견인의 대리권 여부를 살펴보아야 한다.

먼저, 장기요양인정신청은 피후견인에게 장기요양급여를 받을 수 있는 수급자격을 부여하기 위한 신청절차이기 때문에 법원으로부터 권한을 제한받지 않은 성년후견인은 피후견인의 대리인으로서 장기요양인정신청을 하는 것은 가능하다고 할 것이다. 한정후견인과 특정후견인은 법원으로부터 대리권한을 부여받은 경우에만 이와 같은 대리권이 부여될 수 있다.

다음으로, 재가급여(방문목욕, 방문간호, 주·야간보호 등)를 받기 위한 장기요양급여 계약체결의 경우에도 위의 장기요양인정 신청에서 본 바와 같은 기준으로 후견인의 계약체결의 대리권한 여부를 판단해야 할 것이다. 그러나 시설급여의 경우에는 앞서 노인복지법상의 시설입소에 있어 후견인의 경우와 동일하게 제한될 수 있다고 보아야 할 것이다.

끝으로, 장기요양인정 변경, 갱신 등의 신청과 장기요양급여계약의 변경, 해지 등과 관련해서는 후견인이 신청 및 계약의 체결권한이 있는 경우라면 변경, 갱신, 해지 등의 권한도 함께 보유하고 있다고 볼 것이다. 다만, 시설급여의 경우에는 기간연장이나 입소시설을 변경하는 것에 대해서는 법원의 별도의 권한부여나 허가를 통한 사법심사가 필요하다.

제5절 성년후견인의 양성과 감독

성년후견제도가 사회복지제도로 활용되기 위해서는 후견인이 어떤 자격을 가지고서 어떤 역할을 하게 되는지가 중요하다. 후견인의 역할을 크게 재산관리와 신상보호로 나눌 경우 신상보호의 문제는 주거 · 의료 · 생활의 문제와 직결되어 있고, 정신적 능력이 부족한 피후견인의 신체적 안전과 건강을 유지시켜 줄 수 있는 후견인을 양성하고, 그 후견인이 적절하게 임무를 수행할 수 있도록 감독하는 것도 성년후견제도의 활성화에 중요한 요소가 된다. 이하에서는 사회복지제도로서 성년후견제도가 정착하기 위해서 성년후견인 양성제도와 감독제도를 어떻게 제도설계하여야 할지 살펴본다.

Ⅰ. 성년후견인 양성제도

1. 성년후견인 양성의 문제

앞서 보았듯이 후견의 대상이 될 수 있는 사람들은 질병, 장애, 노령, 그 밖의 사유로 인한 정신적 제약으로 사무처리능력이 결여되거나 부족한 사람들이다. 그렇다면 이들을 돌봐 줄 후견인이 될 수 있는 사람은 누구인지에 대해 개정민법은 후견인의 결격사유[76]만 규정

76) 개정민법 제937조(후견인의 결격사유) 다음 각 호의 어느 하나에 해당하는 자는 후견인이 되지 못한다.
1. 미성년자
2. 피성년후견인, 피한정후견인, 피특정후견인, 피임의후견인
3. 회생절차개시결정 또는 파산선고를 받은 자
4. 자격정지 이상의 형의 선고를 받고 그 형기(刑期) 중에 있는 사람

해 놓았을 뿐, 그 구체적 선임기준은 사실상 법원의 재량에 맡겨 두고 있다.[77)]

외국의 예를 보면, 성년후견제도를 10년 이상 시행한 일본이나 독일의 경우 후견인의 약 60% 내외는 여전히 가족이며, 제3자 후견인은 40% 내외를 차지하고 있다. 제3자 후견인 양성방법을 보면, 독일의 경우 직업후견인을 양성하여 직업후견인이 후견업무를 맡는 데 반하여, 일본의 경우 변호사, 사법서사(우리의 법무사에 해당), 사회복지사 등 자격사들이 각 자격사단체 등으로부터 일정한 후견교육을 받은 후 그 후견인 후보자 리스트를 법원에 제출하면, 법원이 그중에서 제3자 후견인으로 선임한다. 반면, 미국의 경우 일부 주에서는 후견인 교육과정과 후견인 자격시험을 거쳐 자격을 가진 자 중에서 법원이 제3자 후견인으로 선임한다.

개정민법의 성년후견제도에서도 초기에는 가족후견인이 선임될 가

---

5. 법원에서 해임된 법정대리인
6. 법원에서 해임된 성년후견인, 한정후견인, 특정후견인, 임의후견인과 그 감독인
7. 행방이 불분명한 사람
8. 피후견인을 상대로 소송을 하였거나 하고 있는 자 또는 그 배우자와 직계혈족

77) 개정민법 제936조(성년후견인의 선임).
① 제929조에 따른 성년후견인은 가정법원이 직권으로 선임한다.
② 가정법원은 성년후견인이 사망, 결격, 그 밖의 사유로 없게 된 경우에도 직권으로 또는 피성년후견인, 친족, 이해관계인, 검사, 지방자치단체의 장의 청구에 의하여 성년후견인을 선임한다.
③ 가정법원은 성년후견인이 선임된 경우에도 필요하다고 인정하면 직권으로 또는 제2항의 청구권자나 성년후견인의 청구에 의하여 추가로 성년후견인을 선임할 수 있다.
④ 가정법원이 성년후견인을 선임할 때에는 피성년후견인의 의사를 존중하여야 하며, 그 밖에 피성년후견인의 건강, 생활관계, 재산상황, 성년후견인이 될 사람의 직업과 경험, 피성년후견인과의 이해관계의 유무(법인이 성년후견인이 될 때에는 사업의 종류와 내용, 법인이나 그 대표자와 피성년후견인 사이의 이해관계의 유무를 말한다) 등의 사정도 고려하여야 한다.

능성이 높고(일본의 경우도 시행초기에는 가족후견인 선임비율이 약 90%였음),[78] 제도 시행 후 점진적으로 제3자 후견인 선임비율이 높아질 수 있다. 따라서 좋은 후견인의 양성과 교육은 성년후견제도의 성패를 가를 수 있는 중요한 문제이다.

후견인의 유형을 구분할 때 통상 가족후견인, 전문직후견인(변호사, 법무사, 사회복지사 등), 시민 후견인(지역사회 내 봉사목적으로 저렴한 후견인보수를 받는 후견인)으로 구분할 수 있는데, 전문직후견인이나 시민후견인 외에 가족후견인에게도 임의적인 피후견인 재산처분이나 신상방치 등의 위험을 막기 위해서 적절한 후견교육을 하는 것이 필요하다. 특히 앞서 본 바와 같이 정신적 능력이 부족한 피후견인을 대신하여 각종 사회보장급여를 신청하고, 사회복지서비스계약을 체결해야 하는 가족후견인의 경우 일정한 법률지식과 사회복지지식을 갖추도록 할 필요성이 있다.

가족 외에 전문직후견인이나 시민후견인에게도 후견교육이 필요하다는 점에서는 일반적으로 공감할 수 있는 부분이나 후견인자격시험이 필요한지 여부는 검토의 필요성이 있다. 현재로서는 입법이 되지 않은 상태이기 때문에 누가, 어떤 방식으로, 어떤 교육과정을 통해 후견인 자격을 부여하고, 감독할지에 대해서는 정해진 것이 없다.

성년후견제도의 시행과 관련하여 이해관계가 있는 국가기관인 법원, 법무부, 보건복지부는 서로 다른 이해를 바탕으로 후견인 양성 및 감독제도를 마련하고자 하는데, 이하에서는 성년후견제도가 사회복지제도로 나아가기 위해서 갖추어야 할 후견인 양성제도와 감독제도를 검토해 보기로 한다. 먼저 후견인 선임절차와 관련된 내용을 개

78) 이재경・김잔디, "일본 성년후견제도 운영, 감독에 대한 연구", 법무부 연구용역 보고서, 2010, 101면.

략적으로 살펴 본 후 현행 사회복지제도 내에서 사회서비스 제공자 양성방식과 후견인 양성방식을 비교해 검토하고, 끝으로 성년후견인 양성방식을 제안해 보고자 한다.

2. 성년후견인 선임절차

개정민법은 성년후견 심판절차에서 별도의 성년후견인 선임절차를 규정해 두고 있지는 않다. 과거 금치산제도에서 후견인선임은 민법에서 정해져 있는 법정후견인(배우자, 직계혈족 등)이 법원의 선임절차 없이 자동적으로 선임되었기 때문에 법원이 후견인선임에 있어 재량적 개입이 어려웠다. 다만 1) 법정후견인이 될 친족이 없는 경우, 2) 금치산자·한정치산자의 복리를 위하여 후견인을 변경할 필요가 있다고 인정되는 경우 친족 등의 청구나 법원의 직권에 의하여 후견인을 선임하거나 변경할 수 있었다(개정 전 민법 제936조 및 제940조).

개정민법은 후견대상자(피후견인이 될 사람)의 의견 등을 참작하여 법원이 직권으로 후견인을 선임하도록 하고 있는데, 가족 외의 제3자를 후견인을 선임하기 위해서는 미리 각 지역의 가정법원(또는 지원)별로 제3자 후견인 후보자 리스트를 후견인 양성교육기관들로부터 제출받아 그중에서 후견인을 선임하는 과정을 거치게 될 것이다. 가족의 경우에는 이러한 후견인 후보자 리스트에 등재되어 있지 않다고 하더라도 법원이 후견인으로 선임하는 것은 가능할 것이다.

위와 같은 후견인 후보자 리스트를 제출할 수 있는 후견인 양성교육기관을 법원이 어느 정도로 제약할지 현재로서는 알 수 없으나, 후견인이 가진 권한과 피후견인의 재산과 신상에 대한 침해위험성을 고려해 볼 때 후견인 양성교육기관의 자격과 능력뿐만 아니라 제3자

후견인이 될 수 있는 자격과 기준을 적절하게 제시할 필요가 있다.

3. 사회서비스 제공자 양성방식 및 교육

후견인은 앞서 본 바와 같이 다양한 사회보장급여를 신청하고, 사회복지서비스 계약을 체결할 권한을 가지고 있다. 따라서 이러한 사회복지제도에 대한 교육과 경험이 필요할 수 있다. 현재 사회서비스를 제공하는 사람들(요양보호사, 활동보조인)이 어떠한 교육과정을 거쳐 자격을 부여받고, 노인·장애인 등의 수급자에게 서비스를 제공하고 있는지를 살펴본 후 후견인이 그러한 사회서비스 제공자들과 구분되는 차이점이 무엇인지 살펴본다. 이하에서는 먼저 치매고령자나 장애인에 대한 요양보호 또는 활동보조 서비스 전달체계를 현행 법령(노인복지법령 및 장애인활동지원법령)을 통해 살펴본다.

가. 요양보호사 양성방식 및 서비스전달체계

2008년 시행된 노인장기요양보험법에 따라 거동이 불편한 노인(치매고령자 포함)에 대한 노인장기요양급여를 제공하기 위한 전문자격사로 요양보호사제도가 시행되어 2012년 현재 100만 명이 넘는 사람이 요양보호사 자격을 취득하였다. 그 구체적 서비스 전달체계를 보면 국민건강보험 가입자가 노인으로서 공단의 등급판정(1등급, 2등급, 3등급)을 받아 노인장기요양급여를 받을 자격이 있을 경우 장기요양급여기관에게 서비스신청 후 계약을 체결해 그 기관으로부터 재가급여(방문요양, 방문목욕, 방문간호 등) 및 시설급여(노인요양시설 입소 등)를 받을 수 있다. 이러한 구체적 서비스는 요양보호사, 간호사, 치위생사 등의 인적 자원을 통해 이루어지는데, 요양보호사 자격취득방법은

〈표 3-9〉 요양보호사 양성절차

보건복지부가 요양보호사 교육기관을 지정
↓
교육기관에서 수강생에게 법령에 따른 교육 후 수강생에게 교육이수증 교부
↓
교육이수 이후 국가시험인 요양보호사 시험을 실시하여 합격자에게 요양보호사 자격증 부여
↓
노인요양시설(장기요양기관) 등에서 요양보호사로 활동하여 임금을 받거나 가족 내 노인 등에게 일정시간 요양서비스를 제공하고 급여비용을 수령[79]

〈표 3-9〉와 같다.

요양보호사의 자격도 후견인 자격 결격사유와 유사하게 일정한 결격사유 있는 자(금치산자 · 한정치산자 · 정신보건법 제3조 제1호의 정신질환자 등)를 제외하고는 누구든지 요양보호사 자격을 취득할 수 있다.

요양보호사 교육의 경우 1) 신규 수강생은 총 240시간(이론, 실기, 실습 각 80시간), 2) 요양업무 경력이 있는 수강생은 120 내지 140시간, 3) 국가자격(면허)소지자(간호사, 사회복지사, 물리치료사, 작업치료사, 간호조무사)는 40시간 내지 50시간으로 차등적으로 교육시간을 규정하고 있으며, 교과목도 각 경력자 및 전문가별로 다르게 구성하고 있다.[80]

나. 장애인활동보조인 양성방식 및 서비스전달체계

2011년 제정 · 시행된 장애인 활동지원에 관한 법률은 장애인의 활동지원을 위하여 장애인활동보조인(이하 '활동보조인'이라 한다) 제도

---

79) 요양보호사 자격을 취득한 가족이 가족 내 치매고령자에 대한 요양서비스를 제공하고서 그 급여비용(가족요양비)을 수령하는 경우가 있는데, 2010년 말 기준으로 동거가족 요양보호사는 4만 4천 명가량이다.

80) 보건복지부, 2012년도 요양보호사 양성지침, 요양보험제도과, 2011. 12., 7면 참조

를 두고 있다. 활동보조인을 지원받을 수 있는 장애인은 만 6세 이상의 등록 1급 또는 2급 장애인(혼자서 일상생활과 사회생활을 하기 어려운 중증장애인)으로 소득수준이나 장애유형과 관계없이 신청이 가능하다.

신청 후 장애등급심사, 활동지원인정조사 등을 거쳐 수급자격심의위원회 심의를 거쳐 1등급부터 4등급까지의 활동지원등급(월 급여시간 및 급여액으로 책정됨)을 매겨 수급자격 결정통지를 한다.[81] 이러한 등급 내 통지를 받은 수급장애인은 스스로 활동지원기관(도시의 경우 활동보조인 15명 이상 확보 필요)을 선택하여 활동지원서비스(식사 도움 등 신체활동지원, 청소・세탁・취사 등 가사활동지원, 등하교시・외출시 동행 등 사회활동지원)를 신청 및 계약체결하여 활동지원인력을 제공받을 수 있고, 이러한 활동지원인력은 활동보조인, 요양보호사(1급), 방문간호사(일정 경력 이상의 간호사, 간호조무사, 치위생사 등)이며, 그중 활동보조인은 방문목욕서비스나 방문간호서비스는 제공할 수 없고, 신체활동, 가사활동, 이동보조 등의 서비스만을 지원할 수 있다.

활동보조인 교육 및 양성과정을 살펴보면, 1) 요양보호사와 달리 자격시험은 없고, 2) 현장실습 10시간을 포함하여 50시간의 교육시간을 이수하여야 하며, 3) 이론 및 실기교육을 각각 90% 이상 출석한 경우 이수한 것으로 인정된다.[82]

활동보조인은 교육 이수 후 활동지원기관과 사이에 채용계약을 체결하여 활동보조 서비스를 수급장애인에게 제공하넌, 활동지원기관은 시장・군수・구청장 등에게 활동지원급여비용을 청구하여 급여비용을 수령한다. 활동지원기관은 급여비용 단가의 75% 이상을 활동지원인력의 임금(4대 보험 본인부담금 포함)으로 사용해야 하고, 활동지원

81) 보건복지부, 활동보조인 양성 교육과정, 2011.12., 20면.
82) 보건복지부, 앞의 책, 26면.

기관 부담으로 소속 활동지원인력에 대해 배상책임보험을 가입해야 한다.[83] 활동지원기관의 배상책임보험 가입은 장애인활동지원에 관한 법률 제20조 및 법 시행규칙 별표 1에 구체적으로 규정되어 있는 것이 아니라 보건복지부 고시(장애인활동지원기관 등의 지정에 관한 고시 별표 1)에 의해 활동지원기관 지정신청시 심사기준 중의 하나로 활동보조인 배상책임보험 가입을 두고 있다.[84] 이에 반하여 현재 후견인이나 후견법인은 이러한 보험가입을 강제하는 법적 근거가 없는데, 입법론적으로는 피후견인의 재산적·신체적 손해를 보상받기 위해서는 후견인이나 후견법인이 그러한 배상보험에 가입하는 것이 필요하다.

한편, 활동지원기관의 활동보조인 양성절차를 보면 〈표 3-10〉과 같다.

요양보호사나 활동보조인 모두 노인이나 장애인 등 사회취약계층에게 사회서비스(활동보조 또는 요양보호라는 신상보호라는 사실행위의 인적 서비스 제공)를 제공하나 요양보호사의 경우 자격취득의 조건으로 국가시험의 합격을 필요로 하지만, 활동보조인의 경우에는 그렇지 않다는 점에서 차이가 있다. 요양보호사의 경우 대상자의 신체를 직접 다

〈표 3-10〉 활동보조인 양성절차

보건복지부가 장애인활동보조인 교육기관을 지정
↓
교육기관에서 수강생에게 법령에 따른 교육 후 수강생에게 교육이수증 교부
↓
장애인 활동지원기관에 근로계약 체결 후 활동보조인으로서 활동보조서비스를 제공하고서 활동지원기관이 급여비용을 수령하고, 활동보조인은 임금 수령

83) 보건복지부, 앞의 책, 28면.

84) http://www.mw.go.kr/front_new/cm/scm0307nc.jsp?PAR_MENU_ID=01(2013. 5. 1. 최종방문).

루기 때문에(요양, 목욕, 간호 등) 대상자의 건강을 침해할 위험이 있어 일정한 수준 이상의 지식을 요하지만, 활동보조인의 경우 일상활동의 보조(동행, 식사도움, 취사, 세탁 등)만을 하기 때문에 요양보호사와 같은 수준의 지식을 요하는 것은 아니어서 시험을 통한 자격부여는 하지 않고 있다.

다. 장애인·노인에 대한 서비스전달체계를 통해 본 후견인 양성의 시사점

성년후견제도가 장애인·노인에 대한 사법복지서비스로 이해될 수 있고, 앞서 본 장애인활동보조제도나 노인장기요양보험제도도 모두 장애인·노인에 대한 사회서비스이므로 그 실질적 서비스를 제공하는 후견인, 요양보호사, 활동보조인 등은 모두 인적 서비스 제공자로서의 일정한 역할을 가지고 있다. 이들 제도를 구체적으로 법령을 기준으로 구분해 살펴보면, 〈표 3-11〉과 같다.

〈표 3-11〉을 보면, 현재로서는 노인·장애인에 대한 낮은 수준의 지원활동단계(활동보조)에서는 교육만으로, 보다 높은 수준의 지원활동단계(요양보호)는 교육 및 자격시험으로 보다 양질의 서비스 제공자를 확보하고 있음을 알 수 있다. 또한 활동보조인이나 요양보호사는 대부분 개별적으로 활동하는 것이 아니라 일정한 기관이나 시설에 연계되어 활동보조 또는 요양보호서비스를 제공하고, 서비스를 받는 수급자는 이러한 기관이나 시설을 서비스의 질에 따라 선택하여 계약을 체결할 수 있기 때문에 서비스 공급자인 기관이나 시설은 경쟁적으로 수급자에 대한 서비스를 강화시킬 유인이 존재한다. 즉, 수급자는 손님이고, 수급자인 손님을 빼앗기면 기관이나 시설은 그 존립을 유지하기 어렵다.

〈표 3-11〉 성년후견제도와 장애인활동보조제도, 노인장기요양보험제도의 비교

제 도	성년후견제도	장애인활동보조제도	노인장기요양보험제도
대상자	정신적 능력의 결함(부족)이 있는 사람	중증 장애인 (1급 또는 2급)	65세 이상의 노인
서비스 제공자 (인적 자원)	후견인 (가족, 전문가, 일반인도 가능)	활동지원인력 (활동보조인, 요양보호사, 방문간호사)	장기요양요원 (요양보호사, 간호사, 간호조무사 등)
주요 서비스 제공자	가족후견인(다수)	활동보조인(다수)	요양보호사(다수)
활동업무	재산관리와 신상보호 (법률행위 대리, 취소, 동의 등)	활동보조 (가사활동, 이동, 신체활동 보조)	요양보호 (목욕, 간호, 주・야간보호, 신체 및 가사활동 지원)
교육기관	현재 없음	활동보조인 교육기관	요양보호사 교육기관
양성방법	현재 없음	교육 50시간	교육 240시간 및 자격시험
교육감면대상	현재 없음	국가자격소지자 (사회복지사, 간호사, 간호조무사 등) 교육시간 감면	국가자격소지자(사회복지사, 간호사, 물리치료사, 작업치료사, 간호조무사) 및 경력자 교육시간 감면
소속활동기관	독립적 활동	장애인활동지원기관	노인장기요양시설 등
감독국가기관	법원	보건복지부	보건복지부
서비스 재원부담	피후견인 본인부담 (국고 부담 없음)	국가 및 지자체 부담 (일부는 등급별, 계층별로 본인부담)	노인장기요양보험 (일부는 수급자 본인부담)

성년후견제도가 사회복지법상의 사회서비스와 다른 본질적인 부분은 바로 피후견인의 의사결정을 대신할 수 있다는 점에 있다. 위와 같은 사회서비스 제공계약을 피후견인을 대리하여 체결할 수 있고, 계약의 변경과 해지, 사회서비스 신청과 계약에 관련된 소송을 피후견인을 대리하여 행사할 수 있다. 이와 같은 후견인의 권한과 역할에 비추어 볼 때 제3자 후견인의 자격은 현재 일정한 자격을 가진 사람(변호사, 법무사, 사회복지사)이라도 추가적인 후견교육과 실습을 통해 후견인 후보자격을 취득하도록 할 필요성이 있다. 후견인은 주거, 요양,

재산관리, 의료, 심리적 안정, 사회복지, 장애인·치매고령자와의 의사소통에 관해 알고 있어야 하고, 피후견인의 각종 생활상의 문제를 처리하고 보호해야 한다. 이러한 역할은 사실상 자녀에 대한 부모의 역할과 유사하며, 일반인들도 교육을 받지 않고서 손쉽게 처리할 수 있는 일은 아니다.

그렇다면 후견인 양성교육기관을 누가 할 것인가? 이 문제에 대해서는 1) 국가행정기관으로 보건복지부나 대법원 산하에 후견지원기관(예컨대, 중앙후견지원센터)을 두고, 후견지원기관 산하에 각 지역별로 지부를 두어 각 지부별로 가족후견인, 전문직 후견인, 시민 후견인, 후견감독인을 통합하여 교육, 심사 및 자격부여 등을 하는 방안, 2) 중앙의 후견지원기관이 각 시·도 지역별(또는 고등법원 관할구역별)로 사회복지사협의회 등 유관기관에 위와 같은 업무를 위탁하는 방안, 3) 후견지원기관을 설치하지 않은 채 각 자격사단체나 그 부설기관 또는 사회복지법인이나 그 부설기관이 독자적으로 후견(감독)인 교육 및 양성프로그램을 개설하고, 이에 대해 보건복지부나 대법원이 그 기관을 후견인양성기관으로 지정하여 그 기관에서 후견(감독)인 양성교육을 맡도록 하는 방안 등을 생각해 볼 수 있다.

생각건대, 후견제도가 사회복지제도로 활성화되기 위해서는 비용(후견인 보수)이 적게 드는 좋은 후견인을 교육할 수 있도록 인적, 물적 지원을 하기 위한 행정기관을 설치하는 것이 필요하다. 제도적으로 볼 때 후견인이 되는 자격은 기존의 특정한 자격사(변호사, 법무사, 사회복지사, 요양보호사, 활동보조인 등)뿐만 아니라 가족 및 일반 시민에게도 부여되어 있다. 또한 독일과 같이 후견인이라는 직업을 가진 별도의 직업후견인이나 봉사 목적의 시민후견인도 함께 양성하는 것이 필요하다. 장애인·노인의 권리옹호단체나 기관도 이러한 후견(감독)

인 양성교육기관으로 적합할 수 있다. 이러한 여러가지 측면을 고려해 볼 때, 일정한 요건과 기준을 갖춘 후견(감독)인 양성교육기관을 국가기관이 지정하여 그 기관에서 후견인을 양성하도록 하는 것이 필요하다. 추후 후견지원 및 감독에 관한 법률이 제정된다면 이러한 후견인 양성교육기관의 요건과 기준 및 제3자 후견인의 요건과 자격을 법정화할 필요가 있다.

II. 성년후견인 감독제도

1. 개정민법상 후견감독제도의 문제점

금치산제도에서는 후견인의 감독을 친족회에 맡겼으나, 후견인과 이해관계가 대부분 일치하는 친족회가 후견감독을 제대로 하기는 어려웠고, 법원도 후견인의 업무를 감독하는 역할을 실질적으로 하지 못하여 후견인은 사실상 통제받지 않는 권한을 가지고서 금치산자의 재산과 신체를 임의대로 결정할 수 있었다.

개정민법은 이러한 상황을 직시하고서 1960년부터 제도화되어 있던 후견인 감독기관인 친족회를 폐지하고, 법원이 원칙적인 후견인의 감독기관이 되었고, 필요한 경우 법원이 후견인의 업무를 감독하기 위한 후견감독인을 선임할 수 있도록 하였다. 그 외에 법원은 후견인의 권한범위를 제약하거나 후견인을 변경하는 방법으로 후견인의 권한남용을 통제할 수 있으며, 후견임무 수행과 관련하여 필요한 처분을 후견인에게 명할 수 있다.

그러나 위와 같은 후견인에 대한 법원의 감독은 형식적, 명목적일 수밖에 없는데, 그 이유는 후견인이 재산과 관련된 비위행위를 저질

러도 법원이 이를 알 수 있는 방법이 없으며, 비위행위의 의심이 있다고 하더라도 현재의 법원 내 가사조사관 인력으로는 그러한 비위행위를 직접 조사하기도 어렵다. 후견인을 감독하는 또 다른 방법으로 후견감독인을 법원이 직권으로 선임하는 것도 곤란하다. 그 이유는 후견감독인에 대한 보수도 피후견인의 재산에서 지출되어야 하는데, 피후견인 입장에서는 법원의 직권선임에 의해 후견인과 후견감독인 모두에게 보수를 지급하는 부담이 생기기 때문이다.

2. 외국의 후견인 권한남용 실태

성년후견제도 시행 후 많은 나라에서 문제점으로 지적되고 있는 것이 후견인의 권한남용이다. 특히 성년후견제도 시행초기에는 후견인의 양성이나 선임에 제도의 포커스가 맞추어지지만 시행초기를 지난 이후에는 후견인 감독의 문제가 불거지기 시작한다. 후견인 감독이 어려운 이유는 후견인이 후견업무를 해 오면서 합법적 권한을 가지고서 피후견인의 재산이나 신상을 침해하는 행위를 하는 게 가능하기 때문이다. 마치 부모가 자녀에 대한 징계권과 거소지정권에 근거해 자녀들을 때리거나 시설에 방치하는 것이나 자녀의 재산을 자신의 친권에 근거해 임의대로 소비해 버리는 것과 유사하게 후견인은 자신의 후견권에 근거해 피후견인의 재산과 신상을 침해할 위험이 있다. 그래서 후견의 첫 단추라 할 수 있는 후견의 개시는 필요 없는 경우에는 허용되어서는 안 되며, 허용될 경우라도 보충적으로 최소한도에서의 개입만 허용하는 형태로 이루어져야 한다.

미국의 경우 1986년 연합통신(Associated Press)이 노인에 대한 성년후견의 실태를 보도하면서 노인들에 대한 성년후견제도가 1) 후견심판절차에서 적법절차가 무시되고, 2) 법원이 후견인을 감시하는 역할을 실패하였으며, 3) 노인보호를 위한 후견제도가 노인학대와 방치에 별다른 도움이 되지 못하였다고 보도하였으며, 그 후 LA 타임즈가 2005년 특집기사를 통하여 후견인들이 별도의 훈련이나 자격을 받지 않았고, 피후견인의 바람들을 무시하였고, 법원 또한 후견인에 대한 감독의무를 방기한 채 재산에 대한 부적당한 후견보고서, 후견인의 횡령이나 태만 등에 대해서 모르거나 모른척 해 왔다고 보도했다.[85)]

일본의 경우도 2000년 성년후견제도 시행 이후 가족(친족)인 후견인들이 피후견인의 재산과 관련된 금전적 부정행위가 점차 늘어나기 시작하면서 그러한 행위로 후견인이 형사처벌을 받은 사례만도 이미 10여 건이 넘어서고, 그 액수도 적게는 몇 천만 원에서 많게는 십억 원이 넘는 돈을 피해 입히기도 하였으며, 후견인이 해임된 건수도 2000년 37건에서 2007년에는 207건으로 점차 증가하고 있다.[86)] 일본도 이러한 후견인의 권한남용이 성년후견제도의 신뢰를 떨어뜨리게 된다는 인식을 하고서 사후적 조치로서 후견인 해임과 형사고발 외에 원천적으로 재산의 유용을 막기 위한 방안으로 2011년 일본 최고재판소는 후견지원신탁제도를 시행하였다.[87)] 후견지원신탁제도란 재산이 많은 피후견인에 대해 전문직 후견인을 선임하고서 피후견인의 재산은 모두 환가하여 일상생활에 필요한 예금만 남기고, 나머지

85) Hardy JD. "Who is Guarding the Guardians? A Localized Call for Improved Guardianship Systems and Monitoring.", NAELA Journal 4(1), 2008, 10-11면.

86) 이재경 · 김잔디, 앞의 보고서, 102-103면.

87) 日本弁護士連合会、最高裁判所提案の「後見制度支援信託」導入の条件及び親族後見人の不祥事防止策についての意見書(2011. 10. 18.); 最高裁判所, 後見制度において利用する信託の概要(2011. 12.) 참조. 아래 홈페이지에서 원문 확인 가능 (http://www.nichibenren.or.jp/activity/document/opinion/year/2011/111018_3.html; http://www.courts.go.jp/vcms_lf/210034.pdf)(2013. 5. 1. 최종방문)

는 모두 은행에 신탁하여 두고 그 신탁계약의 해제는 법원의 허가가 있는 경우만 가능하도록 하여 후견인의 임의적인 재산처분을 막는 제도이다.

3. 성년후견인 감독방안

성년후견인을 감독하는 방안으로는 개정민법상으로 후견감독인을 선임하거나 법원이 후견인에게 행하는 필요한 처분으로서 하는 감독조치가 있으나, 후견감독인 선임은 피후견인에게 후견감독인 보수라는 비용을 부담하게 하는 문제가 있고, 법원이 후견인에게 행하는 감독조치는 비위행위에 대한 사전적 예방조치로 이루어지기는 어렵다.

개정민법하에서도 가능한 감독방안으로는 법원이 후견인 선임과 동시에 후견인에 대한 감독조치(필요한 처분)로서 매년 정기적인 피후견인 재산 및 신상에 대한 보고의무를 부과하여 매년 보고서를 받아서 재산이나 신상의 변동을 확인하는 방법이 있을 수 있다. 그러나 보다 근본적으로 후견인을 감독하는 방안은 후견지원 및 감독에 관한 법률을 제정하여 1) 후견인의 비위행위에 대한 형사처벌, 2) 특정한 행정기관을 통한 후견인 자격취소, 3) 후견인의 불법행위로 인한 손해배상의 위험을 대비하기 위한 보험가입 강제, 4) 후견감독인의 자격 및 감독권한의 범위 설정, 5) 비위후견인에 대한 후견감독인 및 가사조사관 등의 조사 및 보고권한 규정, 5) 후견감독인 보수의 국고지원 등을 규정하는 것이 필요하다.

제4장 결 론

제1절 후견과 복지의 연계
제2절 후견의 본질과 위험에 대한 인식

제4장 결 론

제1절 후견과 복지의 연계

Ⅰ. 후견과 복지의 접점

본 연구는 본론에서 새로 도입된 성년후견제도가 기존의 사회복지제도와 연계할 수 있는 지점이 어느 곳인지를 고찰하였다. 두 제도가 만날 수 있는 이유는 먼저 성년후견제도가 가족제도를 벗어나 사회화된 제도로 전환하였다는 점이다. 그것은 후견인이 가족 아닌 제3자가 될 수 있음을 의미하고, 피후견인의 자율과 정상성을 보장하기 위한 제도적 장치들을 마련하고 있다는 점에서 확인할 수 있다. 즉 정신적 능력이 부족한 개인의 의사결정 지원제도로서 가족 아닌 국가의 지원을 받는다는 점이다.

최근의 사회복지제도는 국가의 일방적 보호조치들에서 벗어나 국가의 물적·인적 지원하에 보호가 필요한 사람의 선택과 결정을 통하여 이루어지고 있다. 이른바 '조치에서 계약으로'라는 사회복지 형식의 전환이다. 국가의 일방적 조치라면 그 대상자의 정신적 능력의 부족함은 고려사항이 아니지만, 신청이나 계약을 통해서만 사회복지서비스나 사회보장급여가 제공된다면 그러한 계약체결능력이 없는 사람에게는 그 계약체결을 위한 지원이 필요하다. 여기서 신청이나 계약체결을 대신해 줄 인적 사회서비스로서 국가가 제공하는 후견인이 필요하게 된다. 앞서 다양한 사회복지서비스 신청과 계약체결 방식을 소개하고, 그 과정에서 후견인의 권한과 역할을 상세히 설명한 이유는 바로 그 지점이 후견과 복지가 만나는 접점이기 때문이다.

민법상의 성년후견제도가 사회보장법상의 사회복지제도와 서로 만나게 되는 또 다른 이유는 그곳에 국가가 존재하기 때문이다. 현대사회에서 가족은 점차 가족 구성원의 보호자로서의 역할이 쇠퇴하고, 국가가 가족의 자리를 점점 대신하고 있다. 과거의 가족은 가족 내 요보호자(치매고령자, 장애가족 등)가 있을 경우 1) 그를 대신해 가족 구성원 중 일부가 의사결정을 하였고, 2) 목욕, 요양, 이동 등 일상생활도 가족이 지원해 주었으며, 3) 가족의 주거지 내에서 그와 함께 일상을 영위하여 왔다. 현대에 와서는 핵가족화·산업화·도시화 등의 영향으로 인하여 가족구성원이 소수화되면서 부양책임을 질 만한 가족이 적어졌고, 부양책임을 질 가족이 있더라도 그 또한 직장을 다녀야 하기 때문에 요보호자의 일상을 책임질 수는 없다. 이러한 상황하에서 요보호자에 대한 책임을 점차 국가가 부담하면서 1) 의사결정에 있어서는 후견인을, 2) 일상활동에 있어서는 요양보호사와 활동보조인을, 3) 주거와 의료에 있어서는 복지시설을 제공하는 것이다. 이러한 국가의 인적·물적 지원은 장애인·노인 등이 가족의 도움 없이도 사회적 삶을 유지하고, 사회에 참여하는 데 제도적 밑받침이 된다. 이렇게 성년후견제도는 사회복지제도의 한 기둥으로서 자리매김할 수 있다.

II. 성년후견제도의 복지제도화

성년후견제도가 사회복지제도로 보다 활발하게 이용되기 위해서는 다음의 세 가지 제도개선이 필요하다.

먼저, 성년후견제도는 그 대상자의 정신적 취약성과 경제적 취약성을 감안하여 제도 내에서 피후견인을 인적·물적으로 지원하는 시스템(절차보좌인의 선임, 후견심판비용의 국고지원, 후견인보수의 국고지원, 후견심판신청의 활성화제도)을 마련하여야 한다. 이는 법령의 제정과 예산의 지출을 수반한다.

다음으로, 개정민법상의 성년후견제도를 알지 못하는 사회복지제도는 각 사회복지관련 법령에서 후견인의 권한과 역할을 명백히 해 두어야 한다. 특히, 각종 급여의 신청과 계약 등에서 후견인의 권한이 다른 가족보다 우선함을 명시하여야 할 필요성이 있다. 앞서 보았듯이 현행 사회복지관련 법령은 정신적 능력이 부족한 사람이 직접 사회복지급여를 신청하거나 사회복지서비스계약을 체결하지 못하는 점을 감안해 가족이나 담당공무원도 신청이 가능하도록 하고 있으나, 이런 경우 차후에는 후견인 선임을 유도하여 적법한 대리권자인 후견인에 의한 신청과 계약체결이 가능하도록 해야 한다.

끝으로, 후견제도는 비영리성과 공익성을 유지하여야 한다. 후견인은 국가가 선임한 피후견인의 후견기관인 점을 인식해야 하고, 그러한 후견인은 국가의 대리인으로 피후견인의 신상과 재산을 잘 보살피는 사람을 목표로 양성되어야 한다. 피후견인의 재산을 목적으로 한 영리적 후견제도는 결국 최후에는 피후견인의 재산을 횡령하거나 소비하는 범죄적 후견인만을 낳게 한다. 이를 막기 위해서는 국가가 일정한 비용을 투여하여 좋은 후견인을 교육·양성하고, 관리·감독하는 체계를 마련할 필요가 있다. 특히 공공성을 가진 직업적 후견인이나 시민 후견인의 양성, 후견인을 감독할 수 있는 행정기관의 설립, 행정기관 또는 장애인단체・후견인양성교육기관 등을 통한 후견인감독시스템의 마련 등이 필요하다.

성년후견제도의 시행은 사회복지가 단순한 서비스만으로 이루어지지 않는다는 점을 인식하고 있음을 국가가 보여주는 것이다. 성년후견제도는 의사결정이라는 인간의 근본적 결단의 문제들까지 국가가 개입하게 됨을 보여주는 것이며, 그 목적은 궁극적으로 개인에 대한 보호에 있다. 향후 성년후견제도는 사회복지입법을 통해 제공되는 각종 서비스와 관련해 그 수급자격을 신청하여 인정받고, 서비스기관과 내용을 선택하며, 서비스계약과 관련된 권리를 행사하는 기본적 시스템으로 자리매김하게 될 수 있다. 따라서 이에 대비하여 현행 사회복지입법 중 각종 서비스신청과 계약체결과 관련된 내용에서 성년후견인의 권한과 역할을 설정하고, 가족과 후견인의 관계에서 양자의 권한의 우열과 범위를 설정할 필요가 있다.[1)]

제2절 후견의 본질과 위험에 대한 인식

Ⅰ. 후견의 본질과 그 위험

후견인이 권한을 남용할 수 있는 이유는 무엇인가? 그것은 후견제

1) 현행 사회복지입법 중 후견인의 권한과 역할을 구체적으로 정리한 내용으로는 신권철, "사회복지서비스에서 성년후견인의 역할과 한계", 사회보장법연구 제2호, 서울대 사회보장법연구회, 2012, 50면 이하의 내용과 표를 참조할 것.

도 자체가 가지고 있는 특성, 즉 피후견인의 의사결정권을 후견인에게로 넘겨버림으로써 생기는 것이다. 금치산제도하에서는 그 의사결정권을 후견인인 가족이 대신 행사하는 것이어서 권한남용이나 재산침해의 문제를 가족 내부의 문제로 이해하여 사실상 법이 그 후견관계에 더 깊이 개입해 들어가지 않았다. 그러나 성년후견제도는 이와 달리질 수 있다. 그 이유는 먼저 가족 아닌 제3자가 후견인이 될 수 있으며, 가족이 후견인이 된다고 하더라도 그는 가족의 지위에서가 아니라 법원이 선임한 후견인의 지위에서 피후견인을 위한 의사결정권을 가지고 있는 것이기 때문이다. 즉, 후견인은 국가가 선임한 대리인이기 때문에 그의 권한남용이나 재산침해는 국가기관(법원)이 선임한 법정대리인의 위법행위이며, 후견업무의 관리감독을 소홀히 한 법원도 그 책임에서 자유로울 수 없다. 또한 제3자 후견인이 가족 내 구성원인 피후견인의 의사결정권자라며 대신해서 나설 경우 그를 부양하는 다른 가족 구성원의 사실적 권한의 제한이나 상속재산의 점진적 소모(후견인 보수 및 비용지급으로 인한)를 가져올 수 있어 가족들과 대립될 수 있다. 이렇게 후견의 제3자화(후견의 사회화)는 기존의 가족제도와 대립을 가져올 수 있어 후견인 선임에 있어 가족이 아닌 제3자를 선임하는 것은 보충적, 예외적일 필요가 있다.

후견은 사실상 통제받지 않는 권한이 될 위험이 있다. 후견인의 권한은 여전히 모호하고 불명확하다. 또한 후견인이 법원의 허가 없이 피후견인의 재산을 처분하거나 시설에 입소시켰다고 하더라도 그 법률행위가 무효 또는 취소가능한지 여부는 불명확하며, 설령 무효나 취소사유가 된다고 하더라도 그 침해를 받은 피후견인은 그러한 주장을 할 능력이 없어 결국 피후견인에 대해 제3자의 도움이 없는 한 위와 같은 허가 없는 행위도 종국적으로 다투어지지 아니할 수 있다.

여기서 후견이 사실상 통제받지 않는 권한을 가지는 이유는 후견의 위법함을 가장 절실하게 문제제기하여야 할 피해자인 피후견인이 그럴 능력이 없기 때문이다. 그래서 그들의 재산이 후견인에 의해 임의로 처분되어 버리거나, 그들의 신체가 후견인에 의해 시설로 들어가 버려도 아무런 문제가 일어나지 않는 것이다. 후견은 사실상 피후견인을 어린아이의 상태로 만들어 버리는 것과 같다. 아동학대, 노인학대, 장애인학대의 가장 큰 문제는 그러한 학대를 당하고도 피해자들이 어디 호소할 능력도 없기 때문에 학대가 지속되고, 드러나지도 않는다. 후견에서도 같은 일이 일어날 수 있는 이유는 그들의 상태가 위에서 본 취약계층(아동, 노인, 장애인)의 상태와 유사하기 때문이다. 그래서 후견감독제도의 필요성은 절실하다.

II. 후견심판 및 후견감독의 중요성

후견제도는 일정한 정신적 능력이 부족한 사람에게 법원이 그 능력 없음을 선언하면, 그 이후부터 그를 대신해 후견인이 의사결정을 내리는 포괄적인 대리권을 부여받게 된다. 이러한 후견제도는 본질적으로 의사결정, 거주지의 결정, 의료적 결정, 이혼여부, 소송제기, 재산처분 등의 제약을 가져오며, 이는 헌법상 기본권의 제한이자 개인적 자율성에 대한 박탈을 가져올 수 있다. 따라서 형사절차가 신체자유의 박탈을 가져오는 것처럼, 후견심판절차가 기본적 권리의 박탈을 가져올 수 있다는 점을 염두에 두어 그 심판절차에서 피후견인의 의사결정을 최대한 존중할 수 있는 시스템(후견개시 여부, 구체적 후견인의 지정, 후견이 필요한 범위 등에 대해 피후견인의 의사를 최대한 반영하는 시스템)을 마련할 필요가 있다. 이러한 심판절차에서 피후견인이 될 대상자(사건본인)의 의견을 최대한 반영해야 하는 이유는 헌법상 기본권을 박탈하기 전까지(무능력 선고를 받기 전까지) 사건본인은 능력 있는 자로 존중되어야 하며, 피후견인은 그 절차에서 누가, 왜 자신의 권한을 빼앗으려 하는지 듣고, 의견을 진술할 기회를 보장받는 것이 적법절차의 요구이기도 하기 때문이다.

국가가 스스로 돌볼 능력이 없는 사람을 보호하는 것은 국가의 본질적 기능이며, 후견제도 또한 이러한 국가의 본질적 기능을 수행하는 것이어서 피후견인의 의사결정능력의 제한(박탈)을 일정하게 정당화시킬 수 있다. 국가기관인 법원에 의해 선임된 후견인은 피후견인에 대해 신상보호의무라는 국가로부터 부여받은 임무를 수행하여야 한다. 즉, 후견인은 국가로부터 임무를 부여받은 국가를 대신한 기관이며, 그렇기 때문에 후견인의 감독기관은 법원이 되는 것이다. 기존의 금치산제도하에서 후견인은 배우자와 직계혈족 등 친족의 지위에서 당연히 후견인의 지위를 부여받고, 그 감독기관도 피후견인과 후견인을 중심으로 한 친족회가 되었지만 개정민법상 성년후견제도는 이러한 친족관계를 중심으로 한 시스템을 해체시키고, 국가적 개입을 중심으로 한 시스템으로 재설계하였다.

피후견인이 자신의 건강과 생존, 사회적 생활 등 신상보호를 위하여 국가의 각종 사회보장급여와 사회복지서비스를 신청하고, 계약을 체결하는 것이 정신적 능력의 부족으로 불가능하기 때문에 후견인을 선임할 필요는 적다. 그 이유는 앞서 본 각종 사회복지법령이 이미 이러한 점을 감안하여 친족, 사회복지담당공무원이 대신하여 그러한 서비스를 받을 수 있도록 신청하거나 계약하는 제도를 마련해 두고 있기 때문이다. 즉, 사회복지서비스를 위한 신청과 계약 때문에 후견인이 선임될 이유는 사실상 별로 없다. 그러나 통상적인 사회복지서비스와 달리 시설입소나 강제입원은 정신적 능력이 부족한 사람의 의사에 반해 이루어질 수 있기 때문에 가족에 의한 경우라도 이를 제한할 필요가 있다. 특히 가족은 부양부담을 덜기 위한 방편으로 시설입소나 강제입원을 택할 위험도 크기 때문이다. 경우에 따라서는 시설입소나 강제입원에 있어서는 적절한 사법적 통제가 가해지도록 가족을 대신해 법적 권한이 있는 후견인만이 가능하도록 할 필요가 있다고 생각이 되나,[2] 다만 이렇게 법령을 개정할 경우 현재 시설입소나 강제입원된 노인·장애인·정신질환자 약 20여만 명에게 모두 후견인이 있어야 하는데, 이럴 경우 후견심판이 급격하게 늘어나야 하는 문제점이 있고, 오히려 늘어난 후견인이 재산권리권한까지도 가지고서 피후견인의 재산까지 처분해 버릴 위험도 있기 때문에 장기적 관점에서 대처할 필요가 있다.

Ⅲ. 배제와 포섭의 법적 장치, 후견제도

후견제도는 푸코가 지적한 바와 같이 이성과 대립되는 비이성에 대한 법적 능력을 박탈하고, 이성적 인간인 후견인이 그의 의사결정을 대신하는 제도이다. 한 인격체에 두 개의 의사결정기관을 둘 수 없기 때문에 비이성적 의사결정기관은 내보내고, 이성적 의사결정기관인 후견인이 그 인격체를 사실상 대신하는 것이다. 그런데 의사결정능력이 없는 인격체란 인격의 본질인 자율성과 주체성을 빼앗긴 자

2) 구상엽 검사는 이와 관련하여 정신보건법에 규정된 민법상 부양의무자인 가족을 정신보건법 제24조의 강제입원에 동의권이 있는 보호의무자에서 삭제하고, 개정 민법상의 후견인만을 강제입원의 동의권자로 두자는 견해를 제시하고 있다(구상엽, "개정민법상 성년후견제도에 대한 연구 - 입법배경, 입법자의 의사 및 향후 과제를 중심으로", 서울대학교 박사학위논문, 2012, 194면).

여서 그는 인격체로서의 법적 보호들도 함께 상실당할 위험이 있다. 피후견인은 이렇게 법적 힘을 빼앗긴 자이고, 후견제도는 피후견인을 법의 세계에서 배제하는 장치로 작동된다. 노인요양시설의 치매고령자가 아무리 집으로 보내달라고 하여도, 정신병원에 강제입원된 정신질환자가 자신은 위법하게 입원되었으니 퇴원시켜 달라고 하여도 그들의 의사표시는 비이성이라는 이유로 법적 힘을 잃어버렸기 때문에 사실상 누구도 그의 소리에 귀를 기울이지 않으며, 그를 그 상태로 내버려두었다고 해도 사실상 누구도 처벌받지도 않는다.

다른 한편, 성년후견제도는 예외의 제도이다. 모든 인간은 태어나면서부터 자유롭고, 권리능력을 가지며, 성년이 되면 결혼과 거래 등을 독립적으로 결정할 수 있는 의사결정능력이 있다고 전제한다. 그러나 이러한 전제는 현실의 구체적이고, 예외적인 사람들 속에서 그 전제를 상실한다. 질병, 장애, 사고, 노령 등으로 인해 그런 능력을 상실하게 된, 법이 전제한 능력을 상실하게 된 인간은 법으로부터 배제되면서 동시에 법에 의해 포섭된다. 그를 법적으로 포섭하는 제도가 후견제도인 것이다. 후견제도는 법적 행위능력들을 상실시키는 법적 배제의 장치이자 동시에 후견인을 통해 법적 능력을 행사하게 하는 법적 포섭의 양면적 장치이다. 즉, 박탈을 통한 보호, 보호를 통한 박탈이 이루어진다.

| 참고문헌 |

<국내문헌>

단행본

곽윤직, 민법총칙 제7판, 박영사, 2009.

김남두 외 3인, 아리스토텔레스 - 니코마코스 윤리학, 철학사상 별책 제3권 제9호, 2004.

미셸 푸코, 광기의 역사, 김부용 역, 인간사랑, 1991.

아리스토텔레스, 영혼에 관하여, 유원기 역, 궁리출판, 2001.

아리스토텔레스, 정치학(Politica), 천병희 역, 도서출판 숲, 2009.

에드워드 쇼터, 정신의학의 역사, 최보문 역, 바다출판사, 2009.

이명현, 계약형 사회복지와 권리옹호시스템, 집문당, 2008.

이재원, 사회서비스 전자바우처(연구총서 08-1), 재단법인 사회서비스관리센터, 2008.

조규창, 로마형법, 고려대학교 출판부, 1998.

최자영, 고대 그리스 법제사, 대우학술총서, 2007.

프랑수아-자비에 메랭, 복지국가, 심창학 · 강봉화 역, 한길사, 2000.

플라톤, 국가(政體), 박종현 역, 서광사, 1997.

플라톤, 법률, 박종현 역, 서광사, 2009.

플라톤, 파이드로스, 조대호 역, 문예출판사 2008.

플라톤, 티마이오스, 박종현 · 김영균 역, 서광사, 2000.

현승종, 로마법, 일조각, 1982.

Henry Sumner Maine, 고대법(Ancient Law), 정동호 외 2인 역, 세창출판사, 2009.

논문

강혜규, "사회서비스 공급체계의 변화와 바우처사업 내실화방안", 사회서비스바우처사업시행 2주면 기념 심포지엄 자료집, 2009.

구상엽, "개정민법상 성년후견제도에 대한 연구 - 입법배경, 입법자의 의사 및 향후 과제를 중심으로", 서울대학교 박사학위논문, 2012.

권혁창, "성년후견제도의 도입방안에 관한 연구", 경희대학교 박사학위논문, 2010.

김서형, "생체권력(Bio-Power)과 1918년 인플루엔자", 미국학논집 42권 2호, 2010.

김윤수, "한국 사회복지제도에서 사회서비스의 등장: 역사적 제도주의 분석을 중심으로", 한국정책학회 동계학술대회 논문집, 2011.

김인숙, "성년후견인제도의 입법동향", 법무사저널 2009년 3·4월호, 2009.

노석원, "장애성년후견법(안)제정 경과보고", 장애성년후견법제정 공청회 자료집, 2009.

박인환, "일본 메이지민법(총칙편: 인·능력)의 입법이유 분석", 민사법학 제54-1호, 2011.

서정희, "보호고용된 장애인의 근로자성에 관한 소고", 2012. 6. 16. 서울대학교 사회보장법연구회 발표자료.

신권철, "정신질환자 개념의 규범적 고찰", 법조 통권 제644호, 법조협회, 2010.

신권철, "정신질환자의 법적 지위 - 배제에서 통합으로", 서울대학교 박사학위논문, 2012.

신권철, "사회복지서비스에서 성년후견인의 역할과 한계", 사회보장법연구 제2호, 서울대 사회보장법연구회, 2012.

이병수, "조선민사령에 관하여 - 제11조의 관습을 중심으로", 법사학연구 제4호, 1977.

이명현, "사회복지에서의 이용자 지원을 위한 권리옹호시스템에 대한 고찰", 한국사회복지학 제56권 제2호, 2003.

이영규, "행위무능력자제도에 관한 연구", 중앙법학 제9집 제3호, 2007.

이홍재, “고령자의 사회보장법적 지위 - 국민연금법과 노인복지법을 중심으로”, 한일법학 제20권, 한일법학회, 2001.
장욱, “사회서비스바우처에 대한 행정법상 고찰”, 법학연구, 연세대학교 법학연구원, 2011.
전지홍 · 민성길, “중국 정신의학의 역사”, 대한정신약물학회지 제3권 제1호, 1992.
정지웅 · 이준우, “사적 영역의 상업화 · 합리화로서의 사회서비스 비판: Andre Gorz의 논의를 중심으로”, 사회복지연구 제41권 제1호, 2010.
최병조, “고대 로마 십이표법의 번역과 관련하여”, 서울대학교 법학 제51권 제3호, 2010.
하명호, “정신보건법상 보호의무자에 의한 입원”, 안암법학 제36호, 2011.

연구보고서 등

국가인권위원회, 장애인권리협약 해설집, 2007.
국가인권위원회, 정신장애인 인권보호와 증진을 위한 국가보고서, 2005.
명순구 외 3인, 프랑스의 성년후견제도(법무부 연구용역보고서), 법무부, 2009.
박정훈, 후견관리의 제도적 기반 구축과 후견제도 이용의 현실화를 위한 연구(법무부 연구용역보고서), 2011.
법원도서관, 국역 고등법원판결록, 제2권 민사, 2006.
법원도서관, 국역 고등법원판결록, 제8권 민사편, 2010.
법원도서관, 국역 고등법원판결록, 제14권 민형사편, 2011.
법원행정처, 2011년 사법연감, 2012.
변용찬 외 3인, 성년후견제 사회복지분야 지원방안 연구, 보건복지가족부 및 한국보건사회연구원, 2009.
보건복지부, 2011 보건복지통계연보(제57호), 2011.
보건복지부, 2011년 노인 복지시설 현황, 2011.
보건복지부, 2012년도 장애인거주시설 사업안내, 2102.

보건복지부, 요양보호사 표준교재(이론), 2011.
보건복지부, 2012년도 요양보호사 양성지침, 요양보험제도과, 2011.
보건복지부, 활동보조인 양성 교육과정, 2011.
서울대학교병원, 치매유병률 조사(연구용역 보고서), 보건복지부, 2008.
서울시립대학교 산학협력단, 성년후견인 양성방안에 관한 연구(법원행정처 연구용역보고서), 2012.
성년후견제도연구회, 성년후견제도연구, 사법연구지원재단, 2007.
이재경 · 김잔디, "일본 성년후견제도 운영, 감독에 대한 연구", 법무부 연구용역보고서, 2010.
중앙정신보건사업지원단, 2010 사업보고서, 2011.
중앙노인보호전문기관, 2009 노인학대현황보고서, 2010.
중앙아동보호전문기관, 2011 전국아동학대 현황보고서, 2012.

<외국문헌>

David Nasmith, Outline Of Roman History, London, 1890.
Division of Mental Health and Prevention of Substance Abuse, MENTAL HEALTH CARE LAW: TEN BASIC PRINCIPLES, World Health Organization, Geneva, 1996.
Edward Poste, "Institutes Of Roman Law By Gaius With A Translation And Commentary", Oxford, 1904.
European Committee for the Prevention of Torture and Inhuman or Degrading Treatment or Punishment (CPT), CPT standards, Council Of Europe, Strasbourg, 2010.
Gary Scot Stevenson, Tracy Ryan, Susan Anderson, "Principles, patient welfare and the Adults with Incapacity (Scotland) Act 2000", International Journal of Law and Psychiatry 32, 2009.
Hardy JD. "Who is Guarding the Guardians? A Localized Call for Improved Guardianship Systems and Monitoring.", NAELA Journal 4(1), 2008.
Kees Blankman, "Guardianship Models in the Netherlands and Western Europe", International Journal of Law and Psychiatry, Vol. 20, No. l, 1997.

Margaret K. Krasik, "THE LIGHTS OF SCIENCE AND EXPERIENCE: HISTORICAL PERSPECTIVES ON LEGAL ATTITUDES TOWARD THE ROLE OF MEDICAL EXPERTISE IN GUARDIANSHIP OF THE ELDERLY", American Journal of Legal History 33, 1989.

Paul F. Stavis, "Civil Commitment: Past, Present, and Future", Quality of Care Newsletter, Issue 64, August-September 1995.

Patricia M. Cavey, Esq., "PARENS PATRIAE: COMPROMISED JUSTICE FOR GUARDIANSHIP DEFENDANTS? Using Advance Directives to Move Beyond Parens Patriae", NAELA Quarterly Fall, 2001.

Peter Townsend, "Building Decent Societies : Rethinking The Role Of Social Security In Development", Three Models Of Social Security In The History Of The Industrialized Countries, Palgrave Macmillan, 2009.

Philippe Pinel, A TREATISE ON INSANITY, TRANSLATED BY D. D. DAVIS, W. TODD, 1806.

Plato, the Laws, translated by Thomas L. Pangle, The University of Chicago Press, USA, 1988.

Robert B. Fleming, Carolyn J. Robinson, "CARE OF INCOMPETENT ADULTS : A Brief History of Guardianship", Arizona Attorney, December, 1993.

R. W. Leage, Roman Private Law, London, 1906.

Theodore Millon, Masters of the Mind-Exploring the Story of Mental Illness from Ancient Times to the New Millennium, John Wiley & Sons, Inc., New Jersey, 2004.

William L. Burdick, THE PRINCIPLES OF ROMAN LAW AND THEIR RELATION TO MODERN LAW, THE LAWBOOK EXCHANGE, LTD, USA, 2007.

WHO, WHO Resource Book on Mental Health, Human Rights and Legislation, 2005.

W. W. Buckland, A Text-Book Of Roman Law From Augustus To Justinian, Cambridge At The University Press, 1921.

川村 匡由, 司法福祉論: 更生保護と権利擁護・成年後見(シリーズ・21世紀の社会福祉), ミネルヴァ書房, 2011.

| 찾아보기 |

ㄱ

가사비송사건 93, 110
가사소송법 94
가산(家産) 121, 123
가족후견인 104, 139
강제수용제도 49
강제입원 59, 215, 248
강제치료 59
개호보험 79
개호보험계약 138
갱생보호 127
거소지정권 212
검사 147
결격사유 223
경범죄처벌법 31
공공부조 163
공공후견인 104
공익성 243
구빈사업 122
국선변호인 111
국친권능 32, 64
국친사상(parens patriae theory) 71
권리옹호 127
권리옹호기관 116
근로계약 205
근로기준법 206
근로사업장 203
금치산자 92
금치산제도(interdiction) 45, 132
기초노령연금 178, 179, 181, 193

ㄴ

나폴레옹 민법전 45
낭비자 88, 89, 90
낭비자 보좌(cura prodigi) 34
노인공동생활가정 184
노인복지법 178
노인복지주택 184
노인요양공동생활가정 188
노인요양시설 188
노인의료복지시설 188
노인장기요양보험법 191, 219
노인주거복지시설 184
노인학대 179, 181, 194
능력(competence) 58

ㄷ

대헌장 39
등록장애인 137

ㅁ

마녀의 망상 40
마녀재판 39
메이지민법 47
무능력(incompetence) 58
무능력자 90
무자력자 153
물화(物化) 96
미성년 보좌(cura minoris) 34
미셸 푸코 65

ㅂ

바우처 175
박탈 249
반차별입법 61
발달장애인 135
방문간호사 229
배상책임보험 230
배제 249
백치(idiots) 39
법률구조 127, 144
법학제요(Institutes) 33
변호사보수 151
보건의료서비스 169
보조(補助)제도 78
보좌(curatelle) 74
보좌인 88
보충성의 원칙 74, 76
보호 249
보호수당 195
보호의무자 215
보호의무자 순위 217
보호입원 215
부부관계(gamikē) 29
부양의무자 185, 188, 215
부자관계(patrikē) 29
불명예(atimia) 30
불임시술 65
비송사건절차법 112
비영리성 243
비이성 248
빈민구호 122

ㅅ

사건본인 95
사법복지 144
사법복지제도 142
사법적 보호(sauvegarde de justice) 74
사적 자치 48
사회보장 162
사회보장기본법 162, 167
사회보장수급권 162, 164
사회보험 125, 163
사회복귀 214
사회복귀시설 214
사회복지사업 168
사회복지사업법 168
사회복지서비스 169, 172, 173
사회복지제도 122, 242
사회서비스(personal social service) 144, 163, 164, 175
사회서비스 이용 및 이용권 관리에 관한 법률 174
생살여탈권(生殺與奪權) 32, 35
생체권력 65
성년후견제도 23, 242
소송구조(訴訟救助) 111
스코틀랜드 무능력성인법(Adults with Incapacity Scotland Act) 68
시민 후견인 104, 139, 155, 158, 225
시설입소 248
시설입소계약 202
신상배려의무 107
신상보호 133
신의 섭리 42
심신모약자 88
심신박약자 90
심신상실(心身喪失) 90
12표법 35

ㅇ

아동복지법 211

아동학대 212
양로시설 184
어리석음 25
역량(capacity) 58
역량강화의 원칙(Encouraging the adult to act) 70
역량결여(incapacity) 58
영혼 25, 27
예외 249
오빼딸 제네랄 43
요보호아동 211
요보호자 125
요양보호 231
요양보호사 227
육체 25, 27
의료감정비용 151
의료행위 141
의사 존중 원칙(Past and present wishes of the adult) 70
의사무능력 91
의사무능력자 91
이익의 원칙(Benefit) 69
이해관계인의 의견 고려 원칙 (Views of specified persons) 70
임의후견 78
입원명령(hospital orders) 61

ㅈ

자기 책임 48
자기결정권 50, 62, 108, 109, 114
자유의지 42
자율성 248
자율적 인격 48
잔존능력 50, 62
장기요양급여 221
장기요양급여수급자 191
장기요양기관 220
장기요양수급자 220
장애감호(Gebrechlichkeitspflegeschaft) 97
장애성년후견법안 101
장애수당 195
장애아동수당 195
장애인 거주시설 196
장애인 권리선언(Declaration on the Rights of Disabled Persons) 52
장애인 권리옹호 210
장애인 권리협약(The Convention On The Rights Of Persons With Disabilities) 52
장애인 근로사업장 204, 206
장애인 보호작업장 203, 206
장애인 직업재활시설 196
장애인 활동지원 197
장애인 활동지원급여 208
장애인거주시설 200
장애인등록 199
장애인등록제도 130
장애인복지법 195
장애인복지시설 195
장애인연금 195, 197, 207
장애인직업재활시설 203
장애인직업재활시설 이용계약 205
장애인활동보조인 228
장원제노 38, 124
재가급여 222
재가노인복지서비스 179, 180
재가노인복지시설서비스 190
재산관리 134
재판상보좌(conseil judiciaire) 45
전문시후견인 104, 139, 158, 225
절차구조(節次救助) 111
절차능력 76, 109

절차보좌인 110, 112, 151
정상화(normalization) 50, 62, 128
정신 치료(moral treatment) 44
정신능력법(Mental Capacity Act) 67
정신병원 141
정신병자감호법 48
정신보건법(Mental Health Act) 55, 67, 214
정신요양시설 214
정신이상(lunatics) 39
정신장애(mental disorder) 57
정신장애인 23, 57
정신장애인의 보호와 정신보건증진을 위한 원칙(Principles for the Protection of Persons with Mental Illness and for the Improvement Of Mental Health Care) 54
정신적 무능력(mental incapacity) 57
정신적 불완전(unsoundness of mind) 57
정신적 장애(mental disability) 57
정신지체(mental retardation) 57
정신지체인 권리선언(Declaration on the Rights of Mentally Retarded Persons) 51
정신질환(mental illness) 57
정신질환자 135
정신착란자(furiosus) 33, 36
정신착란자 보좌(cura furiosi) 34
제한능력자 90
조선민사령(朝鮮民事令) 85, 87
조치에서 계약으로 241
존 로크 42
좋은 삶 29
주종관계(despotikē) 29
주종제도 38
주체성 248
준금치산 48
준금치산자 88
준금치산제도(quasi-interdiction) 45
중증장애인 207
지방자치단체장 147
지속적 대리권법(Enduring Powers Attorney Act) 67
지역사회치료명령(community treatment orders) 61
직권방식 164
징계권 212

ㅊ

촉법 정신장애인 60
최소 제한의 대안적 조치(less restrictive alternatives) 72
최소제한의 선택 원칙(Least restrictive option) 69
최저임금 204
최저임금법 204
최저임금법 적용제외인가 204
치매고령자 135
치안권능 31, 64
친권자 212
친족관계 247

ㅌ

통일후견보호절차법(Uniform Guardianship and Protective Proceedings Act) 72

ㅍ

포섭 249
푸코 43
필립 피넬(Philippe Pinel) 44
필요성의 원칙 74, 76

ㅎ

학설휘찬(digesta) 36
한정치산제도 133
한정후견 166
합리적 선택 28
합리적 이성 48, 49
합리적 편의제공 61
행위능력박탈(Entmündidung) 46, 97
행위능력박탈제도 76
형사책임능력 36
호후인(護後人) 87
활동보조 231
활동보조인 229
활동지원급여 195, 229
활동지원기관 229
후견(tutelle) 74
후견감독 234
후견감독인 106, 235, 237
후견감독행정기관 154
후견등기 78
후견사무비용 106
후견서비스 148
후견서비스 전달체계 148
후견의 본질 244
후견의 사회화 63, 81
후견의 필요최소화 83
후견인 권한남용 157
후견인 보수 106
후견인 후보자 리스트 226
후견인보수 152
후견제도(Vormundschaft) 97
후견지원시스템 160
후견지원예산 160
후견지원인력 160
후원 99

저자 소개

신권철(申權澈) 서울대학교 법과대학 졸업
서울대학교 법과대학원 졸업(법학박사)
서울고등법원, 서울중앙지방법원 등 판사
중국 북경대학 고급진수과정 수료
현재 서울시립대학교 법학전문대학원 부교수, 변호사
한국의료분쟁조정중재원 비상임조정위원
입법고시, 변호사시험 등 출제 및 채점위원

논문

정신질환자의 법적 지위－배제에서 통합으로(서울대학교 박사학위논문, 2012)
정신질환자 개념의 규범적 고찰(법조, 2010)
사회복지서비스에서 성년후견인의 역할과 한계(사회보장법연구, 2012)
이혼사유로서 정신질환의 법적 고찰(법조, 2012)
정신질환자 자격제한 법령의 문제점과 개선방안(인권과 정의, 2013) 외 다수

아산재단 연구총서 제354집

성년후견제도와 사회복지제도의 연계 값 11,500원

2013년 8월 30일 1판 1쇄

저 자	신 권 철
발 행 인	임 동 규
발 행 처	**집 문 당**
주 소	110-360 서울특별시 종로구 돈화문로 82
등 록	1971. 3. 23. 제300-2012-69호
영 업 부	(02)743-3192～3 팩스(02)742-4657
전자우편	sale@jipmoon.co.kr
편 집 부	(02)743-3096～7 팩스(02)743-0227
전자우편	edit@jipmoon.co.kr
홈페이지	www.jipmoon.co.kr

ISBN 978-89-303-1613-2
978-89-303-1500-5(세트)

이 도서의 국립중앙도서관 출판시도서목록(CIP)은 e-CIP홈페이지(http://www.nl.go.kr/ecip)와 국가자료공동목록시스템(http://www.nl.go.kr/kolisnet)에서 이용하실 수 있습니다.
(CIP제어번호: CIP2013013670)

아 | 산 | 재 | 단 | 연 | 구 | 총 | 서

1 전환기의 중국경제
김윤환 외 | 단국대 경제학과

2 폴란드 경제의 변천 개혁과 그 전망
김광수 | 숭실대 경제학과

3 재소한인
이광규 외 | 서울대 인류학과

4 소련산림과 임업
홍성천 외 | 경북대 임학과

5 아세안의 정치경제
김국진 외 | 외교안보연구원

6 태국의 사회변동과 경제발전
최석만 외 | 전남대 사회학과

7 중국의 사회경제 통계분석
신한풍 외 | 고려대 통계학과

8 중국의 정치와 경제
박두복 외 | 외교안보연구원

9 동유럽의 개혁과 시장경제의 도입
허만 외 | 부산대 사범대학

10 동유럽의 개혁운동
박영신 | 연세대 사회학과

11 현대 러시아 연구
기연수 외 | 한국외대 노어과

12 전략적 선택과 기업의 국제경쟁력
이장호 | 서강대 경영대학

13 협동사회의 정착과 정부의 역할
이종범 외 | 고려대 행정학과

14 한국 제조기업 생산성의 동적 분석
노부호 외 | 중앙대 경영대학

15 분배의 정의
변형윤 외 | 서울대 경제학과

16 도덕적 행동의 강화
이훈구 외 | 연세대 심리학과

17 관료부패와 통제
김해동 외 | 서울대 행정대학원

18 한국경제의 내실 있는 성장
정창영 외 | 연세대 경제학과

19 한국국민정신운동의 역사와 발전방향
박수명 외 | 부산대 사범대학

20 한국대학생의 가치성향과 상담효과
이영희 외 | 숙명여대 교육학과

21 가출청소년과 학교관리체제
안창규 외 | 부산대 교육학과

22 동북아 정세변화와 한 · 일관계
한승조 외 | 고려대 정치외교학과

23 언론과 부정부패
정대철 외 | 한양대 신문방송학과

24 한국의 고등학교 교육
이원호 외 | 부산대 교육학과

25 가족과 방송
김학수 외 | 서강대 신문방송학과

26 재정개혁의 전망과 재산세제의 개편 과제
오연천 | 서울대 행정대학원

27 청소년을 위한 전자게임 프로그램의 규제 및 평가체계 개발
박혜원 외 | 울산대 가정관리학과

28 정신장애자 가족의 사회심리적 특성
이근후 외 | 이화여대 의과대학

29 가족의 관계역동성과 문제인식
이광규 외 | 서울대 인류학과

30 현대인과 한국전통음식
승정자 | 숙명여대 식품영양학과

31 기업의 초고속정보통신망활용
안중호 | 서울대 경영학과

32 지역발전을 위한 교육자치제의 개선방안
김남순 | 조선대 사범대학

33 전환기의 공무원 가치관
조경호 | 울산대 행정학과

34 지방자치와 사회복지의 과제
김영모 | 중앙대 사회복지학과

35 WTO체제하의 지방중소기업 지원정책
최명주 외 | 계명대 통상학부

36 현대한국의 시민운동
이효선 | 중앙대 사회학과

37 기업 세계화의 단계 및 정도의 측정
허영도 외 | 울산대 경영학과

38 가족복지를 위한 가족주치의 시범사업의 효과
이혜리 외 | 연세대 가정의학교실

39 한국대학생의 삶의 만족도
김재은 외 | 이화여대 교육심리학과

40 지역경제와 지역산업구조의 개편방향
정기화 외 | 전남대 경제학부

41 중국기업의 소유형태별 경영특성
노철화 외 | 부산대 무역학과

42 남북한의 인성 · 사상교육
한승조 외 | 고려대 정치외교학과

43 연계적 뇌기능 조언을 위한 의료용 멀티미디어 시스템의 설계
유선국 | 연세대 의용공학교실

44 다민족국가의 민족문제와 한인사회
최협 외 | 전남대 인류학과

45 저소득층지역 청소년 여가문화와 소집단 활성화
박문수 외 | 서강대 사회학과

46 삶의 질의 국제비교와 지역간 비교분석
이재기 외 | 울산대 경제학과

47 21세기 지역주민의 삶의 질
양종회 외 | 성균관대 사회학과

48 삶의 질에 대한 국가간 비교
조명한 외 | 서울대 심리학과

49 외국인 노동자의 노사관계와 사회적 적응
석현호 외 | 성균관대 사회학과

50 한국의 사법제도와 발전 모델
정종섭 | 건국대 법학과

51 고령화사회와 중상층 노인의 사회활동
조성남 외 | 이화여대 사회학과

52 한국의 서비스 시장 개방정책
한홍렬 | 한양대 경제학부

53 한국과 AFTA간의 교역증진 및 경제 협력방안
손일태 외 | 경희대 경제통상학부

54 물류비 절감을 위한 무역업체의 정보화전략
이영수 외 | 경북대 경제통상학부

55 사회주의 체제전환과 사회정책
오정수 외 | 충남대 사회복지학과

56 남북통일 이후 농업생산체계 개편
홍성규 외 | 건국대 농업경제학과

57 국제화와 세계화
하영선 외 | 서울대 외교학과

58 IMF 개혁정책의 평가와 한국경제의 신(新) 패러다임
조동근 | 명지대 경제학과

59 구조개혁과 실업대책
박동운 | 단국대 경제무역학부

60 21세기 신노사관계
심윤종 외 | 성균관대 사회학과

61 학교에서의 집단 따돌림
이춘재 외 | 가톨릭대 심리학과

62 한국노인의 정신건강실태와 건강증진
조맹제 외 | 서울대 의과대학

63 혁명과 개혁 속의 중국 농민
김광억 | 서울대 인류학과

64 중국의 경제환경과 한국기업의 진출 전략
지용희 외 | 서강대 경영학과

65 김대중 대통령의 시스템 사고
김동환 | 중앙대 공공정책학부

66 실업과 가족해체
최일섭 외 | 서울대 사회복지학과

67 합리적 부채비율 조정방안
오상근 | 동아대 경제학과

68 한국 중산층의 생활문화
문숙재 외 | 이화여대 소비자 · 인간발달학과

69 계층간 갈등상태에서 최적소득세
김진욱 | 건국대 경상학부

70 글로벌 경쟁력 제고를 위한 기업전략과 조직구축
이만우 외 | 고려대 경영학과

71 의료보험과 국민연금의 관리효율화를 위한 통합방안
사공진 외 | 한양대 경제학부

72 정부개혁의 과제와 전략
박우서 외 | 연세대 행정학과

73 책임운영기관 제도에 관한 비교분석
김근세 | 가톨릭대 행정학과

74 새로운 패러다임하에서의 한국기업의 바람직한 지배구조
최운열 외 | 서강대 경영학과

75 현대 한국사회의 계층구조
양춘 외 | 고려대 사회학과

76 한국의 산업정책과 산업구조조정
강인수 | 숙명여대 경제학부

77 기업구조조정
김석진 | 경북대 경영학부

78 지식경영을 위한 인적자원 개발 및 관리체계
장영철 | 경희대 경영학부

79 뉴 비즈니스 모델
전성현 | 국민대 정보관리학부

80 중산층의 정체성과 소비문화
함인희 외 | 이화여대 사회학과

81 외국관광객 유치를 위한 마케팅 전략
박상규 | 강원대 경영학과

82 한국인의 세대별 문학의식
이동순 | 영남대 국문과

83 공공부문의 효율성 평가와 측정
김재홍 외 | 울산대 사회과학부

84 한국 청소년의 정치의식과 형성요인
김광웅 외 | 숙명여대 아동복지학과

85 한국 대학생의 정치의식
배한동 | 경북대 윤리교육과

86 산업의 정보화와 산업발전
이기동 | 계명대 통상학부

87 한국 제조업의 고용조정 분석
이종원 외 | 성균관대 경제학부

88 지식자산에 대한 경영전략적 평가모형 개발
배재학 외 | 울산대 컴퓨터 · 정보통신공학부

89 관광사업을 위한 한국적 이미지의 휴식복 개발
채금석 | 숙명여대 의류학과

90 한국 정치제도의 개혁
신정현 | 경희대 사회과학부

91 e비즈니스와 아웃소싱 전략
정승화 외 | 연세대 경영학과

92 집단 따돌림의 진단 및 치료방안
홍준표 | 중앙대 인간생활환경학과

93 16대 총선과 낙선운동
조기숙 | 이화여대 국제대학원

94 부동층 유권자 행태 분석
진영재 | 연세대 정치외교학과

95 사이버 공동체의 성공요인
이재관 | 숭실대 경영학부

96 온라인 소비자 행동의 이론과 실증
윤성준 | 경기대 경영학부

97 글로벌 시대 정약용 세계관의 가능성과 한계
차성환 | 한일장신대 역사사회학과

98 러시아의 체제전환 과정에서 나타난 국가의 역할과 그 전망
이상민 외 | 부산대 정치외교학과

99 남북한의 경제발전 수준과 산업구조 비교, 그리고 경제교류 협력방향
주성환 | 건국대 경제학과

100 집단따돌림과 교육해체
한준상 | 연세대 교육학과

101 공적연금제도의 효율성과 개선방안
유금록 | 군산대 행정복지학부

102 벤처기업-대기업의 성공적인 협력 모델
나중덕 | 경산대 경영학과

103 북한의 재외동포정책
조정남 외 | 고려대 정치외교학과

104 사이버 공동체 형성의 역동적 모형
장용호 | 서강대 신문방송학과

105 기업이론과 기업의 소유지배구조
김일태 외 | 전남대 경제학부

106 가축분뇨 자원화를 위한 공동이용조직에 대한 농가신호도 분석
유덕기 | 동국대 생명자원경제학과

107 개혁정책과 전문가 집단
이경원 외 | 제주대 행정학과

108 현대 한국사회의 이중가치체계
신수진 외 | 이화여대 가정관리학과

109 한국의 산업구조 변화와 기업집단 다각화 전략
김용학 외 | 연세대 사회학과

110 지식정보사회의 경제적 모형 설정 및 사례 연구
김범환 | 배재대 경영정보학부

111 변호사징계제도
오종근 | 한림대 법학부

112 인터넷 특허법
김순석 | 광주대 법학과

113 e-비즈니스 시대의 금융 및 재정정책의 새로운 패러다임
이종욱 | 서울여대 경제학과

114 청소년의 하위문화와 정체성
조성남 | 이화여대 사회학과

115 디지털금융시대의 금융구조변화와 정부규제 및 정책
이춘열 | 고려대 경제학부

116 지식경영을 위한 기업의 조직설계방안
김경수 외 | 전남대 경영학과

117 전자금융의 발달과 경제정책의 새로운 패러다임
이명훈 | 명지대 경제학과

118 동아시아의 안보와 유엔체제
강성학 편저 | 고려대 정치외교학과

119 유료 치매노인 그룹홈의 개발과 관련 정책
최정신 외 | 가톨릭대 소비자·주거학과

120 소비자 지향적 문화산업 정책
홍영준 | 호남대 광고홍보학과

121 국제·국가·지방 환경규제의 연계
정준금 외 | 울산대 행정학과

122 현행 회사 합병·분할제도의 평가와 개선방안
옥무석 외 | 이화여대 법학과

123 배려지향적 도덕성과 정의지향적 도덕성
정옥분 외 | 고려대 사범대학

124 기업구조조정에 대한 채권금융기관 및 금융감독기관의 역할과 책임
이중기 | 한림대 법학과

125 실업대책으로서 한국의 법정기준근로시간 단축
박영범 | 한성대 경제학과

126 프랑스어의 비분리성 소유개념 표현
노윤채 | 연세대 언어정보연구원

127 지방채의 효율적 관리방안
강태구 | 호원대 법행정학부

128 21세기 산업구조 변화와 과학기술정책
임채성 외 | 그리스도신학대 경영정보학부

129 인터넷 쇼핑몰 이용자의 불평행동
예종석 | 한양대 경영학부

130 한국기업의 성과급제도 현황, 효과 및 개선방안
김성수 | 서울대 경영학과

131 전자상거래와 소비자보호
서민교 외 | 경일대 인터넷국제통상학과

132 평생학습 사회에서의 인적자원개발을 위한 사회적 파트너십 구축
김영화 | 홍익대 교육학과

133 한국 공교육의 새로운 구상과 전략
권대봉 외 | 고려대 교육학과

134 한국의 정부개혁
김태룡 | 상지대 행정학과

135 지방정부 생산성 측정의 이론과 실제
이은국 외 | 연세대 행정학과

136 불가 시문학론
배규범 | 경희대 학술연구 교수

137 남북경제교류의 법적 문제
제성호 | 중앙대 법학과

138 경제위기와 청소년 발달
구인회 | 서울대 사회복지학과

139 생명과학기술의 응용과 기본권보호적 한계
정상기 외 | 한남대 법학과

140 경제발전과 정치환경의 한·일 비교분석
정갑영 외 | 연세대 동서문제연구원

141 한국 공교육의 진단
윤정일 외 | 서울대 교육학과

142 우리나라 지방자치 발전을 위한 자치단체장의 역할
정성호 외 | 경기대 사회과학부

143 의료보험제도의 개혁방안
권순원 | 덕성여대 경제학과

144 중등 도덕교육의 현실과 문제
손동현 외 | 성균관대 철학과

145 사이버공동체 발전론
이명식 | 상명대 경영학과

146 남북경협 확대에 대비한 북한 담보제도의 정비방안
박훤일 | 경희대 법과대학

147 한국 공무원 인사제도 개혁
김판석 | 연세대 행정학과

148 교사화법 교육
임칠성 외 | 전남대 국어교육과

149 세계화의 문화정치학
임혁백 외 | 고려대 정치외교학과

150 효과적인 e-SCM을 위한 의사결정 조정 시스템 모형
이원준 | 성균관대 경영학부

151 환경거버넌스
김종순 외 | 건국대 행정학과

152 자동차산업의 인적자원관리
이덕로 | 서원대 경영학부

153 한국과 영국 간 지식기반산업 비교
이명호 | 한국외대 경영학과

154 한국 벤처기업의 기술네트워킹 및 기술마케팅 전략
장영일 | 인제대 경영학부

155 회사변호사의 윤리
오승종 | 성균관대 법과대학

156 미디어교육론
이정춘 | 중앙대 신문방송학과

157 조선시대 서원과 양반
윤희면 | 전남대 역사교육과

158 환경문제와 철학
박찬국 | 서울대 철학과

159 노인보건복지 이론과 실제
김명 외 | 이화여대 보건교육학과

160 북한의 법체계
권재열 외 | 숭실대 법학과

161 생명공학기술의 안전성 확보에 관한 법적 고찰
이재협 | 경희대 법학부

162 청소년복지학
김성이 외 | 이화여대 사회복지학과

163 변화하는 세계, 변화하는 복지국가
소영훈 | 동의대 사회복지학과

164 의리의 윤리와 한국의 유교문화
김낙진 | 진주교대 도덕교육과

165 미국의 통상정책과 통상법
윤충원 | 전북대 무역학과

166 사회복지 프로그램 평가
김학주 | 경상대 사회복지학과

167 환경주의와 지속가능한 발전
정대연 | 제주대 사회학과

168 무역과 환경
김기홍 외 | 경기대 경제학부

169 산업계 유해폐기물의 위험과 관리
김금수 | 호서대 경상학부

170 백범 김구의 지적 계발과정 탐색
문용린 | 서울대 교육학과

171 태평양전쟁 발발 이후 일제의 인적 지배와 그리스도교계의 대응
윤선자 | 전남대 사학과

172 거버넌스 상황에서 갈등관리를 위한 대체적 분쟁해결제도
서순복 | 광주대 법정학부

173 시장경제의 유형과 민주주의
최배근 | 건국대 경상학부

174 일본고전소설 총론
김현정 | 국립한국전통문화학교

175 국어 교육을 위한 국어 문법론
이관규 | 홍익대 국어교육과

176 율곡의 군주론
전세영 | 부산교대 윤리교육과

177 동북아시아 환경협력
정서용 | 명지대 법학과

178 기후변화협약과 기후정책
신의순 외 | 연세대 경제학과

179 인터넷과 국제 학술정보 네트워크-하이퍼링크 분석
박한우 | 영남대 언론정보학과

180 국내 기업복지의 활성화 방안
최수찬 | 연세대 사회복지대학원

181 세계화와 인간안보
김우상 외 | 연세대 정치외교학과

182 세계문화유산 종묘 이야기
지두환 | 국민대 국사학과

183 한국 평생교육의 사회철학적 과제
곽삼근 | 이화여대 교육학과

184 강점모델
정순둘 | 이화여대 사회복지학과

185 글로벌시대의 계약법
박영복 | 한국외대 법과대학

186 배심제와 시민의 사법참여
안경환 | 서울대 법학과

187 동북아공동체
김재한 | 한림대 정치외교학과

188 정치 참여와 탈물질주의
김욱 | 배재대 정치외교학과

189 퍼지전문가회로망을 이용한 금융기관의 사이버 기업여신결정 지원시스템의 개발
권혁대 | 목원대 경영학과

190 환경정책과 환경법
송인성 | 전남대 지역개발학과

191 포스트모던 시대의 평생교육학
한숙희 | 서울대 교육학과

192 현대 한국인의 세대경험과 문화
박길성 외 | 고려대 사회학과

193 서구의 근로연계복지
김종일 | 건국대 사회복지학과

194 사회복지운동론
현외성 | 경남대 사회복지학과

195 외국의 역모기지 사례
유선종 | 건국대 부동산학과

196 옛이야기와 어린이문학
이지호 | 진주교대 국어교육학과

197 노인사회복지관광의 정책과제와 방안
김창수 | 경기대 관광학부

198 복지서비스의 민간위탁 시스템 분석
김순양 | 영남대 행정학부

199 새로운 빈곤층의 대두와 정부의 정책과제
김진욱 | 건국대 경제학과

200 문화행정론
김정수 | 한양대 행정학과

201 스칸디나비아 노인용 코하우징의 계획과 적용
최정신 외 | 가톨릭대 생활과학부

202 북한의 자연생태계
공우석 | 경희대 지리학과

203 통계로 이해하는 러시아
전홍찬 | 부산대 정치외교학과

204 사회복지법인의 경영과 회계
이동규 | 충남대 회계학과

205 의약분업 정책과정
차흥봉 | 한림대 사회복지학과

206 지역공동체와 평생교육
오혁진 | 동의대 평생교육학부

207 아동보호서비스의 실제
한미현 | 백석대 사회복지학부

208 그린마케팅
박재기 | 충남대 경영학부

209 아동권리와 아동복지
이혜원 | 성공회대 사회복지학과

210 국제 이주와 인도인 디아스포라
김경학 | 전남대 인류학과

211 질병과 의료의 사회학
조병희 | 서울대 보건대학원

212 북한이탈주민의 사회통합을 위한 지역복지실천의 모색
이기영 | 부산대 사회복지학과

213 치매노인케어론
조유향 | 초당대 간호학과

214 노인상담입문
서혜경 외 | 한림대 대학원 사회복지학과

215 '통일 이후 통일과정'으로서의 독일 통일영화
이준서 | 이화여대 독어독문학과

216 중국의 사회보장
오정수 | 충남대 사회복지학과

217 환경자원의 경제적 가치와 환경오염의 사회적 비용
김재홍 | 울산대 사회과학부

218 사회복지프로그램의 경제적 평가방법
박창제 외 | 상주대 사회복지학과

219 자유의지와 결정론
안건훈 | 강원대 철학과

220 심리학자들이 쓴 행복한 결혼의 심리학
채규만 외 | 성신여대 심리학과

221 현대 해석학 강의
양해림 | 충남대 철학과

222 한국인의 주거 빈곤과 공공주택
하성규 | 중앙대 도시 및 지역계획학과

223 IMF 경제위기와 한국 출산력의 변화
김두섭 | 한양대 사회학과

224 동아시아의 영토분쟁과 국제법
이석우 | 인하대 법학부

225 독일 복지국가와 사회복지서비스
정재훈 | 서울여대 사회사업학과

226 사회복지사를 위한 실용 비모수통계
엄명용 | 성균관대 사회복지학과

227 피해자학 연구
이윤호 | 동국대 경찰행정학과

228 광고언어창작론
박영준 외 | 부경대 국어국문학과

229 환경규제 패러다임의 전환
한철 | 한남대 법학과

230 고령사회의 노동환경변화와 고용시스템의 문제점 및 법적 대응
고준기 | 국립군산대 법학과

231 세계화와 소득불평등
이성균 외 | 울산대 사회과학부

232 유비쿼터스 사회의 이해
안중호 외 | 서울대 경영학과

233 국제환경책임법론
박병도 | 건국대 법학과

234 한국의 선거와 민주주의
윤종빈 | 명지대 정치외교학과

235 한국 시민운동의 구조와 동학
조대엽 외 | 고려대 사회학과

236 또래관계
송영혜 | 대구대 재활심리학과

237 해외 한국기업과 현지인 노동자
석현호 외 | 에스코이아학술문화재단

238 독일 국가복지에서 민간복지단체의 역할과 의미
차성환 외 | 한일장신대 사회복지학부

239 청정공학
조정호 | 동양대 생명화학공학과

240 한국전통연희론
심상교 | 부산교육대 국어교육학과

241 정신장애와 가족
서미경 | 경상대 사회복지학부

242 빈곤통계의 작성과 활용
김주환 | 동국대 정보통계학과

243 인터넷과 한국정치
강원택 | 숭실대 정치외교학과

244 북한의 시장경제이행
정영화 외 | 서경대 법학과

245 시스템사고로 본 지속가능한 도시
문태훈 | 중앙대 도시및지역계획학과

246 실버산업과 유비쿼터스 컴퓨팅
고일상 | 전남대 경영학부

247 재활상담과 사례관리
나운환 | 대구대 직업재활학과

248 영유아교육기관에서의 장애 이해 교육
유수옥 | 우석대 유아특수교육과

249 장애의 사회적 의미와 사회통합
박수경 | 대진대 사회복지학과

250 경제분석의 수리적 기초
조인성 | 공주대 경제통상학부

251 비영리부문의 비교연구
김승현 | 서울산업대 행정학과

252 고등교육경제학
반상진 | 전북대 교육학과

253 과학윤리교육의 이론과 방법
조희형 | 강원대 과학교육학부

254 결혼이민자가족의 이해
김오남 | 대불대 사회복지학과

255 동아시아 국가의 공공부조
신동면 | 경희대 사회과학부

256 특수아동 진단 및 평가
이나미 | 대불대 특수교육과

257 계약형 사회복지와 권리옹호시스템
이명현 | 경북대 상주캠퍼스 사회복지학과

258 실내공기질 및 위해성 관리
양원호 | 대구가톨릭대 산업보건학과

259 충남 방언 문법
한영목 | 충남대 국어국문학과

260 교육권론
노기호 | 군산대 법학과

261 도시경관계획론
임승빈 | 서울대 조경·지역시스템공학부

262 교통의 새로운 패러다임
김형철 | 경원대 도시계획·조경학부

263 노인의 삶의 질 향상을 위한 주거환경 디자인
천진희 | 상명대 디자인대학 실내디자인전공

264 사회복지와 문화
박병현 | 부산대 사회복지학과

265 장애인복지의 이론과 실제
이선우 | 인제대 사회복지학과

266 창의성 개발을 위한 디자인교육 콘텐츠
김선영 | 인천가톨릭대 조형예술대학 환경디자인학과

267 구성주의 사회복지 실천 기술론
고미영 | 서울신학대 사회복지학과

268 장애아교육학
김기흥 | 부산교육대 유아교육과

269 지역사회복지와 자원부문
한상진 외 | 울산대 사회학과

270 환경관리회계
육근효 | 부산외국어대 회계학부

271 인권 관점에서 보는 장애인복지
유동철 | 동의대 사회복지학과

272 정신증상
송지영 | 경희대 의과대학병원 신경정신과

273 사이버공간의 사회심리학
이성식 외 | 숭실대 정보사회학과

274 노인에 대한 사회적 돌봄과 돌봄 서비스의 질 보장
최희경 | 신라대 가족노인복지학과

275 아동 심리치료의 실제
신현균 | 전남대 심리학과

276 사회복지와 위험관리
노충래 | 이화여대 사회복지전문대학원

277 국제 탄소시장의 이해
양승룡 | 고려대 식품자원경제학과

278 타자의 초상
신문수 | 서울대 영어교육과

279 한국정치와 환경정치
나정원 | 강원대 정치외교학과

280 북한이주민
윤인진 | 고려대 사회학과

281 음주의 사회경제적 비용
정우진 외 | 연세대 보건대학원

282 지방정치와 동북아 도시거버넌스
박재욱 | 신라대 행정학과

283 노숙인 복지론
남기철 | 동덕여대 사회복지학과

284 유럽통합과정과 지역협력
이규영 | 서강대 국제대학원

285 사회복지재정 연구
지은구 | 계명대 사회과학대학 사회복지학과

286 지역사회 교육개혁을 위한 시민사회 조직의 참여
김영화 | 홍익대 교육학과

287 복지사회를 대비한 국민연금의 구조개혁
박영석 외 | 서강대 경영학부

288 한미 FTA 지재권 협상에 따른 의약품 분야 사회후생 변화
오근엽 | 충남대 무역학과

289 산업입지, 환경 그리고 지역경제
이기동 외 | 계명대 국제통상학과

290 감성지능 개발을 통한 삶의 질 향상
김경수 외 | 전남대 경영학부

291 교육복지론
이용교 외 | 광주대 사회복지학부

292 인간과 행복에 대한 철학적 성찰
박찬국 | 서울대 철학과

293 유럽연합의 사회통합 사례와 교훈
이무성 | 명지대 정치외교학과

294 민영화와 사회후생
이상호 | 전남대 경제학부

295 북한의 교육학 체계 연구
최영표 외 | 동신대 교육대학원

296 한국 지속가능발전의 구조와 변동
정대연 | 제주대 사회학과

297 우리나라의 공익 연계 마케팅에 관한 연구
임승희 | 전주대 경영학부

298 시각장애인복지론
김영일 | 조선대 특수교육과

299 그린에너지와 환경촉매
정석진 | 경희대 화학공학과

300 취약학교 초등학생을 위한 온라인 보건 교육 프로그램
박경옥 | 이화여대 보건관리학과

301 신탁제도를 통한 고령자의 보호와 지원
최수정 | 서강대 법학전문대학원

302 사회적 약자계층에 대한 실태분석 및 정책방안
이은우 외 | 울산대 경제학과

303 한류 문화와 동북아 공동체
최혜실 | 경희대 국어국문학과

304 노동유연화와 해고보호법
권혁 | 부산대 법학전문대학원

305 사회복지 위험관리의 이해
박미은 | 한남대 사회복지학과

306 의료기관의 회계와 세무
노준화 | 충남대 경영학부

307 여성인적자원의 전문성 확보를 위한 경력개발
백지연 | 이화여대 국제사무학과

308 정신병리
강선경 | 서강대 신학대학원

309 바다의 반란 적조
윤양호 | 전남대 해양기술학부

310 한국 장애인 복지 발달사
이성규 | 서울시립대 사회복지학과

311 서양예술 속의 동양 탐색
진상범 | 전북대 독어독문학과

312 한국인의 도덕성 발달 진단
문용린 | 서울대 교육학과

313 영국정치와 국가복지
고세훈 | 고려대 공공행정학부

314 인간학적 사유를 여는 중도·중복장애 교육학
이숙정 | 단국대 특수교육과

315 개별화 교육과정
이소현 | 이화여대 특수교육과

316 인간의 긍정적 성품
권석만 | 서울대 심리학과

317 지방자치와 지역여성의 전망
이혜숙 | 경상대 사회학과

318 한국 현대 노년소설 연구
전흥남 | 한려대 교양학부

319 정보격차 해소를 위한 창의적 정보교육 프로그램
이영준 외 | 한국교원대 컴퓨터교육과

320 한국 가족과 젠더
손승영 | 동덕여대 교양학부

321 한국의 복지혼합
김진욱 | 서강대 신학대학원

322 사회자본과 자원봉사
김태룡 외 | 상지대 행정학과

323 농촌교육복지연구
박삼철 | 단국대 교양학부

324 사회정체성 평가 차원에 대한 국제 비교조사
이명진 | 고려대 사회학과

325 캐나다 복지국가 연구
조영훈 | 동의대 사회복지학과

326 한국의 소수자운동과 인권정책
전영평 외 | 서울대 행정대학원

327 한국과 미국의 보육서비스 전달체계와 품질 비교분석
김근세 외 | 성균관대 국정관리대학원

328 한국사회의 소득불평등과 국민 의료이용
이용재 | 호서대 사회복지학과

329 정보시대의 인간안보
조화순 | 연세대 정치외교학과

330 가족의 사회경제적 특성과 아동발달
김광혁 | 전주대 사회복지학과

331 초 · 중 · 고등학생의 학업소진 진행과정 및 경로분석
이상민 | 고려대 교육학과

332 다문화사회의 사법통역
이지은 | 이화여대 통역번역대학원

333 동아시아 지역주의
유현석 | 경희대 정치외교학과

334 환경친화적 공공시설관리와 지역공동체의 삶의 질
이[illegible]영 | 홍익대 실내디자인 · 주거환경학과

335 의료보험의 법정책
김나경 | 성신여대 법과대학

336 양극화 시대 가족해체와 청소년의 적응에 관한 한국과 미국의 비교 연구
오승환 외 | 울산대 사회복지학과

337 기업의 사회적 책임과 지역경제사회발전 연구
허영도 외 | 울산대 경영학부

338 노인의 삶의 질 향상을 위한 온라인 소셜 네트워크 구축 방안
김진우 | 연세대 경영학과

339 청소년 생활역량
윤명희 외 | 동의대 평생교육학과

340 외국인 배우자의 다양성과 국제결혼의 안정성
김두섭 | 한양대 사회학과

341 정보인권의 규범구체화
이민영 | 가톨릭대 법학과

342 한국 사회복지실천의 고유성
최성재 외 | 서울대 사회복지학과

343 스웨덴의 환경책임 실천모형
최희경 | 경북대 행정학부

344 자율운동과 주거공동체
윤수종 | 전남대 사회학과

345 한국인의 공공봉사동기
김상묵 | 서울과학기술대 행정학과

346 한국 이혼가정 아동의 성장
김혜숙 | 경인교육대 교육학과

347 동양 사상과 노인 복지
홍승표 외 | 계명대 사회학과

348 노동과 사회보장의 연계
오문완 | 울산대 법학과

349 학습장애 위험군 아동의 조기선별을 위한 읽기검사 표준화 연구
김애화 외 | 단국대 특수교육학과

350 신 · 재생에너지에 기초한 녹색성장과 사회통합
김인호 | 이화여대 법학전문대학원

351 문화교류역량과 다문화 경영이 기업 경영성과에 미치는 영향
임병학 외 | 부산외대 경영학부

352 빈곤영유아의 발달과 적응
정익중 외 | 이화여대 사회복지학과

353 민사법질서와 인권
양천수 | 영남대 법학전문대학원

354 성년후견제도와 사회복지제도의 연계
신권철 | 서울시립대 법학전문대학원

아 | 산 | 재 | 단 | 연 | 구 | 보 | 고 | 서

1 한국인의 도덕성 연구
배해수 | 고려대 국문학과

2 산업화와 청소년 진로
이원호 | 울산대 교육학과

3 공동체의식과 시민운동
김영섭 | 한양대 행정학과

4 한국청년의 삶의 의미 충족도와 만족적 태도
안정수 | 경희대 철학과

5 중국조선족의 사회발전과 한・중관계의 위상
손장권 | 고려대 사회학과

6 해송림 "솔껍질깍지벌레"의 천적 및 주요 종의 생태
김규진 | 전남대 농생물학과

7 사회정의와 실천윤리
박종대 | 서강대 철학과

8 동구개혁의 영향
김달중 | 연세대 정치외교학과

9 한국청소년의 의식세계
김문조 | 고려대 사회학과

10 고강도 철근 콘크리트 구조의 실용화
정헌수 | 중앙대 건축학과

11 신기술의 연관형태 및 출현예측의 구조모형
권철신 | 성균관대 산업공학과

12 민간기업의 연구개발을 위한 조세정책
권영훈 | 한양대 경제학부

13 기술개발 활성화방안
송승구 | 울산대 화학공학부

14 부패의 현상과 진단
이문조 | 영남대 정치외교학부

15 연구투자의 지역적 편중화와 부산지역의 기초과학연구 활성화방안
윤웅찬 | 부산대 화학과

16 GATT의 신구 덤핑방지협정과 그 대응방안
전창원 | 동국대 무역학과

17 한국사회의 도덕성 제고를 위한 진단과 처방
황경식 | 서울대 철학과

18 새로운 노사관계 방향
이진규 외 | 고려대 경영학과

19 21세기 동북아 정세예측과 한국의 전략적 대응방안
최평길 외 | 연세대 행정학과

20 소련의 한국에 대한 정책목표분석
신승권 | 한양대 정치외교학과

21 메모리 커패시터용 $Pb(Zr_xTi_{1-x})O_3$ 강유전체 박막의 제작과 특성
장지근 외 | 단국대 전자공학과

22 러시아 국제법학의 전통
김용구 | 서울대 외교학과

23 유럽연합의 현황과 전망
김동현 외 | 성균관대 행정학과

24 중국의 정치동원
송영우 외 | 건국대 정치외교학과

25 산업적 활용을 위한 이동로보트 시스템의 개발
박민용 외 | 연세대 전자공학과

26 중국조선족의 정치사회화과정과 동화적 국민통합의 방향
전인영 외 | 이화여대 사회생활학과

27 공적부조의 이론과 실제
최일섭 외 | 서울대 사회복지학과

28 대외통상환경의 변화와 법제개편
서헌제 | 중앙대 법학과

29 기업금융의 국제화
최생림 | 한양대 경영학부

30 자동차부품공업의 노사관계
김호진 외 | 고려대 행정학과

31 산업화 과정에서의 한국가족의 실태와 전망
정창수 외 | 성균관대 사회학과

32 공무원 가치관 실태와 정립방안
배병룡 외 | 경상대 행정학과

33 해외귀국청소년의 국내적응연구
이장영 | 국민대 사회학과

34 초고속정보통신망에서 LAN서비스 제공방안
이재용 | 연세대 전자공학과

35 WTO체제의 정책적 대응
김병진 외 | 경희대 행정학과

36 유럽의 통합정치
최수경 외 | 충남대 정치외교학과

37 유기질폐기물을 이용한 고단백사료원인 조류의 생산공정
최정우 외 | 서강대 화학공학과

38 초고속정보통신망의 수용성과 정책방향
박영상 외 | 한양대 신문방송학과

39 중국의 강남사회와 한중교섭
조영록 외 | 동국대 사학과

40 세계화시대의 사회·문화의식
신행철 외 | 제주대 사회학과

41 국내 외국인 노동자의 문제와 대책
성규탁 외 | 연세대 사회복지학과

42 노인인력 활용정책과 프로그램
김정후 외 | 강원대 법과대학

43 한일간 학술교류 현황과 활성화방안
정홍익 외 | 서울대 행정대학원

44 계량모형에 의한 한일 경제관계의 이해
김명직 외 | 한양대 경제학부

45 직장인의 음주행태와 삶의 질
진기남 외 | 연세대 보건행정학과

46 유통정보 시스템의 구조와 설계
정용길 | 충남대 경영학과

47 남북통일 이후 사회통합을 위한 교육의 역할
안기성 외 | 고려대 교육학과

48 대중음악에 심취한 청소년들의 심리적 특성
김인경 외 | 연세대 인간행동연구소

49 멀티미디어 시스템을 활용한 교육환경의 개선방안
김한일 | 제주대 컴퓨터교육학과

50 탈냉전기 한일관계의 쟁점
최상룡 | 고려대 정치외교학과

51 자치시대 새로운 '삶의 질' 지표의 모색
김형기 외 | 경북대 경제통상학부

52 유럽통합의 역내외 협력과 갈등
이호재 외 | 고려대 정치외교학과

53 21세기를 대비한 신노사관계
김재원 | 한양대 경제학부

54 대학의 시간제학생 등록제
안규철 외 | 전남대 교육학과

55 21세기에 대비한 방송통신정책
한진만 외 | 강원대 신문방송학과

56 주민참여를 통한 혐오시설 관리운영방안
박균성 외 | 경희대 법학부

57 여성의 정치적 권리인식과 정치참여
전경옥 외 | 숙명여대 정치외교학과

58 한국인 위장질환과 식생활·환경요인 및 *H. pylori* 감염과의 관계
이양자 외 | 연세대 식품영양학과

59 학생과 시민의 자원봉사활동
윤정일 외 | 서울대 교육학과

60 동북아 환경문제와 지역환경협력의 모색
신연재 외 | 울산대 정치외교학과

61 노인 자원봉사활동을 통한 사회통합 프로그램 개발
김동배 | 연세대 사회복지학과

62 물류정보 시스템
김태현 | 연세대 경영학과

63 전자식 문서교환을 이용한 항공화물 운송체계
민재형 | 서강대 경영학과

64 청소년과 성
이근후 | 이화여대 의과대학

65 민족통합과 무궁화호 위성의 남북한 공동활용방안
방정배 | 성균관대 신문방송학과

66 채식주의자 20대 여성의 영양상태와 에스트로겐 대사에 미치는 영향
성미경 | 숙명여대 식품영양학과

67 가상정보공간을 통한 지역개발 활성화 전략
유재천 외 | 한림대 언론정보학부

68 조산아 관리현황 및 정책수립 방안
박상기 외 | 조선대 의과대학

69 남북한관의 의식조사와 통일교육 개선 방안
김동규 외 | 고려대 북한학과

70 동양 전통 자연사상 탐구
장동순 | 충남대 환경공학과

71 초고속정보망의 시뮬레이터 구현
한기준 | 경북대 컴퓨터공학과

72 유통원가 시스템의 유효성
정다미 | 명지대 경영학과

73 국악과 문화관광의 만남
정익준 외 | 동아대 국제관광통상학부

74 기업의 지식경영 활용사례
김창은 | 명지대 산업공학과

75 선진국과 한국의 직업교육·훈련제도의 특성과 한계
정주연 | 고려대 경제학과

76 제주지역 성인 여성의 자원봉사활동
이상철 외 | 제주대 사회학과

77 M&A와 문화충돌 관리
박원우 | 서울대 경영학과

78 폐금속광산 인근 주민들의 중금속 오염실태
정종학 외 | 영남대 의학과

79 북한 농촌·농업실태와 인력자원개발 시스템을 통한 북한 농민의 구호방안
박성열 | 건국대 교육공학과

80 중소 소매점의 경쟁력과 소매성과
채명수 외 | 한국외대 무역학과

81 고령자를 위한 쾌적한 실내온도와 착의량의 설정
정운선 | 안동대 의류학과

82 지역문화 이벤트 PR
박종민 | 경희대 언론정보학부

83 인터넷 지역정보화의 실태와 전략
유평준 외 | 연세대 행정학과

84 여성 삶의 질 향상을 위한 사회교육 활성화 방안
김양희 | 중앙대 가족복지학과

85 벤처기업과 벤처금융
강대석 외 | 충남대 무역학과

86 구조조정기에 있어서 실업대책과 사회안전망 구축
박천익 | 대구대 경제학과

87 한국 유아의 조기교육
이명조 외 | 한국외대 교육대학원

88 남북한 경제공동체 형성전략
이상만 | 중앙대 경제학과

89 지방자치회계의 투명성과 주민의 알 권리
권찬태 외 | 경북대 경영학부

90 정치지도자의 정책리더십
이해영 | 경일대 행정학과

91 경제위기와 한국인의 복지의식
신광영 외 | 중앙대 사회학과

92 북한의 노동
김강식 | 한국항공대 경영학과

93 우리나라 중소기업의 정보기술 활용 현황과 경쟁력 강화를 위한 제안
정승호 | 부산외대 정보시스템학과

94 인간배아복제의 법적 · 윤리적 문제점과 그 해결방안
최병규 | 한경대 법학부

95 가치변화에 따른 투표행태
조찬래 외 | 충남대 정치외교학과

96 인터넷 경매에서의 계약체결과 소비자 보호
이기수 외 | 고려대 법과대학

97 세계화시대 남북한 통합의 방향과 과제
윤민재 | 서울대 사회발전연구소

98 글로벌 시대 지방정부의 문화마케팅 전략
박흥식 | 중앙대 행정학과

99 대졸여성실업의 실태분석 및 대학-노동 시장 간 효율적 연계방안
이은우 외 | 울산대 사회과학부

100 그린 투어리즘의 분석
이응진 | 대구대 관광학부

101 지방자치단체장의 부정부패
오일환 | 한양대 아태지역연구센터

102 산업화가 유교체제하 중국여성의 지위에 미친 영향
천성림 | 배재대 사회과학연구소

103 움직이는 말하기
유혜숙 외 | 나사렛대 교양학부

104 장애학생을 위한 특수교육공학의 활용
김용욱 | 대구대 중등특수교육과

105 지식기반사회의 평생교육 이해와 평생교육 프로그램 개발
박성열 | 건국대 교육공학과

106 N세대의 미술교육
김동철 | 대구교육대 미술교육학과

107 노후계획과 투자
권택호 | 여수대 국제통상학과

108 영화산업
양영철 | 경성대 연극영화학부

109 동유럽의 변혁과 언론의 역할
정대수 | 경남대 정치언론학부

110 환율, 임금, 물가가 국제경쟁력 및 수출입산업에 미치는 영향
하인봉 | 경북대 경제통상학부

111 일본기업의 기술혁신 전략
위정현 | 중앙대 상경학부

112 노후보장정책과 역저당연금제도
조덕호 외 | 대구대 행정학과

113 유비쿼터스 라이프와 미래 사회
김석수 | 한남대 멀티미디어공학과

114 죽음과 관련된 생명윤리적 문제들
구인회 | 가톨릭의과대 인문사회과학교실

115 경제적 세계화와 빈곤문제, 그리고 국가
김준현 | 한일장신대 인문사회과학부

116 한국의 세계불교유산
김종명 | 한국학중앙연구원 한국학대학원

117 복지레저서비스론
고태규 | 한림대 국제학부

118 자생적 철학체계로서 인간중심철학
선우현 | 청주교대 윤리교육과

119 전략적 통합과 한반도 평화체제
김승채 | 고려대 정책대학원

120 환경사법론
전경운 | 경희대 법학부

121 인터넷 자료를 통해 본 한국의 이혼 문화와 사회복지
성정현 외 | 협성대 사회복지학과

122 유럽연합의 사회정책에 관한 연구
문진영 | 서강대 신학대학원 사회복지학과

123 여성건강의 통합적 관점
김혜원 | 관동대 간호학과

124 복잡계 네트워크 과학
강병남 | 서울대 물리천문학부

125 경제적인 3세대 전원주택 개발
박근준 | 호서대 건축공학과

126 사회복지와 인적자원개발
이상일 | 인제대 국제경상학부